BIBLIOTHÈQUE ANECDOTIQUE
ET LITTÉRAIRE

LIS ET VIOLETTES

1re SÉRIE GRAND IN-8° JÉSUS

BIBLIOTHÈQUE ANECDOTIQUE
ET LITTÉRAIRE

LIS
ET
VIOLETTES

PAR

MYRIAM

Ouvrage illustré de 12 portraits tirés en couleurs

> On ne saurait trop propager le culte et le souvenir des belles âmes, dans un temps où il y en a si peu.
>
> P. LACORDAIRE.

PARIS
LIBRAIRIE D'ÉDUCATION A. HATIER
33, QUAI DES GRANDS-AUGUSTINS, 33
—
Tous droits réservés

A LA MÈRE DE MARIE-EDMÉE

Les fleurs qui composent un bouquet ou une couronne ont-elles moins de fraîcheur, leurs corolles sont-elles moins embaumées, parce que le lien qui les attache est rustique ou trop simple?... Je ne le crois pas, et j'ose espérer que vous aimerez ces Lis et ces Violettes placées par le divin Jardinier dans les parterres du Ciel, et qu'en respirant leur suave parfum, vous oublierez ce qui manque au fil qui les rassemble.

Veuillez donc, Madame, accepter ce livre comme un bien faible témoignage de ma respectueuse et inaltérable affection.

MYRIAM.

Juillet 1897.

MADEMOISELLE SAUVAN

« Le bien ne fait pas de bruit, et le bruit ne fait pas de bien. » Ces paroles si vraies d'un saint prêtre peuvent s'appliquer à la vie si noble, si utilement remplie de la femme supérieure dont nous essayons d'esquisser la physionomie. Pendant plus de quatre-vingts ans, Mlle Sauvan ne s'occupa qu'à répandre autour d'elle la bonne semence, se dépensant surtout pour les humbles, les petits selon le monde. La renommée, qu'elle craignait, ne répéta point son nom, n'exalta point ses œuvres, et c'est plus de dix ans après sa mort qu'un professeur du lycée Louis-le-Grand, M. Gossot, écrivit une remarquable notice qui allait tirer de l'oubli le nom de cette éducatrice incomparable.

Lucile Sauvan naquit le 23 mars 1784, d'une famille honorable et bien posée ; déjà six frères ou sœurs l'avaient précédée dans la vie ; cette nombreuse lignée était pour les parents une source incessante de responsabilités et d'inquiétudes, aussi la petite Lucile, à son entrée dans le monde, fut-elle accueillie sans beaucoup de joie et d'enthousiasme. Sa gentillesse et ses heureuses dispositions ne tardèrent pas à la faire chérir de tous ceux qui l'approchaient.

Homme de confiance d'une famille princière, M. Sauvan possédait une large aisance ; mais, dans cette période tourmentée que traversait la France, les plus belles situations n'étaient pas longues à s'effondrer. Aux premiers grondements de l'orage révolutionnaire, le prince et sa maison prirent le chemin de l'exil ; avant ce départ, M. Sauvan lui remit sur sa fortune personnelle, et sans aucune garantie une somme considérable, qui jamais ne lui fut rendue.

C'était le temps des lâches délations, des arrestations arbitraires ; quiconque avait le malheur d'être en relation avec les aristocrates était déclaré suspect : ancien intendant d'un prince, M. Sauvan était désigné d'avance pour l'échafaud. Vivant dans une retraite profonde, ne se mêlant en rien des affaires publiques, il espérait être oublié ; mais un matin on vint l'arrêter au milieu des siens, et il fut conduit à la Conciergerie. Qu'on juge de la douleur de sa femme et de ses enfants ! Aux jours sinistres de la Terreur, il y avait, à l'ordinaire, peu d'intervalle entre l'arrestation et l'arrêt, et cet arrêt, c'était la mort...

Lucile ne comptait alors que dix printemps ; petite et frêle, elle ne paraissait pas même cet âge : on la laissait donc facilement pénétrer dans la prison où sa présence n'éveillait aucun soupçon. Fort intelligente, douée d'un esprit perspicace et observateur, la fillette remplissait à merveille la mission qui lui était confiée ; tout en couvrant son père de baisers et de caresses, elle glissait adroitement dans le nœud de la cravate ou dans le vêtement, la lettre qui rappelait au malheureux captif que ses bien-aimés ne l'oubliaient pas et veillaient sur lui.

Le 8 thermidor, M. Sauvan devait marcher au supplice ; tout semblait perdu, quand un digne homme, orfèvre de son état, qui lui était dévoué, essaya de le sauver en retardant le moment de l'exécution. A cette époque troublée, les événements les plus opposés se succédaient avec une étonnante rapidité : un sursis de quelques jours, de quelques heures même, suffisait pour arracher à la mort les condamnés de la veille. Cet orfèvre, qui affectait les dehors d'un patriote exalté, vint trouver l'accusateur public, Fouquier-Tinville et le pria de différer l'exécution.

« Ce Sauvan, ajouta-t-il, est un affreux coquin ; il a mérité la guillotine plutôt dix fois qu'une, mais il me doit une forte somme, je veux une garantie. Il ne serait pas juste que par la mort de cet aristocrate un *pur* tel que moi fût réduit à la misère ; quand j'aurai mes sûretés, je l'abandonne à la justice du peuple. » Fouquier-Tinville consentit à accorder un jour ; le lendemain était le 9 thermidor, date inoubliable, qui mettait fin au sanglant régime de la Terreur.

Lorsque M. Sauvan, contre toute espérance, revint au sein de sa famille, nul ne fut plus heureux que la petite Lucile dont la tendresse filiale touchait à l'adoration.

Celle qui plus tard devait posséder une instruction si solide, des connaissances si variées, savait à peine lire à douze ans ; dans ces temps agités où personne n'était sûr du lendemain, il restait peu de loisir à consacrer à l'étude. Toutefois, Lucile était merveilleusement douée au point de vue intellectuel ; elle possédait d'admirables aptitudes, aussi eut-elle vite fait de réparer le temps perdu : à vingt ans, son éducation était achevée et complète autant que possible. Non seulement elle avait une instruction fort étendue, mais elle possédait des talents d'agrément et peignait d'une façon remarquable. Les à-peu-près ne lui suffisaient en quoi que soit, elle aimait la perfection et y aspirait en toute chose.

Cette disposition, apanage des grandes âmes, engendre trop souvent l'intolérance et la sévérité à l'égard des autres ; Mlle Sauvan, préservée par l'exquise bonté de son cœur, ne connut pas cet écueil ; jamais elle ne se montra exigeante que pour elle-même. Quoique son enfance eût été profondément attristée par les scènes de la Révolution, elle aimait, au déclin de la vie, à revenir sur ses jeunes années ; les ombres qui les avaient obscurcies s'étaient atténuées sous l'action du temps, et seul le souvenir des joies et des affections familiales les éclairait d'un pur et doux reflet.

Une tante de Lucile résidait à Bagnolet : la jeune fille allait souvent la voir, et elle connut dans cette maison hospitalière, un homme oublié complètement aujourd'hui, mais qui jouissait d'une certaine célébrité : nous avons nommé Bouilly, l'auteur des *Contes à ma Fille*, des *Jeunes Femmes*, et de tant d'autres livres, délices de nos aïeules, et qui, actuellement, nous paraîtraient bien surannés. Bouilly, esprit très cultivé, écrivait aussi beaucoup pour le théâtre, où il remporta divers succès; il ne tarda pas à apprécier le charmant esprit, les aimables qualités de Mlle Sauvan, et il lui voua une affection profonde qui ne se démentit jamais. Il voulut être son professeur de littérature, et elle accepta cette offre avec gratitude; mais, tout en profitant des leçons qui lui étaient données, elle se garda bien d'imiter le style précieux et la fade sensiblerie de son maître. De tels défauts étaient à l'ordre du jour et, parmi les littérateurs de ce temps-là, il s'en trouvait bien peu dont les œuvres ne fussent gâtées par l'emphase et le pathos à la mode. Lucile ne pouvait goûter cette fausse rhétorique ; son style était comme elle, simple, naturel, ferme, plein de tact et de mesure. Nous en avons la preuve dans les lignes suivantes, adressées justement à la fille de son professeur, à Flavie Bouilly, de quelques années plus jeune qu'elle, et qui était son amie la plus chère.

« ... J'ai grand besoin de me tenir en garde contre tes aimables saillies, car elles me font sourire au moment où je les blâme; mais je te préviens que j'ai de l'humeur contre ton esprit, et je ne lui pardonnerai ses succès que le jour où il sera cité le dernier. Il faut que j'entende dire : Elle est bonne, douce, réservée..., et alors je veux bien qu'on ajoute : elle est spirituelle... A propos, continue-t-elle, sais-tu bien que c'est un malheur pour une femme que d'avoir beaucoup d'esprit? Les hommes ont quelquefois peur qu'elle s'avise d'en avoir autant qu'eux ; les femmes ne leur pardonnent pas d'en avoir davantage... Je te le répète, mon amie, ta simplicité, ta douceur, ta défiance de toi-même pourront seules désarmer les envieux et les sots et te faire pardonner ta supériorité. Tâche qu'ils ne l'aperçoivent pas, cet esprit charmant, et garde-le pour te bien conduire dans le monde et faire les délices d'une société intime ; mais triches les indifférents et fais-leur croire, s'il est possible, que tu es une femme ordinaire... »

Comme l'austère sagesse de ces conseils est tempérée, adoucie par la grâce et l'amabilité du style !

Cependant Bouilly, si prolixe, se plaignait parfois de ce que son élève se montrait trop simple, trop brève dans ses compositions, et il s'écriait : « C'est trop sec, trop nu, trop décharné ; développez, développez davantage. »

Lucile essayait d'obéir, mais son sens droit, son goût sûr la garantit toujours de la fadeur et de la déclamation. Elle rencontrait chez son professeur et aussi dans la maison paternelle bon nombre d'hommes distingués appartenant à tous les partis : officiers, artistes et savants ; quoique bien jeune encore, elle sût par le double charme de son esprit cultivé et de son cœur si chaud, conquérir, parmi cette société d'élite, de précieuses et solides amitiés ; elle sut même, ce qui est beaucoup plus difficile, les conserver. Citons le généraux Lafayette et Lamarque, Patin, l'académicien, le baron de Gérando, qui l'entourèrent constamment de leur sympathie et de leur vénération.

En 1811, à la suite de circonstances que nous tait son biographe, la situation de Mlle Sauvan subit un brusque changement ; il lui fallut chercher une situation en rapport avec ses aptitudes, et qui lui permit d'assurer non-seulement son indépendance, mais aussi celle des siens. On s'étonne qu'elle ait pu hésiter dans son choix et qu'elle n'ait pas vu tout de suite que sa véritable vocation était l'enseignement. Elle avait reçu de Dieu, et l'étude avait développé singulièrement les dons nécessaires à une institutrice : savoir étendu, jugement sain, raison ferme, amour du devoir, indulgence inépuisable, piété éclairée, elle possédait tout. Ces vertus maîtresses, ces heureuses dispositions ne restaient pas en elle stériles et infécondes; c'était, au contraire, une source jaillissante, toujours prête à se répandre au dehors.

L'établissement d'éducation dont son père se rendit acquéreur, presque à son insu, était quasi un désert : huit élèves seulement y restaient; en peu de temps, la nouvelle directrice en fit le premier pensionnat de Paris. *Bonne amie*, les élèves lui donnaient ce nom, était chérie et respectée à l'égal de la meilleure des mères. « Elle nous avait inspiré, rapporte une de ses anciennes élèves, un si profond et si durable attachement que nous n'aurions pu vivre heureuses si nous en avions été privées. »

Levée dès cinq heures du matin, Mlle Sauvan consacrait la journée tout entière à ses chères enfants; elle ne se contentait pas de les instruire, elle les *élevait* dans la meilleure acception du mot, s'appliquant à développer leur jugement, à améliorer leur caractère, à éclairer leur conscience, et à former leur cœur par de sages entretiens, de judicieux conseils, mais surtout par la force de l'exemple. Écoutons les enseignements que, dans son *Cours normal,* elle donne aux institutrices sur cet important sujet.

« ... Une conduite irréprochable devrait suffire pour inspirer le respect; mais, aux yeux des enfants, ce n'est pas assez, il faut y joindre une supériorité marquée : vous avez celle de la position, celle de l'instruction, ajoutez-y celle du caractère. Soyez au-dessus de toute faiblesse, de toute petitesse, de tout intérêt personnel; dominez-vous pour pouvoir dominer les autres. »

Madame de Maintenon, dont il faut toujours rappeler le nom alors qu'on parle d'éducation, aurait-elle mieux dit?

L'enseignement de Mlle Sauvan, tout en étant clair, précis, restait toujours intéressant et pouvait même être goûté des esprits les plus récalcitrants et les plus paresseux. Sa patience était inlassable, aussi recommande-t-elle la pratique de cette vertu aux institutrices. « Si vous n'avez pas la patience d'enseigner, comment exigerez-vous qu'une enfant ait la patience d'apprendre? »

Les familles parisiennes les plus distinguées par le rang et par la fortune tenaient à honneur de lui confier leurs enfants, et elle eût pu réaliser de magnifiques bénéfices si son désintéressement n'y avait mis obstacle. Des jeunes filles frappées par l'adversité recouraient à sa générosité ; elle les accueillait et les recevait dans sa maison avec plus de joie que les élèves fortunées ; et, quand les prudents selon le monde lui représentaient qu'en agissant de la sorte elle compromettait ses intérêts : « Dieu y pourvoira, » répondait-elle simplement.

Des raisons de famille restées un peu mystérieuses forcèrent Mlle Sauvan à quitter son pensionnat, après l'avoir dirigé pendant dix-sept ans environ.

Ce fut vers cette époque qu'elle eut la douleur de perdre l'amie de ses jeunes années, Flavie Bouilly. Elle voulut passer elle-même la dernière nuit auprès de la chère malade, qui s'affaiblissait à vue d'œil ; sa tendresse et sa foi lui inspirèrent les paroles qu'il fallait dire à la malheureuse jeune femme, sur le point d'abandonner tout ce qu'elle aimait ici-bas...

Peu d'instants avant l'heure suprême, la respiration de l'agonisante était si faible qu'on craignait que la vie ne se fût déjà retirée. Mlle Sauvan s'approcha et mit doucement la main sur le cœur de son amie, celle-ci ranimée par ce contact, murmura — et ce furent ses dernières paroles — « Il bat encore pour toi ! »

Quelques années plus tard, nous la voyons remplir ce même office d'ange consolateur auprès d'un illustre mourant, le général Lamarque, qui avait pour elle une si vive tendresse qu'il ne la nommait jamais que *ma sœur*.

Quand elle rentra dans la vie privée, Mlle Sauvan avait quarante-quatre ans ; elle était dans toute la plénitude de son intelligence ; la peinture qu'elle avait cultivée avec succès pouvait lui procurer une position honorable ; d'autre part, des familles haut placées la demandaient pour élever leurs filles, mais elle avait de plus nobles ambitions. Elle souhaitait un emploi qui lui permît de faire le bien à un grand nombre d'âmes, principalement aux enfants du peuple, alors un peu délaissés.

« Les riches trouvent assez de gens qui s'occupent d'eux, mais les enfants des classes indigentes sont abandonnés à eux-mêmes. » Ces paroles, prononcées par M. de Gérando, répondaient complètement aux pensées de Mlle Sauvan; d'accord avec cet homme de bien, qui était son ami, elle prit l'initiative d'un cours de morale aux élèves maîtresses de l'école normale. Elle essaya de faire profiter ces institutrices de l'expérience acquise durant dix-sept années d'enseignement, et elle se dévoua à cette œuvre, ainsi qu'elle savait le faire, corps et âme, sans aucun mesquin calcul d'intérêt personnel. Pendant au moins cinq ans, elle fit ce cours sans aucune rétribution : la ville de Paris ne dépensant, à cette époque, pour ses écoles, qu'une somme assez restreinte, bien différente du budget actuel.

Voilà soixante ans, on ne s'occupait guère que de l'*instruction* proprement dite, sans penser qu'il y eut autre chose à faire ; Mlle Sauvan comprit qu'aux méthodes d'enseignement, si excellentes qu'elles soient, on devait joindre l'*éducation* et donner aux maîtresses, dans la mesure du possible, la culture morale, l'élévation de l'esprit, l'urbanité des manières, afin de les rendre plus aptes à former les enfants qui leur sont confiées. Le *Cours normal*, résumé de ses leçons, le *Manuel des Institutrices*, ouvrages excellents, furent l'un et l'autre couronnés par l'Académie.

Ce qui faisait la force et l'autorité de ses leçons, malgré leur apparente austérité, c'est qu'elle ne conseilla jamais que ce qu'elle pratiquait elle-même. Écoutons-la :

« Les occupations les plus innocentes cessent de l'être quand elles emploient un temps réclamé par des occupations obligatoires. »

Et, plus loin : « Si vous comptez rigoureusement avec votre place, vous ne la remplirez pas bien. Vous accomplirez à la hâte des occupations acceptées; désireuses de vous livrer à d'autres travaux, vous ne ferez pour vos élèves que ce qui sera strictement nécessaire, et, *pour faire assez, il faut faire trop.* »

Citons encore : « L'attrait si doux des relations d'amitié, l'attrait si puissant des relations habituelles de la famille, tout doit être sacrifié. »

Voilà le précepte, voyons l'exemple. Un jour, elle est attendue dans la famille de Gérando qui lui était extrêmement chère ; plusieurs de ses amis devaient également s'y rencontrer ; elle se dispose à partir, lorsqu'on réclame sa présence à une commission intéressant les écoles. Quoique son cœur proteste, elle ne balance pas.

« Le devoir parle, écrit-elle à ses amis, il faut l'écouter. Ma présence est nécessaire à cette commission qui se réunira à sept heures et ne se séparera guère avant dix heures. Regrettez-moi un peu ; parlez de moi à tous ceux avec lesquels j'aurais été heureuse de me trouver ; que mon souvenir soit au milieu de vous, et dites-vous bien que je m'associe à tous vos sentiments. »

Nous ne pouvons résister au désir de donner ce portrait de la jeune fille *bien élevée*, si différente de la jeune fille *émancipée*, à la mode aujourd'hui.

« Elle se défie d'elle-même ; elle n'a point d'empressement à parler ; mais elle se plaît aux conversations sensées et s'y mêle avec réserve ; le ton de sa voix ne s'élève point, car elle parle seulement pour la personne à laquelle elle répond ; elle ne rit pas aux éclats, elle ne chuchote pas ; elle est gaie, mais sa gaieté est celle de l'innocence et de la bonté... Un instinct secret l'avertit qu'il faut, à son âge, éviter les regards des hommes, et elle leur plaît d'autant plus qu'elle cherche moins à leur plaire... Sa mise est soignée, mais simple, et n'a rien qui attire les regards ; elle ne fera jamais à la mode le sacrifice de sa pudeur ; elle n'est curieuse de montrer aucun de ses avantages, et elle voile ses charmes comme elle cache son esprit ; elle est étrangère à tous les secrets, à tous les tourments de la coquetterie ; elle sera un jour ce que toute femme doit désirer être : aimée d'un seul, estimée de tous. »

Terminons enfin ces citations par ce charmant passage extrait du cours destiné aux *Institutrices de Village*. Après avoir conseillé de donner aux enfants les leçons de calcul « dans un riant verger, sous un cerisier tout chargé de fruits », elle continue :

« Comment pourriez-vous les contenir dans une chambre, quand les oiseaux les appellent par leurs chants, quand toute la nature les convie à sa fête? Quand bien même on travaillerait un peu moins, si l'on consent à travailler plus longtemps, tout sera compensé, et il n'y a de différence qu'un peu plus de bonheur pour ces pauvres enfants qui ne sont peut-être pas destinés à en avoir beaucoup. Le bonheur! nous voulons en faire la récompense du travail et de la vertu. Ah! commençons, croyez-moi, par en faire la préparation à la vertu et au travail, et qu'aucune époque de la vie n'en soit dépouillée! C'est le vœu de notre Créateur. »

Comme on sent la bonté percer sous toutes ces recommandations! Quel cœur vraiment maternel possédait cette femme plus grande encore par l'âme que par l'intelligence!

Nous l'avons vu, dès sa jeunesse, Mlle Sauvan sut inspirer d'illustres amitiés ; ce bonheur dont le poète a dit :

« On ne peut s'en sevrer sitôt qu'on en est digne, »

ne manqua pas non plus à son âge mûr. Après M. de Gérando, nommons M. Cochin, le grand-père de M. Denys Cochin, qui continue à porter si dignement un nom honoré depuis tant de générations. Cet homme de bien ne laissait échapper aucune occasion d'exprimer à Mlle Sauvan l'amitié, la confiance, la vénération qu'il lui portait.

Retenu chez lui par une indisposition, il lui écrit : « Visiter les malades et les consoler doit être une inclination de votre âme compatissante, noble, dévouée... En résumé, vous serez moins inquiète de moi en m'ayant vu, et moi plus content en vous voyant. »

Dans une autre lettre : « Ne vous affligez pas de *dévivre*, c'est sur le retour de la saison que les plantes émettent leurs meilleurs fruits. Nous sommes chargés de déposer quelques bons germes dans cette grande affaire des écoles qui mérite tout notre intérêt et qui pourrait aller si mal en la laissant aux mains des indifférents... Vivons bien, Dieu fera le reste.

Une année, par je ne sais quelle inexplicable distraction, il oublie la Sainte-Lucile, jour où tous les amis de Mlle Sauvan se réunissaient pour la fêter, il s'en excuse de la façon la plus charmante du monde :

« J'ai oublié hier soir la Sainte-Lucile. Croyez-vous, très excellente et très spirituelle amie, que je m'en sois aperçu ce matin ? Nullement. C'est à deux heures aujourd'hui que, passant dans la rue de la Bourse, j'ai aperçu de petits paniers d'osier qui m'ont fait penser aux vôtres, et par accident à votre fête. Cela s'appelle-t-il une faute envers vous ? Non. Je m'oppose à cette qualification : point de faute sans volonté d'être coupable. Mais il y a dommage ! Oui, dommage pour moi assurément, pour vous, j'aime à le croire. Mais puisque dommage il y a, encore faut-il le réparer. Voici la réparation que je vous propose : je vous donnerai toute ma soirée mercredi prochain ; ce sera pour moi l'octave de la fête. Acceptez-vous ma contrition, ma réparation ? Me rendez-vous vos bonnes grâces ?... »

En 1841, ce parfait ami lui fut enlevé prématurément ; l'année précédente, elle avait perdu, mais celui-ci chargé d'année, le bon Bouilly qu'elle regardait comme un second père.

Mlle Sauvan, en 1835, avait été nommée inspectrice des écoles primaires de Paris, emploi nouveau qui fut créé pour elle. Dans ces fonctions délicates, où l'esprit seul eût échoué, elle déploya une bonté sans faiblesse, un tact parfait qui ne se démentirent jamais et lui assurèrent une autorité incontestée.

L'âge qui, trop souvent, nous rend inutiles aux autres, à charge à nous-mêmes, respecta la belle intelligence et les nobles facultés de Mlle Sauvan ; à plus de 80 ans, nous la voyons, dès le matin, partir pour la visite des écoles ; à ses nièces qui s'inquiètent de la savoir seule, dans les rues de Paris, elle répond sans s'émouvoir : « Dieu me garde. »

Lorsque la maladie, terrassant enfin cette organisation à la fois si frêle et si forte, la contraignit de s'arrêter, elle ne se regarda pas encore comme tout à fait vaincue. Elle faisait faire ses inspections par une déléguée, écoutait les comptes rendus de celle-ci avec la plus vive attention, dictait et même souvent écrivait les rapports.

Peu de jours avant sa mort, elle eut à se prononcer sur la mise à la retraite d'une institutrice qui avait peut-être mérité une destitution, cédant à la compatissante bonté qui était le fond de sa nature, la malade rédigea un mémoire éloquent en faveur de cette malheureuse qu'une disgrâce eût plongée dans la misère. Ainsi, l'indulgence et la charité qui avaient animé toute son existence, la suivirent encore jusque dans les bras de la mort.

Le prêtre qui vint lui apporter le secours de la religion, disait en se retirant : « C'est une sainte ! »

Elle était dans cet assoupissement suprême, précurseur de la mort, dont elle ne sortait que pour tendre la main à une amie ou pour remercier sa nièce Lucile, qu'elle chérissait tout particulièrement, quand elle s'écria, s'adressant à cette dernière : « Oh ! que de belles choses je vois ! » Ce furent ses dernières paroles. Le ciel qui allait être sa récompense s'entr'ouvrait-il à ses yeux ?... Qui pourrait le dire ?... Peu d'instants après cette exclamation, elle expirait sans secousse et sans effort. C'était le jeudi 10 janvier 1867.

Ses obsèques eurent lieu à l'église Notre-Dame de Lorette ; une assistance nombreuse et recueillie suivait le char funèbre. On y remarquait des académiciens, des conseillers municipaux, et d'autres notabilités, plusieurs députations de jeunes filles appartenant aux écoles congréganistes et laïques. Le cercueil ne disparaissait pas sous les couronnes et sous les bouquets, selon l'habitude un peu païenne de nos jours, mais les sages enseignements de la défunte étaient gravés dans bon nombre de cœurs et devaient produire et produisent encore d'excellents résultats en ce qui concerne l'instruction primaire : n'est-ce pas préférable aux fleurs qui ne durent qu'un matin?...

Le corps de Mlle Sauvan repose au cimetière du Père-Lachaise, dans un tombeau que ses anciennes élèves et les institutrices de Paris lui ont fait élever en témoignage de leur reconnaissance et de leur vénération.

PAULINE-MARIE JARICOT

JUILLET 1799-JANVIER 1862

Vue de Fourvières.

PAULINE-MARIE JARICOT

Bien des fois nous avons entendu dire, et nos lecteurs l'ont peut-être entendu également, que l'œuvre de la Propagation de la Foi avait été fondée par une *pauvre servante*; c'est une erreur, si l'on prend ce mot dans son sens littéral, autrement on peut toujours dire, avec vérité, que même les riches et les grands de ce monde sont les serviteurs et les servantes de Dieu.

Pauline-Marie Jaricot naquit à Lyon, le 22 juillet 1799; ses parents, qui appartenaient au haut commerce de la cité, possédaient non seulement la fortune, la considération, mais les seuls biens précieux que ni les hommes, ni la rouille, ni les vers ne peuvent ravir : une foi robuste et une inépuisable charité. M. Jaricot montrait dans les transactions commerciales, une probité scrupuleuse, une loyauté qui lui attirait l'estime de tous ceux qui étaient en rapport avec lui, sa digne compagne, comme la femme forte de l'Écriture, « ne mangeait pas son pain dans l'oisiveté », elle secondait son mari de tout son pouvoir et elle était une vraie mère pour ses subordonnés, surtout pour les plus malheureux et les plus délaissés. On devine aisément ce que fut l'éducation de la jeune Pauline dans un tel milieu.

De bonne heure, la mère se plut à faire passer dans le cœur de sa chère enfant les sentiments de piété et de compassion qui, comme d'une source trop pleine, débordaient du sien. « Nous serions bien heureuses, ma Pauline, lui répétait-elle souvent, si nous possédions une source inépuisable dans laquelle nous puissions prendre assez d'or pour secourir toutes les misères; cependant nous n'arriverions jamais à consoler toutes les infortunes, à sécher toutes les larmes... Mais si nous aimons beaucoup, beaucoup le bon Dieu, nous trouverons en nous-mêmes des trésors plus précieux que l'or pour consoler la douleur. »

Mme Jaricot comprenait dans sa généreuse piété jusqu'aux animaux; elle ne tolérait pas qu'on les maltraitât ou les fît souffrir inutilement. Durant l'hiver, si quelque pauvre oiselet venait près de son logis, elle en prenait soin toute la saison des frimas, et, lorsque le soleil commençant à paraître annonçait le joyeux printemps, elle lui rendait la liberté après l'avoir doucement baisé. « Va, petite merveille du bon Dieu, disait-elle, va célébrer à ta manière Celui qui t'a donné tes ailes et le ciel bleu. »

D'autres fois, se promenant dans la campagne, elle faisait admirer à l'enfant les beautés de la nature, la grâce, le doux éclat des fleurs, et elle ajoutait cette parole du divin Maître : « Si Dieu revêt ainsi une herbe des champs qui, demain, sera jetée au feu, quel soin ne prendra-t-il pas de nous?... »

Pauline, sans être ce qu'on est convenu d'appeler une beauté, avait une physionomie des plus agréables, des yeux doux et expressifs, de magnifiques cheveux noirs qui bouclaient naturellement et des mains de patricienne. Elle ne faisait aucun cas de ces avantages, car, toute jeune, le Seigneur avait parlé à son âme ; vers l'époque de sa première communion ou peu après, elle était résolue à se donner entièrement à Lui et à renoncer à tous les amours de la terre.

Un jour qu'on vantait en sa présence les charmes extérieurs dont elle était douée, loin de tirer vanité de ces louanges et d'y trouver quelque plaisir, elle s'en alarma et vint solliciter de sa mère la permission de s'habiller avec plus de simplicité et sans aucun des ornements employés alors pour les jeunes filles de son âge et de sa condition. La voyant si jeune encore — elle avait alors quinze ans — sa mère, quoique pénétrée au fond de l'âme d'une sainte joie, lui adressa certaines objections. — Chère maman, répondit-elle, vous défendez une cause depuis longtemps perdue ; c'est avec joie et sans regret aucun, je vous assure, que j'ai renoncé à tout établissement : voudriez-vous m'empêcher de répondre à l'appel divin ?...

Mme Jaricot, vivement émue, bénit la jeune fille prosternée devant elle : O ma Pauline ! puisque Dieu a daigné te choisir, je ne te disputerai pas à son amour... Rends-toi digne de Lui !...

A cette époque, les traces de la tourmente révolutionnaire subsistaient encore, les maisons religieuses violées et détruites n'avaient pas eu le temps de se reconstituer ; aussi, Pauline, tout en s'étant consacrée au Seigneur, resta-t-elle au sein de sa famille.

Mlle Jaricot venait à peine d'entrer dans sa seizième année lorsqu'elle perdit sa mère qui était son guide et son soutien ; elle ressentit, de ce premier deuil, un chagrin profond qui ne devait jamais s'effacer entièrement. La douleur est aussi une éducatrice incomparable pour qui sait entendre ses sublimes et austères leçons : nous verrons que Pauline était digne de les goûter. Elle avait un frère de quelques années plus âgé qu'elle, et qui, lui aussi, marchait résolûment dans la voie du renoncement et du sacrifice ; il était au séminaire de Saint-Sulpice et nourrissait le désir, une fois engagé dans le sacerdoce, de se consacrer à l'évangélisation des peuples sauvages. Dieu n'agréa que sa bonne volonté et le rappela à Lui avant qu'il eût pu accomplir son dessein.

Sa sœur, qu'il aimait tendrement, était la confidente de ses rêves d'avenir, et l'un et l'autre, dévorés du zèle pour le salut des âmes, envoyaient toutes leurs économies à l'œuvre des Missions. Mais qu'étaient ces faibles ressources en face de besoins si pressants, si nombreux !... Le frère et la sœur méditaient souvent cette parole de l'Évangile : « La moisson est grande, mais il y a peu d'ouvriers, » et la jeune fille, désireuse d'augmenter le nombre des *Semeurs* de la Bonne Nouvelle, cherchait sans cesse le moyen de réaliser ce but, c'est-à-dire de trouver l'argent nécessaire pour soutenir les missionnaires.

Un soir, qu'assise près du feu pendant que ses parents jouaient au boston, elle était préoccupée de cette pensée qui devenait une véritable obsession, elle vint à songer qu'il serait facile à toute personne de réunir parmi ses proches et ses connaissances, neuf autres personnes qui consentiraient à donner un sou chaque semaine, puis de trouver quelqu'un d'actif, d'intelligent, qui recevrait des chefs de dizaines, la collecte des associés ; un chef de centaines, de milles pour verser à un centre commun... Elle saisit sur la table de jeu une carte de rebut et écrivit ce mode d'organisation : l'œuvre de la Propagation était fondée, le grain de sénevé était mis en terre : chacun sait aujourd'hui quel arbre magnifique il a produit...

Pauline communiqua ce plan à son confesseur qui lui répondit : — Dieu avait ses vues en permettant l'humiliation de sa servante. — « Vous êtes trop bête, Pauline, pour avoir inventé ce plan ; évidemment, il vient de Dieu ; je vous engage donc fortement à le mettre à exécution. »

Si la jeune fille trouva pour son œuvre des protecteurs et des auxiliaires, elle rencontra aussi des contradictions, des difficultés, des obstacles de tous genres ; elle fut en but aux mépris, aux calomnies ; on lui prodigua les épithètes d'orgueilleuse, d'exaltée, d'extravagante, etc. Certains prêtres mêmes la montrèrent au doigt et défendirent à leurs pénitentes tout rapport avec elle. Plus tard, en revenant sur cette époque de sa vie, Pauline disait :

« Au milieu de tant de souffrances, tout en étant écrasée sous le poids du blâme général, un calme indicible était au fond de mon âme, car j'avais la conviction que l'œuvre réussirait, quand Notre-Seigneur aurait donné à son pauvre instrument autant d'humiliations qu'il en méritait... »

Dieu permit qu'à la fin elle sortît triomphante de ces épreuves, et le souverain Pontife daigna bénir et approuver l'œuvre naissante. Heureuse et consolée en voyant sa chère œuvre en bonne voie, Pauline se renferma dans la retraite, souhaitant qu'on oubliât la part qu'elle avait prise à cette fondation. « L'œuvre existe, disait-elle, à quoi bon faire connaître l'instrument dont Dieu s'est servi ? » Son illustre ami, qui fut pour elle un protecteur dévoué, le cardinal Villecourt, a écrit les lignes suivantes qui se rapportent à cette époque :

« ... Depuis 1822, Mlle Jaricot se tint dans l'ombre, sans jamais chercher à faire valoir son titre de fondatrice d'une institution qui devait produire, dans l'univers catholique, des prodiges d'assistance aux missions étrangères. Que lui importait que son nom fût oublié ? Son amour et son rémunérateur étaient dans le ciel, et l'Évangile lui avait appris que le Père céleste, qui voit la bonne œuvre opérée en secret, la récompenserait d'une manière divine au grand jour de la rétribution générale... »

Après la mort de son père, Pauline, héritière d'une fortune considérable, se choisit une demeure commode et spacieuse située à mi-côte de la colline de Fourvières, non loin du sanctuaire vénéré : Lorette, tel était le nom d'aimable augure qu'avait reçu ce logis. Elle avait obtenu d'y ériger une chapelle, où, faveur inestimable pour son cœur si dévoué à Jésus-Hostie, le Saint-Sacrement était conservé. Toujours préoccupée du salut des âmes et du bien à opérer, elle avait groupé dans sa solitude de Lorette un noyau de jeunes filles à qui elle essayait d'inspirer les sentiments d'ardente piété qui l'animaient elle-même, et qui, sous sa direction, travaillaient pour l'Église, pour les pauvres et surtout pour les chères missions. A propos des envois que souvent elle faisait à l'étranger, il lui arriva une singulière aventure que nous rapporterons ici.

Elle avait expédié, à je ne sais quelle lointaine mission d'Amérique, une statue de la sainte Vierge. Le navire qui la portait fut englouti dans les flots. Deux ou trois ans plus tard, Mlle Jaricot recevait une lettre avec cette simple inscription : *Mademoiselle Pauline-Marie, à Lyon*. Nous en citons les principaux passages :

« ... Soyez bénie, vous qui êtes la mère des plus abandonnés et des plus pauvres du troupeau de Jésus-Christ! Je désirais depuis longtemps une statue de Marie, mais je croyais impossible d'en recevoir jamais aucune, nos côtes étant inabordables et nos sauvages peu aptes à devenir artistes. Pendant une de mes fréquentes promenades au bord de la mer, j'aperçus au loin une grande caisse, à moitié enfoncée dans le sable, entre deux récifs... J'appelai plusieurs néophytes qui étaient à peu de distance, et, après des efforts de plusieurs heures, nous parvînmes à dégager la caisse et à la déposer en lieu sûr. Jugez de ma joie, Mademoiselle, et de l'admiration de mes pauvres enfants, en voyant votre belle statue de l'Étoile de la Mer, que les flots avaient respectée et qui ne portait pour toute indication que ces mots gravés sur le marbre : *Envoi de Pauline-Marie, à Lyon*. Assurément cet envoi n'était pas à notre adresse, mais puisque la sainte Vierge s'était dirigée vers notre plage, nous l'avons accueillie avec bonheur... Merci mille fois, et adieu pour le temps et l'éternité! »

Presque chaque jour, Pauline et ses compagnes allaient au sanctuaire de Fourvières égrener la couronne mystique composée en l'honneur de la mère de Dieu. Ce fut au pied de la statue de Marie, sans nul doute, que Mlle Jaricot conçut la première idée de sa seconde œuvre : le rosaire vivant. Elle savait que la récitation d'un rosaire tout entier effraie bon nombre de gens et même certaines personnes pieuses, et cependant n'était-ce pas à souhaiter que cette belle dévotion se propageât? est-il pour l'auguste Reine du ciel une louange plus douce, plus magnifique? et pour le fidèle une prière plus riche en indulgences?... Pauline, après avoir réfléchi, après avoir prié, trouva le moyen, aussi simple qu'ingénieux, de réaliser la récitation entière du rosaire, sans toutefois imposer à la piété des fidèles de longues prières que certains d'entre eux n'ont pas le loisir de réciter. Elle partagea les quinze mystères et les quinze dizaines du rosaire entre quinze personnes et chacune d'elle n'eut plus qu'une seule dizaine à dire. Tous les mois, dans une réunion tenue à cet effet, les associés recevaient un bulletin leur indiquant le mystère qu'ils devaient méditer. Pauline espérait un grand bien de ces assemblées mensuelles qui, dans sa pensée, devraient contribuer puissamment à resserrer les liens de la charité fraternelle et à ne faire, de tous les associés, qu'un cœur et une âme non seulement pour aimer et saluer leur Mère du Ciel, mais pour remplir tous les devoirs d'une vie vraiment féconde et chrétienne.

« Par la prière faite ensemble, écrivait-elle un peu plus tard, nous resserrerons les liens si précieux et si doux du Rosaire vivant, cette couronne de Marie qui nous rend réellement *un*, quoique nous soyions *plusieurs*, comme une rose a plusieurs feuilles, un rosier plusieurs roses, un jardin plusieurs rosiers!... »

Enrichie de nombreuses faveurs spirituelles par le souverain pontife Grégoire XVI, la nouvelle œuvre prit, en peu de temps, une grande extension et répandit et développa partout la dévotion à Marie.

Pendant qu'elle s'occupait ainsi de Dieu, de sa divine Mère et des âmes, Pauline-Marie était sur la croix : une maladie, un affaiblissement général, sorte d'anémie — la chose existait déjà, mais le nom n'était pas encore inventé — la tenait clouée sur son lit, presque sans mouvement. Vers l'âge de 15 ans, elle avait fait une chute grave dont elle s'était remise assez vite, toutefois sa constitution avait été ébranlée jusque dans ses fondements; à partir de ce jour, un travail lent, presque imperceptible, s'opéra dans tout son être et mina peu à peu ses forces. Les médecins consultés ne savaient trop quel genre d'affection ils devaient combattre, mais, à l'époque où nous sommes arrivés, tous s'accordaient à trouver le danger imminent. Quoique sentant les sources de la vie se tarir en elle de jour en jour, la malade ne pouvait croire que Dieu l'appelât à Lui; un secret pressentiment, que les apparences semblaient démentir, lui disait que son heure n'était pas encore venue et que d'autres épreuves lui étaient réservées.

On était en 1834, l'année de cette fameuse insurrection qui mit Lyon à feu et à sang; c'était principalement du côté de Notre-Dame de Fourvières que les insurgés dirigeaient leurs coups; et on n'a sans doute pas oublié que la solitude de Lorette était près, non loin de ce sanctuaire; aussi, quand le bombardement fut commencé, obus et boulets pleuvaient-ils dans les jardins. Des amis dévoués vinrent en toute hâte prévenir la petite colonie qu'elle eût à chercher un autre asile, car la populace en délire ne respectait plus rien et tous les excès étaient à craindre. Où aller?... On était cerné de toutes parts... Pauline-Marie s'était fait porter dans la chapelle et là, prosternée devant le Saint-Sacrement avec ses compagnes fidèles, toutes suppliaient l'auguste Victime d'éloigner le danger et d'apaiser les flots irrités des passions humaines déchaînées...

Le péril augmentait d'instant en instant, il fallait prendre un parti, on décida de gagner les vastes souterrains qui s'étendaient sous la propriété et avaient dû jadis, au temps des persécutions romaines, servir d'asile aux premiers chrétiens. Mais l'entrée de ces cryptes était à l'extrémité du jardin, et les projectiles embrasés le remplissaient... Tous ceux qui étaient là s'arrêtaient indécis, ne sachant à quel parti s'arrêter, car, d'un côté comme de l'autre, le danger était terrible, menaçant. Pauline-Marie, avec la promptitude de décision qui la caractérisait, s'écria : Allons ! mais emportons Notre-Seigneur avec nous. Un des assistants se saisit du saint tabernacle, les autres l'escortèrent avec des cierges allumés : la malade, étendue sur un matelas, suivait le divin Fugitif. Le jardin fut traversé sans accident, et la petite troupe atteignit, sans encombre, le refuge qu'elle s'était choisi : Notre-Dame de Fourvières protégeait ses fidèles servantes.

Durant plusieurs jours qui leur parurent des siècles, Pauline-Marie et ses compagnes entendirent avec terreur le bruit des obus répercuté par les échos du souterrain. Le cinquième jour, au crépitement de la mitraille, aux vociférations, succédèrent des chants qui semblaient venir du Ciel, c'était le *Magnificat* répété par des milliers de voix, affirmant qu'une fois encore la céleste Patronne avait sauvé sa ville privilégiée. L'heure de la délivrance était venue.

Quand on vit surgir des nouvelles catacombes Jésus dans son tabernacle, la pauvre agonisante sur son lit de douleurs, ses compagnes avec leurs cierges, la foule, si prompte aux émotions, fut saisie d'une reconnaissance enthousiaste, et, de nouveau le *Magnificat* retentit. Non seulement Marie avait protégé ses filles dévouées, mais elle avait gardé leur retraite intacte ; à peine çà et là quelques dégâts insignifiants ; on retrouva dans l'intérieur des appartements, des obus entiers qui, s'ils eussent éclaté, auraient détruit la solitude de Lorette de fond en comble.

Ces émotions et ces déplacements n'étaient pas faits pour améliorer l'état déjà si grave de Pauline-Marie, aussi, une fois réinstallée à Lorette, se trouva-t-elle beaucoup plus mal. Quoiqu'ayant le secret pressentiment que son heure n'était pas venue, elle voulut néanmoins se disposer au dernier et terrible passage. Elle demanda les sacrements de l'Église et les reçut avec une ferveur admirable qui édifia grandement les assistants. Malgré son extrême faiblesse et ses souffrances, elle avait la possibilité de se recueillir et de prier, de sorte que son oraison était continuelle.

On parlait beaucoup, à cette époque, des miracles obtenus par l'intercession d'une jeune martyre dont les ossements avaient été retrouvés dans les catacombes de Rome, et, bien que le culte de sainte Philomène ne fût pas encore autorisé par l'Église, les malades, les infirmes, avaient recours à elle, et rarement leur espérance était trompée. Pauline-Marie, étendue sur son lit où la faiblesse l'empêchait de faire le moindre mouvement, pensait beaucoup à cette jeune vierge, et il lui semblait que si elle pouvait se transporter près de ses reliques sacrées que l'on vénérait à Muniano, non loin de Naples, elle serait immédiatement guérie. Cette idée, qui d'abord parut le rêve d'un cerveau malade et enfiévré, devint bientôt un désir impérieux, et secrètement la malade fit faire certain préparatifs de départ.

Un jour que son médecin, qui était aussi son ami, était venu la voir, car il continuait ses visites, la regardant plutôt comme un sujet qu'on étudie, qu'on observe, que comme un malade qu'on essaie de guérir, elle lui dit qu'elle songeait à faire un voyage et qu'elle lui demandait son autorisation. Très surpris d'une semblable communication, le docteur crut que Pauline était en délire.
— Non, non, reprit-elle en souriant, je sais ce que je dis et c'est fort sérieusement que je vous réitère ma demande. Il hésita un instant, et répondit : « Depuis longtemps vous vivez sans que je sache comment ; je crois donc que si vous avez la fantaisie de vous déplacer, vous pouvez, sans scrupule, vous satisfaire. »

Mais, lorsqu'il entendit parler du voyage de Naples — et alors, en 1835, les difficultés d'un tel voyage étaient tout autres qu'aujourd'hui — il eût voulu revenir sur la permission accordée et il déclara que ce projet était simplement *insensé*.

On passa outre, et trois jours plus tard Mlle Jaricot, étendue dans une voiture très douce, se mettait en route, accompagnée de son aumônier et de deux personnes dévouées. Chaque soir, on la plaçait dans un fauteuil disposé pour cela, et elle était conduite dans un hôtel, afin d'y passer la nuit. Ses compagnons, qui ne partageaient pas tout à fait sa robuste confiance en sainte Philomène, croyaient à chaque instant qu'elle allait expirer ; néanmoins le voyage continuait, et, si on avançait lentement, on avançait.

Enfin on arriva dans la Ville éternelle, la malade et ses compagnons furent reçus au couvent du Sacré-Cœur de la Trinité, où la réputation de sainteté de la fondatrice de la Propagation de la Foi et du rosaire vivant, l'avait précédée et lui fit trouver le meilleur accueil. Sa Sainteté Grégoire XVI, afin d'honorer celle qui avait rendu de si éminents services à l'Église, daigna la visiter ; en la voyant si faible, si épuisée, il crut, comme tout le monde, à sa fin prochaine, et il lui demanda de prier pour lui et pour l'Église dès qu'elle serait au Ciel. — « Oui, Très Saint Père, répliqua la mourante, mais (et elle appuyait sur les mots suivants) si, à mon retour, de Muniano, j'allais à pied au Vatican, Votre Sainteté daignerait-elle procéder à l'autorisation du culte de la chère sainte Philomène ? — Assurément, répondit le pontife, car il y aurait miracle de premier ordre. »

Après avoir pris quelques jours de repos, nos pèlerins se remirent en marche. La faiblesse de la malade augmentait d'étape en étape, et, un peu avant d'arriver à Naples, ses compagnons, saisis d'effroi, voulurent s'arrêter. Pauline-Marie, incapable de parler, fit signe qu'il fallait poursuivre. On obéit.

Lorsqu'à Muniano on sut quelle était cette pèlerine à demi-morte qui attendait avec une ferme espérance sa guérison de la vierge martyre, les habitants de la région s'unirent à sa prière et promirent de faire une neuvaine pour « la sainte française ». En effet, chaque jour, près du tombeau de la thaumaturge, à l'heure où l'on apportait Pauline, il se trouvait une foule empressée qui récitait, avec une ferveur un peu bruyante, les prières convenues.

Aux derniers jours de la neuvaine, aucune amélioration n'étant survenue dans l'état de la malade, les Napolitains, très ardents et très démonstratifs, s'écrièrent dans leur foi naïve :

« Sainte Philomène, si vous ne guérissez pas cette sainte femme qui est venue de si loin, nous vous laisserons là, et jamais on ne s'occupera de vous. Entendez bien cela, grande martyre, et nous tiendrons bon. »

Le dernier jour, les prières et les objurgations redoublèrent ; pendant ce temps, Pauline-Marie, en proie à d'intolérables souffrances, croyait que son cœur allait se briser ; à un certain moment, hors d'état de supporter cette sorte d'agonie, elle s'affaissa sur elle-même, comme si elle allait mourir. La foule exaspérée proférait des cris, des vociférations, quand soudain le visage de la mourante se revêtit des couleurs de la vie, une chaleur bienfaisante se répandit dans tout son être, elle se souleva : la guérison venait de s'opérer. Les Napolitains, saisis d'enthousiasme, firent entendre des chants d'allégresse et les cris mille fois répétés de vive sainte Philomène ! Vive la bonne martyre !

Pendant neuf jours, l'heureuse miraculée revint, en action de grâces, prier à Muniano, et comme ex-voto elle y laissa le fauteuil qui avait tant de fois servi à la transporter.

En arrivant à Rome, Mlle Jaricot se présenta, suivant sa promesse, au Vatican ; le Souverain Pontife, en l'apercevant, demeura frappé d'étonnement et d'admiration : « Est-ce bien vous, ma chère fille, dit-il ; est-ce bien vous ? Revenez-vous de la tombe ou bien le Seigneur a-t-il daigné manifester en vous la sainteté de sa martyre ? — Oui, Très Saint Père, c'est bien moi qu'en effet, votre Sainteté a vu mourante et que Dieu a regardée en pitié, par l'intercession de la chère sainte Philomène. Maintenant que je reviens pleine de vie, me permettez-vous, Très Saint Père, d'accomplir le vœu que j'ai fait d'élever une chapelle à ma bienfaitrice, dès que votre Sainteté aura autorisé le culte public de la Vierge martyre ?

Le pontife répondit affirmativement, et il promit, en outre, de faire procéder sans délai à l'examen d'une cause si chère à tant de cœurs. Et toujours dans la stupéfaction du miracle opéré, il faisait marcher Pauline-Marie dans les immenses salles du palais, en lui disant : « Encore ! Encore ! afin que je sois bien sûr que ce n'est pas une apparition de l'autre monde, mais ma chère fille de Lyon ! »

Mlle Jaricot eut alors l'occasion de voir plusieurs fois le cardinal Lambruschini qui, à partir de cette époque, se montra, en toute occasion, son protecteur déclaré.

A Lyon, la miraculée reçut un accueil des plus chaleureux ; ses amies qui, durant son douloureux pèlerinage, s'étaient unies de cœur avec elle, voulurent rendre grâces de son heureuse guérison, et toutes ensemble elles se rendirent à Notre-Dame de Fourvières où un *Magnificat* fut solennellement chanté.

Suivant sa promesse, Pauline-Marie éleva une délicieuse chapelle à sainte Philomène et elle y plaça une insigne relique de la

Vue intérieure de la chapelle de sainte Philomène, montée Saint-Barthélemy, à Lyon.

martyre que Grégoire XVI s'était empressé de lui faire parvenir. Maintenant que ses forces étaient revenues, elle reprit, avec une nouvelle ardeur, les œuvres de zèle et de charité si chères à son cœur : à Lorette, les pauvres, les affligés étaient sûrs de trouver une bonne parole et des secours. A l'exemple du divin Maître, dont elle cherchait à s'inspirer, Pauline-Marie se montrait remplie d'indulgence et de compassion à l'égard de ces pauvres infortunées que le monde repousse après les avoir perdues ; par tous les moyens, elle s'efforçait de les consoler, de les réhabiliter, et ses bonnes paroles, semblables aux rayons de soleil qui pénètrent sans effort, en ouvrant ces pauvres âmes au repentir, y faisaient refleurir la paix et l'espérance.

Sa correspondance était fort étendue, et chaque jour, elle y consacrait plusieurs heures. Une de ses amies la voyant absorbée dans ses écritures lui dit : « Eh bien ! quand vous reposerez-vous ? — Au ciel », répondit-elle, souriante, et elle ajouta, après avoir baisé un petit crucifix qui ne la quittait jamais : « Pourquoi chercherions-nous le repos, puisque nous sommes nés pour le travail ? »

Le labeur écrasant auquel, journellement, elle se livrait, eût découragé, lassé toute autre que cette vaillante chrétienne ; jamais elle ne se plaignait, et malgré les déboires, les importunités, toujours elle se montrait douce et affable. Afin de pouvoir se livrer à la prière et aux douceurs de l'Oraison, elle se levait de très grand matin, et souvent, quand elle avait quelque grâce spéciale à obtenir, elle passait une partie de la nuit dans sa chapelle, prosternée au pied du tabernacle, ce tabernacle tant aimé, qui lui inspira les lignes suivantes :

« C'est près de vos saints tabernacles que mon cœur, desséché par les plus rudes épreuves, a constamment trouvé les forces nécessaires pour en supporter la rigueur. C'est là que mes combats se sont changés en victoires, ma faiblesse en courage, mes tiédeurs en ferveur, mes incertitudes en lumière, ma tristesse en joie, mes obstacles en succès, mes désirs en volonté, mes antipathies, mes jalousies, mes ressentiments contre le prochain en ardente charité. »

Nous avons dit que la correspondance de Pauline était très étendue, c'est que non seulement elle écrivait pour la direction, l'extension de ses œuvres, mais jamais elle ne sut refuser un conseil à qui le lui demandait. Une jeune femme de grande famille qui venait de perdre deux enfants chéris, un mari tendrement aimé et qui pressentait, dans ces coups terribles et multipliés, l'appel de Dieu sur son âme, lui écrivit pour solliciter ses avis et connaître ce que Dieu demandait d'elle. Mlle Jaricot, à cette occasion, lui adressa d'admirables épîtres dont nous reproduisons quelques fragments.

« ... Vous avez une grande fortune, une position distinguée et trois enfants à élever. C'est pour une chrétienne une triple obligation d'être plus détachée de tout, plus humble et plus dévouée que si tous ces biens vous manquaient. Prenez garde, privilégiée de la croix, prenez garde aux illusions du monde !... Elles s'insinuent dans l'âme comme des gouttes d'eau dans le navire, comme le serpent sous l'herbe, comme le poison sous la fleur. On ne les aperçoit pas, et cependant elles donnent la mort !

« On ne manquera pas de vous dire que vous pouvez vous permettre telles ou telles dépenses inutiles de luxe ou de vanité ; tels et tels plaisirs, parce que vous êtes une *grande dame*, et que les grandes dames doivent se distinguer des femmes vulgaires. Ceci est vrai en ce sens que le rang doit donner une dignité et une élévation de pensées qui éloignent des sentiers de l'orgueil, de l'égoïsme, de la petitesse de vue. Des hauteurs où la providence vous a placée, vous devez mieux voir et soulager plus libéralement les douleurs de vos frères. Alors seulement vous serez vraiment *grande* aux yeux de Celui de qui toute grandeur procède. Alors aussi, quoi qu'en dise le monde, vous serez *grande* aux yeux de ceux qui n'auront pas le courage de vous suivre. Je dis courage, et cela avec intention, parce qu'il y aura très certainement, pour vous, des heures de défaillance durant lesquelles les illusions, dont je parlais tout à l'heure, chercheront à vous séduire...

« Vous voulez que je vous dise ce que vous devez donner aux pauvres. Ah ! ma fille ! prenez garde ! *Méfiez-vous de moi*, car sur ce chapitre, je pourrai vous paraître sévère. Cependant je ne déterminerai pas le chiffre de vos aumônes. Que resterait-il après cela pour l'inspiration de la charité ? Écoutez cette inspiration quand la plainte du malheureux arrive jusqu'à vous, et alors, *le cœur et le regard en haut*, donnez largement, donnez jusqu'à être obligée de vous imposer de réelles privations... La charité de Jésus-Christ serait-elle moins généreuse que l'affection du sang ? Cette charité inspire l'amour du *sacrifice*. Avec vous, Madame et chère enfant, je ne crains pas de tracer ce mot, devenu *barbare* pour la plupart des chrétiennes de nos jours. Une fois généreusement acceptée, la pratique du sacrifice fera germer dans votre âme les vertus éminentes des premières femmes chrétiennes dont un grand nombre étaient, elles aussi, de grandes dames descendant de races illustres, mais qui ne se crurent pas dispensées pour cela de renoncer au luxe et d'embrasser la *simplicité évangélique*... »

Celle à qui l'on parlait de la sorte était digne d'entendre un tel langage, aussi, sa pieuse amie, dans une seconde lettre, n'hésite-t-elle pas à continuer sur le même ton : « ... Vous acceptez le mot *barbare* et vous vous dévouez au sacrifice. Enseignez-en la pratique autour de vous, habituez-y vos trois petits bien-aimés, mais seulement sans rien brusquer, sans vouloir aller plus vite que le bon Dieu ! Il faut travailler ces jeunes âmes avec la douceur, la patience et l'amour de leurs anges gardiens. Attendez le moment, étudiez la note de leur cœur et, quand elle vibrera, faites comme le musicien habile, modifiez-en le son ou rendez-le plus fort, selon le besoin de l'harmonie divine qu'ils devront faire entendre. Laissez-les parfaitement libres de donner ce qui leur appartient, mais ne les y forcez jamais. Quand il y aura eu un peu de moi dans leurs petites actions, faites-leur comprendre à l'occasion que le *moi* ne donne pas de joie, mais que le sacrifice en donne toujours... Laissez-moi, Madame, vous dire le fond de ma pensée. Je voudrais une croisade des femmes catholiques contre le luxe. Si les femmes chrétiennes lisaient les épîtres de saint Paul, elles verraient que leur parure la plus belle est la modestie... »

Mlle Jaricot, née dans une ville industrielle et qui, dès sa petite enfance, avait été en rapport avec les ouvriers, savait quelles misères, quels dangers et surtout quelles tentations attendent dans ces agglomérations d'individus où tout s'atrophie, l'âme comme le corps, celui qui gagne son pain à la sueur de son front. Bien souvent, devant Dieu, elle avait réfléchi à la triste situation de ces frères courbés sous un labeur ingrat, trop souvent exploités par un patron dur et cupide, n'ayant aucune des joies de la terre et ne sachant plus lever les yeux en haut pour espérer celles du Ciel. Son cœur d'apôtre lui faisait comprendre qu'il y avait là quelque chose à faire et que, si une colonie d'ouvriers chrétiens pouvait être fondée, ce serait un moyen efficace d'arriver à la régénération de la classe ouvrière. Cette pensée l'obsédait depuis longtemps sans qu'elle sut comment la réaliser, quand elle apprit la mise en vente d'une vaste propriété forestière contenant d'abondants gisements de minerai, et offrant, par la nature du terrain, l'agencement des bâtiments, toutes les garanties désirables. Elle consulta des personnes compétentes qui, après examen, déclarèrent que c'était une occasion unique et que ce grand établissement industriel présentait tous les avantages que Pauline-Marie pouvait souhaiter pour l'œuvre qu'elle méditait. Les passages suivants d'une lettre de Mlle Jaricot feront connaître quels étaient ses desseins.

« ... Mon intention formelle est de former une pépinière d'ouvriers vertueux passés maîtres dans les divers travaux et même dans les arts, et qui, s'il y a lieu, iront au loin exercer leur réelle influence sur leurs frères... Oui, chère amie, je vous l'ai dit souvent, oui je l'espère, le Seigneur, qui est infiniment bon, aura pitié de son peuple et daignera recueillir, sous les ailes maternelles de la Reine des Anges (la propriété portait le nom de N.-D.-des-Anges), un certain nombre d'ouvriers vertueux qui, au milieu de la perversité générale, auront toujours conservé la foi. Là, tout sera combiné pour que ceux qui sont bons deviennent toujours meilleurs et grandissent dans la charité de N.-S. J.-C., en même temps qu'ils se perfectionnent dans les différents travaux de leur état... Un jour, ces chers ouvriers et leurs enfants iront au milieu d'autres usines dont les maîtres nous les auront demandés, et ils y seront, à leur manière, *pécheurs d'hommes*, non comme Pierre, par la parole, ce qui n'appartient qu'à l'Église enseignante, mais par la force du bon exemple et l'empire de la charité ! Cette charité prie Dieu, rend service au prochain, aide les faibles, et prévient, par toutes sortes d'égards, les pauvres pécheurs pour les ramener à Dieu... Peu à peu, de pauvres ouvriers égarés par de mauvaises doctrines, aigris par l'infortune, retrouveront le chemin du salut par les conseils de deux ou trois hommes de leur classe qui seront allés dans leurs ateliers pour leur donner l'exemple de la vertu et du travail... Ceux qui auront recouvré la paix de la conscience n'envieront plus les lambris dorés, la bonne chère, la puissance et la gloire ! Non, non, tous ces avantages, par lesquels ce Dieu infiniment juste récompense ici-bas les vertus terrestres, ne tenteront plus ceux à qui le désir du ciel aura été rendu, car la foi leur aura appris quel cas il faut faire de ce qui passe... »

Par un sentiment d'humilité excessif et mal compris, alors qu'il s'agit de questions légales et financières, Mlle Jaricot ne voulait pas que son nom parût ni dans la vente, ni dans la direction de l'usine. Il lui fallait donc quelqu'un d'intelligent, de capable, qui pût agir à sa place et eût pleins pouvoirs pour traiter et administrer l'établissement industriel. Elle jeta les yeux sur un homme dont le passé était irréprochable et qui affectait les dehors de la plus grande piété ; elle fut indignement trompée ; non seulement sa fortune tout entière fut engloutie, mais aussi des fonds qui lui avaient été confiés.

Lorsque ses yeux s'ouvrirent, il était trop tard : sa ruine était consommée. Les efforts désespérés qu'elle fit pour conjurer la catastrophe n'eurent d'autre résultat que de rendre le désastre plus considérable encore. Elle chercha les moyens, non de recouvrer sa fortune, elle en avait fait le sacrifice, mais de rembourser les sommes qui lui avaient été généreusement avancées, et elle crut qu'en s'adressant en tout pays, aux associés de la Propagation de la Foi et du Rosaire vivant, elle pourrait désintéresser ses créanciers. Les sommes qu'elle recueillit de la sorte, quoique relativement considérables, furent loin d'atteindre le chiffre nécessaire pour liquider la situation.

Pauline-Marie avait l'âme haute, un peu fière même, et Dieu seul put mesurer ce qui lui en coûta de se faire ainsi mendiante. — A quoi pensez-vous, lui demandait une amie, quand vous allez d'un hôtel à l'autre? — Aux stations du chemin de la croix, répliqua-t-elle, en souriant tristement.

Au moment où elle ne connaissait encore qu'une partie de l'épreuve qui allait fondre sur elle, les ouvrières que Pauline avait tant de fois secourues et consolées lui offrirent spontanément leurs petites économies, afin de faire face aux nécessités les plus pressantes. Avec la même simplicité qu'il lui était offert, elle accepta ce don; on juge ce qu'elle souffrit plus tard, quand après s'être dépouillée de tout, avoir réduit ses dépenses au strict nécessaire, il lui fut impossible d'acquitter cette dette sacrée entre toutes.

Un personnage haut placé qui d'abord l'avait soutenue et encouragée, voyant la non-réussite de l'œuvre de N.-D.-des-Anges, ne lui témoignait plus que de l'indifférence. Elle alla néanmoins le solliciter, il lui fit de durs reproches, l'accusa d'imprudence, de témérité et termina par ces paroles, prononcées d'un air railleur : « Vos beaux projets! qui ne tendaient rien moins qu'à faire un saint du premier venu ! »

Pauline-Marie releva la tête qu'elle avait tenue baissée jusque-là, et répartit avec une vivacité douloureuse et indignée : « Oui, je le confesse dans l'amertume de mon âme, j'ai été imprudente, et j'userai ma vie jusqu'au dernier souffle pour réparer les dommages que j'ai involontairement causés... Quant à mon désir de faire comme vous le dites, un saint, c'est-à-dire un enfant de Dieu, du dernier d'entre mes frères, je ne saurais m'en repentir, car c'est le désir de Jésus-Christ lui-même, qui est né, qui a vécu, qui est mort dans la souffrance, afin qu'aucun de ces petits ne périsse ! »

Durant un de ses voyages à Paris, elle put voir l'ébauche d'un tableau qui devait personnifier l'adoration du Saint-Sacrement. Le peintre qui était non seulement un artiste, mais un chrétien convaincu, ce qui n'est pas incompatible, pria sa sainte visiteuse de lui dire ce qu'elle pensait de son tableau :

« Monsieur, répondit-elle, la beauté de la terre ne va pas aux saints. Il me semble qu'il pourrait y avoir plus de pureté et d'adoration dans ces regards attachés sur l'hostie, et plus d'amour sur ces lèvres qui chantent les louanges de l'Agneau... L'artiste, ajouta-t-elle, peut aussi être apôtre, mais pour cela il faut qu'il prie et qu'il élève bien haut sa pensée avant de prendre ses pinceaux ou de toucher l'instrument qui doit résonner sous ses doigts. Dieu est le Maître des maîtres.

En quittant Rome, Mlle Jaricot, comme tous ceux qui ont le bonheur de visiter la ville éternelle, s'était promis d'y revenir une fois encore retremper sa foi et son courage, la gêne, l'indigence même qui étaient son partage désormais, ne lui permettaient plus de nourrir cet espoir ; des amis dévoués qu'elle avait à Paris s'arrangèrent de manière à lui procurer la joie d'un nouveau voyage à Rome, c'était une des dernières consolations qu'elle devait goûter ici-bas.

A l'exemple de son prédécesseur, l'auguste Pie IX lui accorda plusieurs audiences particulières, et chaque fois, il s'entretint longuement avec elle.

Les années 1860 et 1861 furent très pénibles pour Pauline-Marie ; la vieillesse commençait à lui faire sentir ses atteintes, et les angoisses de tout genre, qu'elle avait souffertes à l'occasion de l'œuvre de N.-D.-des-Anges, avaient achevé de tarir en elle les sources de la vie. Elle ne sortait plus que pour les affaires indispensables, et sa petite plume de corbeau, jadis si légère et si active, se faisait lourde à ses pauvres doigts tremblants et engourdis.

En 1861, aux approches de Noël, elle se trouva beaucoup plus mal; néanmoins sa prière était presque continuelle. « Demandons, dit-elle à une de ses pieuses filles qui ne la quittait jamais, demandons à l'Enfant Jésus, pendant cette octave de Noël, d'accorder la grâce du baptême à tous les petits enfants qui sont nés ou qui vont naître. » Un peu après, on l'entendit murmurer : « Oh! mon Dieu, je vous remercie de m'avoir exaucée! je vous remercie de m'avoir donné tous ces chers petits innocents! »

Peu de jours avant sa mort, elle fit généreusement, à haute voix, le sacrifice de sa vie. « Mon Sauveur Jésus-Christ, je ne sais si je mourrai aujourd'hui, mais je veux faire le sacrifice de ma vie pour le jour et le moment que vous avez décidé de toute éternité. J'accepte de bon cœur la mort avec toutes ses horreurs. Je l'unis au sacrifice du calvaire, en union avec vous, ô Jésus, sur la croix et sur tous les autels où vous vous immolerez jusqu'à la fin des siècles. Avec vous, ô Sauveur bien aimé, je désire remercier Dieu, lui rendre grâces et lui demander pardon de tous les péchés commis, et des miens en particulier. »

Après une autre grande crise, elle dit : « Vous savez, mon Dieu, tout ce que j'ai fait pour m'acquitter, et que, malgré tous mes efforts, je n'ai pu satisfaire mes créanciers. Vous êtes le Tout-Puissant! Faites, je vous en conjure, que personne ne souffre à mon occasion!... et elle ajouta : « O mon Dieu, je pardonne de tout mon cœur, et sans aucune réserve, à tous ceux qui m'ont fait de la peine; je veux avoir, au ciel, un droit sur leur salut afin qu'ils soient tous sauvés! »

Durant les derniers jours qu'elle passa sur la terre, elle fut en proie à de vives et cruelles souffrances, mais sa patience et sa douleur ne se démentirent point durant cette épreuve suprême. Enfin, le 9 janvier 1862, aux premières lueurs de l'aube, cette grande chrétienne rendit son âme à Dieu.

EUGÉNIE DE GUÉRIN

janvier 1805-mai 1848

EUGÉNIE DE GUÉRIN

Avant de commencer cette esquisse, nous avons eu un instant d'hésitation : pourquoi parler d'Eugénie de Guérin, cette chrétienne admirable, cette sœur modèle, cet écrivain charmant, que toutes les jeunes filles devraient connaître !...
Mais tant d'années déjà ont passé depuis que son journal a été livré au public que la génération qui s'élève ignore peut-être jusqu'à son nom, et nous avons l'espoir que ce modeste travail pourra être de quelque utilité.

Eugénie naquit au mois de janvier 1805. Ses parents habitaient non loin de Gaillac, le château du Cayla. Cette famille avait un passé d'honneur et de gloire dont, à bon droit, elle pouvait se montrer fière, et qu'elle s'efforçait de soutenir, aussi était-elle fort considérée dans le pays. La fortune était médiocre et on était obligé de vivre avec une extrême simplicité, car il fallait songer à l'établissement des enfants : deux garçons et deux filles, dont les rires joyeux égayaient le vieux manoir.

Ouvrons le journal et lisons la description qu'Eugénie fait du nid paternel. « ... Nos salons sont tout blancs, sans glace, ni trace de luxe aucun ; la salle à manger avec un buffet et des chaises ; deux fenêtres donnant sur le bois du nord, l'autre salon à côté avec un grand et large canapé ; au milieu, une table ronde, des chaises de paille, un vieux fauteuil en tapisserie ; deux portes vitrées sur la terrasse, cette terrasse sur un vallon vert où coule un ruisseau, voilà notre demeure ! assez riante, où ceux qui viennent se plaisent, qui me plaît aussi... »

Eugénie était l'aînée ; de même que son frère Maurice, elle avait reçu l'étincelle divine, le feu sacré qui fait les artistes ou les poètes. « C'est mon signe de vie d'écrire comme à la fontaine de couler. »

Elle ne comptait guère que douze ans, quand elle perdit sa mère ; ce premier chagrin jeta comme une ombre sur sa jeunesse en fleur et donna une précoce maturité à ses sentiments et à ses pensées. A l'exemple de la vierge d'Avila, la petite orpheline alla se jeter aux pieds d'une statue de Marie, la suppliant de lui servir de mère.

Le pays qui reçoit nos premiers regards, où s'écoule notre enfance — ce temps où les impressions sont si vives — met une empreinte indélébile sur notre personnalité ; avec sa nature vibrante, Mlle de Guérin plus qu'une autre, était accessible à cette influence. Nul doute que si elle eût vécu resserrée, étiolée dans une ville, au lieu de contempler chaque jour de vastes horizons, des paysages gracieux ou sévères, nous n'aurions pas l'Eugénie originale que nous admirons, et dont la plume si pittoresque, si colorée, donne aux moindres détails un charme incomparable et une saveur toute particulière.

Admirablement douée, elle possédait non seulement le sens de l'idéal, l'imagination qui sait revêtir même les choses les plus simples d'un prisme rayonnant et donner la vie aux objets inanimés, mais elle avait une grande clarté d'esprit, cette qualité éminemment française, un bon sens parfait qui la préserva de toute excentricité et nous la montre maîtresse de maison accomplie aussi bien qu'écrivain de premier ordre... Malgré l'harmonie, l'équilibre de ses facultés, Eugénie était très timide, et jusque dans un âge assez avancé, elle souffrit de ce malheureux défaut, sorte d'infirmité morale, attribué trop souvent à l'orgueil et qui nous paraît tenir à des causes multiples qu'il serait trop long d'analyser. Voyons comment elle s'exprime au sujet de cette timidité.

« ... Qu'est-ce que la timidité? D'où vient-elle? Je l'ai cherché; je me suis demandé ce qui faisait rougir, ce qui empêchait de parler, de paraître devant quelqu'un, et c'est toujours pour moi un mystère. Encore ce matin, ayant un mot à dire à M. le curé, qui certes, n'est pas intimidant, je n'ai jamais pu me décider à passer à la sacristie. Quelle bêtise! on le sent et on en souffre, je ne sais quoi vous garrotte, vous étreint, si bien qu'il semble que le sang cesse de circuler et se porte sur le cœur qui fait *pouf, pouf*, à grands coups. »

Mme de Guérin qui sentait que ses moments étaient comptés, et qui, en différentes occasions, avait pu apprécier la fermeté d'âme, le jugement droit de sa fille aînée, lui fit promettre de veiller sur son jeune frère dont la santé délicate, non moins que la précoce intelligence, inquiétait sa tendresse. Cette promesse fut religieusement tenue, et on peut dire qu'Eugénie fut l'ange gardien visible de son Maurice tant aimé. Quand il dut quitter, bien jeune encore, le Cayla pour Toulouse, puis pour Paris, elle reste unie de cœur et d'âme avec lui, le soutenant par ses lettres, par sa tendresse active, infatigable, qui a soif de tout connaître et qui s'intéresse à tout; veillant avec une inquiète sollicitude sur la santé de l'âme et sur celle du corps. Ses longues causeries écrites ne lui suffisent pas; elle a besoin de mettre sous les yeux du cher éloigné ce qu'elle voit elle-même, ce qu'elle pense, ce qu'elle sent; alors elle entreprend d'écrire son journal. Il est vrai qu'indépendamment du plaisir, du bien qu'elle désire faire à Maurice, elle éprouve le besoin de s'épancher sur le papier.

« ... C'est toujours livre ou plume que je touche en me levant, le livre pour prier, penser, réfléchir. Ce serait mon occupation de tout le jour si je suivais mon attrait, ce quelque chose qui m'attire au recueillement, à la contemplation intérieure. J'aime de m'arrêter avec mes pensées, de m'incliner pour ainsi dire sur chacune d'elles pour les respirer, pour en jouir avant qu'elles s'évaporent... »

Et un peu plus tard : « ... J'ai besoin d'écrire et d'un confident à toute heure. Je parle quand je veux à ce petit cahier! je lui dis tout : pensées, peines, plaisirs, émotions, tout enfin, hormis ce qui ne peut se dire qu'à Dieu, et encore j'ai regret de ce que je laisse au fond du cœur.

Ne croyez pas que son goût pour l'écriture et même ses essais de poésie la désintéressent des occupations ordinaires de la femme : elle est, au contraire, très experte dans les travaux féminins, « fée par les mains comme elle l'était par l'âme, » a dit M. d'Aurevilly. Elle coud, file. « J'ai commencé ma journée, écrit-elle un jour de février, par me garnir une quenouille bien ronde, bien bombée, bien coquette avec son nœud de ruban. Là, je vais filer avec un petit fuseau... »

Elle fait aussi la cuisine, étend la lessive, ou lave le linge. « Une minute d'échappée avec toi pendant qu'on m'attend à la cuisine. J'aimerais mieux ma chambrette, mais on fond des canards, on prépare une croustade, un petit dîner de carnaval qui me veut pour auxiliaire. »

« Il faut que je note en passant un excellent souper que nous venons de faire, papa, Mimi, ta sœur Marie et moi, au coin du feu de la cuisine, avec de la soupe des domestiques, des pommes de terre et un gâteau que je fis hier au four à pain. Nous n'avions pour serviteurs que nos chiens qui léchaient aussi les miettes. Tous nos gens sont à l'église, à l'instruction qui se fait chaque soir pour la confirmation. Ce repas au coin du feu, parmi chiens et chats, ce couvert mis sur les bûches est chose charmante... »

A la date du 12 juillet nous lisions : « J'écris d'une main fraîche, revenant de laver ma robe au ruisseau. C'est joli de laver, de voir passer des poissons, des flots, des brins d'herbe, des feuilles, des fleurs tombées, de suivre cela et je ne sais quoi au fil de l'eau. Il vient tant de choses à la laveuse qui sait voir dans le cours de ce ruisseau !... »

C'était dans sa chambre, pièce bien modeste que dédaignerait la plus petite bourgeoise d'aujourd'hui, que la solitaire du Cayla se retirait pour écrire; voyons la description qu'elle nous donne de ce réduit ou plutôt ce qu'elle sait y découvrir, alors que tant d'autres n'en auraient vu que la simplicité presque monacale.

« Je vois un beau soleil qui resplendit dans ma chambrette. Cette clarté l'embellit et m'y retient. J'admire ma muraille toute tapissée de rayons et une chaise sur laquelle ils retombent comme des draperies. Jamais je n'eus plus belle chambre... »

Et ailleurs : « ... Nous faisons le mois de Marie dans ma chambre : devant une belle image de la Vierge ; au dessus, il y a un Christ encadré qui nous vient de notre grand'mère, plus haut sainte Thérèse, et puis plus haut le petit tableau de l'Annonciation que tu connais, de sorte que l'œil suit toute une ligne céleste dès qu'il regarde et s'élève : c'est une échelle qui porte au ciel. »

La note dominante de tout ce qu'elle écrit, c'est la note religieuse ; à l'exemple des saints, dont chaque jour elle lit la vie, elle excelle à tirer parti de tout ce qui frappe son intelligence ou ses yeux, pour monter à Dieu. C'est une âme ailée qui ne se plaît que sur les sommets. « Passons sans trop nous arrêter à ce qu'on voit sur terre où tout se flétrit et meurt. Regardons en haut, fixons les cieux, les étoiles ; passons de là aux cieux qui ne passeront pas... »

Aussi, quoique tendrement préoccupée de l'avenir de Maurice, de sa santé, c'est encore l'âme de ce frère qui est l'objet de ses plus vives sollicitudes.

« ... Maurice, si je pouvais te faire passer quelques-unes de mes pensées, t'insinuer ce que je crois, ce que j'apprends dans les livres de piété, ces beaux reflets de l'Évangile ! Si je pouvais te voir chrétien, je donnerais ma vie et tout pour cela ! »

Et ailleurs : « ... Mon ami, je voudrais bien te voir prier comme un bon enfant de Dieu. Que t'en coûterait-il ? ton âme est naturellement aimante, et la prière qu'est-ce autre chose que l'amour qui se répand de l'âme comme l'eau sort de la fontaine ?... »

Il ne faudrait pas croire que ce sentiment si tendre, si intime qu'elle eut pour son jeune frère, l'empêchât d'aimer les autres membres de sa famille ; elle leur était profondément attachée à tous, à son père, à sa sœur Marie, à son autre frère Eran — diminutif d'Erembert. — A propos de ce dernier, nous lisons dans le journal, à la date du 5 avril : « Erembert m'a bien consolée aujourd'hui. J'ai un frère chrétien qui remplit toutes les obligations de ce nom, dans ce saint temps de Pâques. »

En parlant de son père, dont elle était la favorite, elle écrit les lignes suivantes empreintes d'une tendresse filiale si pure, si intense : « Tu as raison, Maurice, quand tu dis que je ruse un peu pour écrire mes cahiers ; j'en ai bien lu quelque chose à papa, mais non pas tout. Le bon père aurait peut-être quelque souci de ce qui me vient parfois dans l'âme ; un air triste lui semblerait un chagrin. Cachons-lui ces petits nuages ; il n'est pas bon qu'il les voie, qu'il connaisse autre chose de moi que le côté calme et serein. Une fille doit être si douce à son père ! Nous leur devons être à peu près ce que les anges sont à Dieu... »

Et cet autre passage : « ... Est-ce la peine de demeurer en ce monde ? Non, ce n'est pas la peine, si ce n'était quelques âmes chères à qui Dieu veut que l'on tienne compagnie dans la vie. Voilà papa qui vient de me visiter dans ma chambre et m'a laissé, en s'en allant, deux baisers sur le front. Comment laisser ces tendres pères ?... »

Voyons maintenant comment elle supportait les petites absences que sa sœur se permettait de temps en temps et la façon charmante dont elle s'exprime au sujet des lettres qu'elle en reçoit. « ... M'asseyant alors sur un sac, j'ai lu les plus jolies tendresses de sœur. Rien n'est spirituel comme le bon cœur de Mimi. Elle s'ennuie, le monde l'amuse peu. De mon côté je me trouve seule, isolée, ne vivant qu'à demi, ce me semble, comme si je n'avais qu'une moitié d'âme... »

Et deux ans plus tard : « Une lettre de Mimi ! Que de bonheur porte une lettre et que de charme à entendre ceux qui sont éloignés de nous et qu'on ne peut voir ! Cette voix du cœur les rapproche et semble vous dire : Ils sont là, dans ces pages ; voyez leur âme et leur amour, voyez leurs pensées, leurs actions ; tout leur être est là contenu, l'enveloppe seule vous manque... »

L'existence calme, monotone qu'elle mène au Cayla, entourée seulement de paysans, et n'ayant, pour occuper sa vive imagination que les menus événements journaliers, lui plaît ; elle s'intéresse à tous ceux qui vivent dans son rayon, faisant le catéchisme aux petits *pâtours*, exhortant les valets de ferme à remplir leur devoir pascal, visitant les malades. La nature d'ailleurs est un livre inépuisable, où de bonne heure elle sut lire et qui jamais ne lasse son admiration. Elle a mis tout son cœur en ce petit coin de terre où, sauf Maurice, sont tous les siens.

« Comme la colombe, j'aime chaque soir à revenir à mon nid. Nul endroit ne me fait envie. »

> Je n'aime que les fleurs que nos ruisseaux arrosent,
> Que les prés dont mes pas ont foulé le gazon ;
> Je n'aime que les bois où nos oiseaux se posent,
> Mon ciel de tous les jours et son même horizon.

Quelques années plus tard, elle écrivait dans son journal : « ... Quelqu'un me disait : « Vous êtes heureusement née pour habiter la campagne. » C'est vrai, je le sens, et que mon être s'harmonise avec les fleurs, les oiseaux, les bois, l'air, le ciel, tout ce qui vit dehors, grandes ou gracieuses œuvres de Dieu. »

Néanmoins, elle sortait parfois de son désert, et allait passer quelques jours, quelques semaines, chez des parentes ou des amies ; au château de Rayssac, non loin d'Alby, dans les montagnes où habitait Mlle Louise de Bayne. Cette jolie et gracieuse personne qui, de toutes ses amies, fut la plus aimée, n'avait pas été indifférente à Maurice de Guérin, et peut-être partageait-elle un peu le tendre sentiment qu'elle avait inspiré ! Eugénie eut la douleur de la voir, jeune encore, mourir en Afrique, après trois ans de mariage, au moment où la jeune femme toute joyeuse se disposait à faire le voyage de France. Les lettres adressées à cette amie ont un accent tout particulier et fourmillent de mots délicieux.

« ... Quelque charme que je trouve dans mes nouvelles connaissances, je reviens toujours à l'ancienne, à Louise ; il me semble qu'il y a cent ans que je vous aime, tant mon affection est forte et enracinée. Je la compare à un chêne, les autres sont des roseaux... »

« ... Chère Louise, écrivez-moi ; plus vous m'écrivez, plus j'ai envie de vous lire. C'est une gourmandise de cœur, contentez-la, celle-ci n'est pas des sept péchés capitaux... »

« ... Ma chère Louise, nous parlons souvent de vous, de Rayssac. Quand on est éloigné, le souvenir de ceux qu'on aime vous revient et on s'en entretient tout haut. Il n'y a pas de plus douce jouissance, surtout quand elle est partagée. Vous ai-je dit combien Henriette vous aime ? Autant qu'on puisse aimer une aimable inconnue. Et moi, qui vous connais bien, je ne vous aime ni plus ni moins qu'autrefois. Il est des choses qui n'ont plus de progrès : qu'ajouter à ce qui est plein ?... »

Elle fit aussi deux voyages dans le Nivernais, chez la baronne de Maistre, qu'elle avait connue par l'entremise de Maurice et avec qui elle entretint longtemps une correspondance suivie.

Mais revenons au Cayla, et voyons Eugénie toute absorbée par la perspective du mariage de son cher Maurice avec une cousine, Caroline de Gervain, qui, depuis peu, était arrivée de Calcutta.

« ... Il y avait une lettre de Caroline, je l'ai renvoyée en y

Vue du château de Cayla.

glissant un mot pour la chère sœur. Je puis bien l'appeler ainsi, au point où nous en sommes ; ce n'est qu'anticiper sur quelques mois, j'espère, qui sait cependant ? J'ai toujours le cœur en crainte sur cette affaire et sur toi, mauvais artisan de bonheur... »

Cinq mois plus tard, elle trace les lignes suivantes : « ... Hélas ! nous avons reçu ta lettre de malheur. Ce vaisseau tant attendu n'apporte que des tristesses, des mécomptes. Qui sait si vous aurez de quoi vous marier ?... »

Enfin, après bien des alternatives de crainte et d'espérance, le mariage est décidé. Toute heureuse, Mlle de Guérin s'en exprime de la sorte dans une lettre à une intime amie :

« ... Je vous ai quittée un moment, mais la charmante interruption ! Une lettre de la charmante Indienne — sa future belle-sœur — avec une magnifique nappe d'autel et un tableau pour notre église. Je vous dis cela toute joyeuse, parce que j'aime Caroline, tout ce qui me vient d'elle, et que vous verrez par là qu'elle va être ma sœur. Oui, elle le sera malgré revers et fortune, parce que c'est un ange de vertu et de bonté, qu'elle rendra Maurice heureux. La Providence a été trop visible ici pour ne pas y fier leur avenir. Ils ne seront pas riches, mais nous avons bien su nous passer de fortune, et nous sommes, je vous le certifie, heureux d'un bonheur d'union, de tendresse de famille. Maurice sera comme sa vieille race ; il mettra sa confiance en Dieu et son bonheur autre part que sur la fortune... »

Quelle belle parole ! N'est-elle pas comme une sorte de paraphrase de ce verset de l'Évangile si oublié de nos jours. « Cherchez d'abord le royaume de Dieu et sa justice... »

Elle a besoin de faire part de sa joie ; à une autre amie, elle écrit : « ... Je vous apprends que mon frère Maurice se marie d'une façon charmante. Il épouse une bonne, douce et jolie personne que le bon Dieu a fait venir de bien loin pour son bonheur... Le mariage se fait au mois de novembre, et, comme on ne peut se passer d'une sœur, on me veut à la noce. Voyez où la Providence me mène de mon désert! dans le monde, le monde de Paris... »

C'était pour la première fois qu'elle visitait la grande ville, et bon nombre de choses excitent son intérêt et provoquent son admiration. Elle-même, dans une lettre à sa chère Louise, va nous faire connaître ses impressions...

« Nous avons traversé Paris en tous sens, des courses de trois, quatre heures chaque jour, et cela sans me fatiguer, sans penser même que je marche; on n'a point de corps, on n'a que l'âme pour voir, admirer. Que de merveilles! D'abord une ascension à Notre-Dame sur les hautes tours, d'où l'on voit l'ensemble de la grande ville, d'où le panorama de Paris se déroule agréablement sous vos yeux... Mais le grandement beau de Paris, ce sont les édifices, les églises, l'admirable et antique Notre-Dame, Saint-Eustache, la Sainte-Chapelle, qui vous ravissent les yeux et l'âme; mais en admirable, rien n'égale le dôme des Invalides. C'est la plus belle œuvre d'architecture qui existe, m'a-t-on dit, tout plein de sculptures, de peintures, et cela expliqué par un vieil invalide, autre vieille gloire, me faisait un grand effet... J'ai été fort édifiée aux églises, fort suivies, où l'on se tient bien... »

Dans une autre lettre, nous relevons les réflexions suivantes: « ... J'ai déjà vu bien des églises anciennes et nouvelles. Je suis pour les vieilles. Notre-Dame, Saint-Eustache, Saint-Roch; d'autres, dont j'ai oublié le nom, me plaisent mieux que la Madeleine avec ses formes païennes, église sans clocher, sans confessionnaux, expression d'un siècle sans foi; et Notre-Dame-de-Lorette, coquette comme un boudoir. J'aime les églises qui font penser à Dieu, dont les voûtes élevées portent au recueillement, où l'on ne voit ni n'entend le monde... »

Ce séjour de plusieurs mois à Paris, malgré quelques noirs pressentiments chassés aussitôt comme d'importuns messagers, fut pour Eugénie un gai rayon de soleil, le dernier, hélas! que devait connaître son cœur si aimant, car, ainsi qu'elle l'écrivait plus tard, après la mort de son frère chéri : « Pour moi, c'est fini de tout ce qu'on appelle bonheur. » Elle entrevoyait dans ce prochain mariage qui offrait toutes les garanties de félicité humaine — sauf

Maurice de Guérin.

la fortune qui n'en est pas toujours une — un riant avenir, une perspective dorée pour Maurice.

La cérémonie eut lieu le 15 novembre 1838 et fut accompagnée des réjouissances usitées en pareille occasion. « Je n'avais pas l'idée d'un bal, écrit-elle à son père, c'est un joli enfantillage. »

Un mois ne s'était pas écoulé que les inquiétudes sur la santé du jeune marié, inquiétudes un instant calmées, se réveillèrent plus vives que jamais; les symptômes alarmants reparurent : toux, oppression, fièvre, insomnie, etc. En voyant son frère ainsi, Eugénie souffrait le martyre; mais ce fut pire encore quand elle quitta Paris et dut attendre souvent plusieurs jours le bulletin de santé qui était sa préoccupation unique, son constant souci. On retrouve dans le journal l'écho ému de ces angoisses.

« Impuissante affection! lisons-nous, tout se réduit pour moi à souffrir pour lui. »

Ce cahier, écrit au jour le jour pour ce frère tant aimé et que jamais il ne devait lire, se termine par ces mots: « ... Dans l'éloignement, rien n'est accablant comme le silence. C'est la mort avancée. Mon ami, mon frère, mon cher Maurice, je ne sais que penser, que dire, que sentir. Après Dieu, je ne vis qu'en toi, comme une martyre, en souffrant. Et qu'est-ce que cela, si je pouvais l'offrir pour te racheter? Quand je me plongerais dans une mer de douleur pour te sauver du naufrage... Toute rédemption se fait par la souffrance; acceptez la mienne, mon Dieu, unissez-la à celle des sœurs de Lazare, unissez-la à celle de Marie, au glaive qui perça son âme auprès de Jésus mourant; acceptez, mon Dieu, coupez, tranchez en moi, mais qu'il se fasse une résurrection ! »

Cette résurrection si ardemment sollicitée ne devait pas s'effectuer dans le sens humain, et Maurice n'avait plus que peu de semaines à passer sur la terre. Les médecins à bout de ressources, et voulant peut-être procurer au malade une suprême joie, conseillèrent le midi, le doux air natal; accompagné de sa femme, il s'achemina vers la chère demeure de Cayla. Eugénie encore dans le Nivernais le rejoignit à Tours, et on peut dire, en toute vérité, que le chemin jusqu'à la demeure paternelle fut pour elle la *via crucis*.

Ouvrons les lettres de cette époque, elles nous révèleront les angoisses de son cœur et les tristesses du voyage.

« Nous voyageons le matin, pour éviter la chaleur, dans une voiture de poste, façon la plus commode pour transporter un malade, mais chère à ruiner. Il ne faut rien moins que la bourse indienne pour fournir à ces dépenses. La pauvre tendre femme donnerait tout l'or du Bengale pour la santé de son mari... La poitrine s'emplit, la gorge s'enflamme. Mon Dieu! venez à notre aide! Quelles frayeurs quand nous lui avons vu cracher le sang dans une bicoque où nous n'avons eu pour toute ressource que de l'eau et un œuf frais! Quel retour de noces, hélas! Pauvre vie, si Dieu ne soutenait... »

A une autre amie, quatre jours plus tard « ... Toute mon espérance est en Dieu; quand je le vois si faible, si pâle, si maigre, il ne me reste guère de confiance humaine. Il est là, à côté de moi, qui tantôt dort et tantôt me dit un mot... »

Vingt jours après avoir quitté Paris, le mourant arrivait au Cayla. Aux premiers instants, on eut une lueur d'espoir; la joie du retour lui avait donné un peu d'animation, ce n'était qu'un éclair... Bientôt parurent les signes précurseurs de la fin. Le 19 juillet 1839, onze jours seulement après son arrivée, Maurice s'éteignait doucement...

Son incomparable sœur eut la triste consolation de le préparer au saint viatique et à l'extrême-onction ; elle lui donna aussi le dernier aliment qu'il devait prendre ici-bas. « ... Je remarquai cela comme une faveur de Dieu accordée à ma tendresse de sœur, que j'ai rendu à ce cher frère le dernier service à l'âme et au corps, qu'il s'est rencontré que je l'ai disposé aux derniers sacrements et que je lui ai préparé sa dernière nourriture: aliments de deux vies... »

Trois jours après la consommation de son douloureux sacrifice, Eugénie écrivait à son amie Louise de Bayne: « Oh! comme nos affections disparaissent! Dieu veut que nous les portions plus haut que terre, et il prend au Ciel ceux que nous aimons. Il est là, au ciel, mon frère, je l'espère, car il a fait la mort d'un prédestiné. Dieu soit béni qui, dans sa miséricorde, a voulu sauver l'âme et laisser mourir le corps, cette apparence humaine que nous aimons tant, qui semble l'homme et ne fait que le cacher... Cette mort me tue, m'enlève ce qui m'attachait avec quelque charme en ce monde. Mon avenir était dans le sien. Dieu veut qu'on ne s'appuie pas tant sur la créature, roseau qui casse sous la main. Ma pauvre âme se doutait bien de cela, mais n'importe, on s'attache plus fort à ce qui va nous échapper... »

Quatre jours plus tard, à une autre amie, des plaintes semblables, et si l'amour n'a qu'un mot qu'il redit toujours sans se répéter jamais, la douleur vraie est de même, et son expression ne saurait changer.

« ... Je vous l'ai dit, ma chère amie, j'ai enterré ma vie de cœur, j'ai perdu le charme de mon existence. Je ne sais tout ce que je trouvais en ce frère, ni quel bonheur j'avais mis en lui. Un avenir, des espérances, ma vieille vie auprès de la sienne, et puis une âme qui me comprenait! Lui et moi, c'étaient deux yeux du même front... Prions pour cette chère âme; c'est consolant de prier, n'est-ce pas? de pouvoir ainsi soulager ceux qu'on aime, de les suivre d'amour jusque dans l'autre vie. Je plains ceux qui n'ont à donner aux morts que des larmes. C'est bien bon de pleurer, mais non pas sans la prière... »

Elle continuait d'écrire son cher journal, s'adressant d'abord « à Maurice mort, à Maurice au ciel », puis à M. Barbery d'Aurevilly, l'ami intime du bien-aimé disparu, qu'elle nomme son frère. « ... Que mettrai-je là maintenant, si je n'y mettais mes larmes, mes souvenirs, mes regrets de ce que j'ai le plus aimé? C'est tout ce qui vous viendra, ô vous qui voulez que je continue ce cahier, *mon tous les jours* au Cayla. J'allais cesser de le faire; il y avait trop d'amertume à lui parler dans la tombe; mais puisque vous êtes là, frère vivant, et avez plaisir de m'entendre, je continuerai ma causerie intime ; je rattache à vous ce qui restait là, tombé, brisé par la mort. *J'écrirai pour vous comme j'écrivais pour lui.* Vous êtes mon frère d'adoption, mon frère de cœur. Il y a là-dedans illusion et réalité, consolation et tristesse... »

En effet, elle continue de noter ses impressions, ses pensées, mais pensées et impressions funèbres ; toujours le souvenir du jeune mort plane au-dessus d'elle et la couvre d'une ombre de tristesse et de deuil.

> Je voudrais que le ciel fût tout tendu de noir
> Et qu'un bois de cyprès vînt à couvrir la terre ;
> Que le jour ne fût plus qu'un soir.

Un peu plus tard, elle s'occupe de mettre en ordre les papiers et les notes de Maurice afin qu'on puisse publier les œuvres de ce frère chéri ; elle désire tant la gloire pour lui ! Il l'obtint, cette gloire, mais le rayon le plus pur, le plus vif n'auréola point l'auteur du *Centaure ;* il resplendit d'un éclat immortel sur Eugénie qui jamais n'avait songé à cette récompense humaine ; comme l'a si bien dit M. Trébutien : « S'il arrivait un jour que l'auteur du *Centaure* retombât dans l'oubli, nous oserions promettre au *frère d'Eugénie* l'immortalité ! »

A la suite de l'article de Mme Sand paru dans la *Revue des Deux Mondes*, Eugénie écrit dans son journal : « Bénis soient ceux qui l'estiment son prix, bénie soit la voix qui le loue, qui le porte si haut avec tant de respect et d'enthousiasme intelligent ! Mais cette voix se trompe en un point ; elle se trompe quand elle dit que la foi manquait à cette âme. Non, la foi ne lui manquait pas : je le proclame et je l'atteste, par ce que j'ai vu et entendu, par la prière, par les saintes lectures, par les sacrements, par tous les actes du chrétien, par la mort qui dévoile la vie, mort sur un crucifix. J'ai bien envie d'écrire à George Sand, de lui envoyer quelque chose que j'ai dans l'idée sur Maurice, comme une couronne pour couvrir cette tache qu'elle lui a mise au front. Je ne puis supporter qu'on ôte ou qu'on ajoute le moindre trait à ce visage, si beau dans son vrai ; ce jour irréligieux et païen le défigure. »

Le temps qui a si vite fait de consoler certaines douleurs, toutes de surface, n'a aucune prise sur celle qu'Eugénie garde au fond de l'âme : trois ans après la mort de son frère, elle traçait dans son journal les lignes suivantes :

« ...Maurice était ma source, de lui me coulaient amitié, sympathie, conseil, douceur de vivre par son commerce intellectuel si doux, par ce de lui en moi, qui était comme le ferment de mes pensées, enfin l'alimentation de mon âme. Ce grand ami perdu, il ne me faut rien moins que Dieu pour le remplacer... »

Cependant, vers cette époque, la vieille maison familiale s'anime un peu, afin de recevoir une troisième sœur : Erembert se marie sans quitter le manoir. Dix-huit mois après, une joie nouvelle et bien grande, dont une lettre d'Eugénie nous apporte l'écho :

« C'est à côté d'un berceau où dort un ange aux yeux bleus que je vous écris, ma chère amie ; c'est vous dire que je suis tante. Ce bonheur que vous connaissez, je ne me serais jamais doutée qu'il fût si doux et qu'il y eût tant de joie au cœur pour un si petit être naissant. Celui-ci, il est vrai, était bien vivement désiré de toute la famille, et nous ne cessons de bénir Dieu de cette grâce l'un pour l'autre. Puisse notre chère enfant vivre, grandir, et ressembler à sa mère dans ses qualités charmantes ! Depuis quelques jours, je ne vis que dans l'avenir et dans ma petite Marie. Nous l'avons appelée de ce nom de céleste augure et j'en espère infiniment... »

Plus que jamais, son existence s'écoulait calme et paisible : une échappée de quelques jours à Gaillac, tels étaient ses plus longs voyages. La prière, le travail, les soins à donner à son père remplissaient ses journées ; la lecture, l'écriture n'en étaient que l'accessoire, la distraction. Eugénie avait une si profonde horreur de l'oisiveté que durant l'heure de l'après-midi qu'elle consacrait à la lecture, elle occupait ses doigts à un tricot facile. Chaque jour, elle faisait une méditation et récitait son chapelet ; tous les mois, elle se préparait à la mort.

Sa santé qui toujours avait été assez délicate, déclinait visiblement et donnait de sérieuses inquiétudes à sa famille ; elle avait des rhumes longs et fréquents qui annonçaient une poitrine très susceptible. Vers 1846, elle devint plus souffrante, et les médecins consultés l'envoyèrent à Cauterets.

Elle y retrouva des cousines et des amies, ce qui l'empêcha de sentir trop vivement l'ennui que l'on éprouve presque toujours quand on vit seul et isolé dans un pays inconnu. Son état de santé ne lui permit pas de faire de grandes excursions, et elle qui appréciait tant les beautés de la nature souffrit cruellement de cette privation.

« Le médecin, écrit-elle à son père, m'a dit de ne pas faire d'excursions sur les montagnes. Il a borné mes promenades au parc, joli endroit tout près d'ici, bien boisé, coupé d'allées avec des chaises pour s'asseoir, peuplé de beau monde qui marche, qui s'assied, qui lit, qui dort, qui travaille. C'est assez agréable, mais ces courses sur les monts avec torrents, fleurs, sapins, bruyères, seraient bien mieux de mon goût... »

Cette cure d'eaux n'eut pas de bien favorables résultats, car, peu de mois après le retour, nous voyons Eugénie forcée de garder la chambre et ne pouvant même se rendre à l'église pour la messe dominicale.

« Heureux, écrit-elle à cette occasion, ceux qui ont l'église rapprochée! Je ne me consolerais pas de cet éloignement tout plein de préjudices pour l'âme, si je ne savais que Dieu fait les santés et les chemins, et place les églises où il convient le mieux... »

La phtisie arrivait à sa dernière période. Il nous semble qu'Eugénie dut ressentir une sorte d'âpre jouissance en constatant qu'elle souffrait les mêmes douleurs que, dix ans plus tôt, avait souffertes Maurice ; c'était une ressemblance nouvelle après tant d'autres qui lui avaient été si douces. Jamais elle ne formulait une plainte ni ne se permettait la plus légère allusion à sa fin prochaine. Nul doute cependant qu'elle ne connût la vérité; mais elle ne voulait pas ajouter à la douleur des cœurs aimants qui la veillaient.

Un jour pourtant que sa sœur Marie, qui la soignait avec un dévouement inlassable, était à ses côtés, elle lui dit tout à coup : « Tu ne m'auras pas longtemps! » Ce mot lui était échappé, et semblable distraction ne se renouvela plus.

Quand elle reçut le saint viatique, morte déjà aux choses de la terre, elle dit à sa fidèle infirmière, en lui tendant une petite clef et lui désignant un tiroir : « Brûle tous les papiers que tu trouveras là ; tout n'est que vanité. »

Le 31 mai 1848, elle tomba en agonie ; sans doute que la douce Reine du Ciel, qu'elle avait prise pour mère, recueillit, en ce dernier jour de son mois béni, l'âme virginale qui s'était donnée à elle, pour la présenter à son divin Fils.

Terminons par ces beaux vers qu'une autre âme d'élite, poète elle aussi, Marie Jenna, dont nous parlerons bientôt, a déposé comme une palme immortelle, sur le tombeau de la solitaire du Cayla :

> C'est là qu'elle vivait, belle fleur solitaire,
> Entre un rayon du ciel et l'ombre du mystère,
> Lorsque sur son coteau, Dieu la cueillit pour nous,
> Sentiers qu'elle foula, vous en souvenez-vous ?
> O triste et doux passé ! souvenirs pleins de charmes !
> Passant, donne à sa tombe et des chants et des larmes,
> Ange, elle a tant prié ! femme, elle a tant souffert !
> Parfums, brises des bois, murmures, saint concert,
> Vous aviez pour monter l'aile de son génie ;
> Mais le monde ignorait le secret d'Eugénie ;
> Elle cachait sa lyre et filait son fuseau.
> Du laurier bien souvent le glorieux rameau,
> En éclairant le front, jette une ombre sur l'âme,
> Et Dieu, gardien jaloux de ce doux cœur de femme,
> N'a couronné que son tombeau.

MARIE JENNA

décembre 1834-mars 1887

MARIE JENNA

Marie Jenna, qui de son vrai nom s'appelait Céline Renard, naquit à Bourbonne-les-Bains, le 19 décembre 1834. Elle appartenait à une famille où le culte des lettres et des arts avait toujours été en honneur : son père, ancien avocat à la Cour de cassation de Paris, était un fin lettré ; son oncle, Athanase Renard, a laissé de remarquables travaux historiques, et le capitaine Renard, qui s'est occupé de la navigation aérienne, a écrit sur ce sujet des mémoires importants. Mme Renard était également une femme des plus distinguées sous le rapport de l'intelligence ; mais ses enfants ne jouirent pas longtemps de sa précieuse présence : Céline avait à peine huit ans quand elle lui fut ravie. La sollicitude toute maternelle de la sœur aînée empêcha les orphelines de sentir aussi vivement la perte qu'elles venaient de faire, et M. Renard trouva toujours dans sa fille Adèle une auxiliaire affectueuse et dévouée pour l'éducation de ses plus jeunes enfants.

Céline avait reçu du ciel les qualités les plus exquises de l'intelligence et du cœur : piété angélique, sensibilité extrême, noblesse d'âme, esprit admirablement équilibré où une imagination brillante et colorée s'alliait à un jugement d'une merveilleuse lucidité. Un seul don, celui que la femme la plus raisonnable est fière de posséder ou envie peut-être tout bas si elle en est privée, lui avait été refusé : je veux dire la beauté. Rien dans l'extérieur très ordinaire de Céline ne révélait ni le poète ni l'artiste. On aimerait à se la représenter effleurant à peine la terre : hélas ! une faiblesse constitutionnelle, que l'âge ne fit qu'aggraver, l'obligeait à marcher avec difficulté et lenteur, semblable à un pauvre oiseau blessé que ses ailes ne peuvent plus soutenir. Avec sa nature de sensitive, elle dut souffrir plus qu'aucune autre de cette infirmité ; elle se replia un peu sur elle-même et garda, pour quelques amis privilégiés, les trésors de son cœur.

Céline était une pianiste distinguée, et de plus elle possédait une voix sympathique et harmonieuse qui, bien des fois, charma les habitués de Montmorency — c'est le nom de la belle propriété où la famille Renard vint habiter en 1854. — Elle ne pouvait être une musicienne vulgaire celle qui écrivait les lignes qu'on va lire :

« Vous qui n'attendez rien du ciel, incroyants ou indifférents, n'avez-vous jamais senti, aux accents de la musique, frémir en vous la fibre immortelle ? Pour moi, si je n'avais trouvé dans mon âme un objet infini d'amour et d'espérance, la musique y eût creusé des abîmes. Dites donc quelles réalités sur la terre répondent à l'idéal qu'elle fait entrevoir. »

Et, dans un autre endroit : « ... En cet art magnifique, il me semble que Dieu a prodigué le génie, et n'est-ce pas une grande miséricorde, puisque c'est celui qui nous fait le mieux oublier les misères de notre condition, qui s'empare le plus puissamment de notre être entier pour nous transporter dans le monde des éternelles harmonies ?... »

Après le sentiment religieux et la musique, rien ne causait à Céline de plus vives jouissances que le spectacle si varié de la nature, qu'elle comprenait et goûtait avec son âme de croyante et de poète.

« ... J'avais choisi, écrit-elle en racontant un séjour qu'elle fit à la campagne, vers sa dix-huitième année, quelques coins de verdure que j'avais pris pour moi, qui m'attiraient toujours. Il me semblait que j'y entendais mieux la voix de Dieu, qu'il y restait toujours de la veille quelque chose pour le lendemain. A cinq heures du soir, après le travail des doigts, j'y retournais encore. Alors quels effets de soleil dans les arbres! quelle splendeur paisible dans la nature! quels ravissements dans mon âme!... »

A un ami : « Je trace ces lignes pour vous, assise sur un tronc d'arbre, au milieu d'un bois où nous passerons la journée, charmante journée de souvenirs, de rêveries, de prière. Nous n'avons point cherché comme en juillet — on était au mois d'octobre — l'épaisseur des ombrages, mais une coupe nouvelle où l'air circule, où chaque tronc se dessine dans la lumière, où l'on voit autant de ciel que de verdure. On n'entend que des cris de geais et de corbeaux ; c'est moins qu'un chant de rossignol, mais beaucoup plus que rien. En passant au milieu de ces collines que j'aime, j'ai senti me monter au cœur je ne sais quelle sève de jeunesse et de poésie. Le brouillard du matin les couvrait à demi, il fallait deviner les sommets ; on eût dit que des lambeaux de nuages pendaient de leurs couronnes d'arbres. Mais tout cela est beau, même sous le voile. »

Bourbonne, son pays natal, lui plaisait infiniment ; elle aimait à en faire de poétiques descriptions aux amis qui ne le connaissaient point encore. «... Point de ces beautés sauvages ou grandioses qui étonnent le regard, mais un charme qui le séduit et le captive ; une culture variée qui mélange harmonieusement toutes les nuances ; des coteaux portant avec plus de grâce que de fierté leur couronne d'arbres ; de jolies routes serpentant dans la plaine, grimpant sur les pentes et se perdant dans les bois... »

« ... Puisque vous ne venez pas voir notre petit Bourbonne, il faut que je me résigne à vous le présenter de loin. Vous voyez que l'église est placée au point culminant : belle situation, si elle n'était difficile à atteindre pour les pauvres infirmes. Le clocher, qui penchait depuis longues années et devenait menaçant, a été enlevé à partir du dôme ; l'idée de ce découronnement me faisait frémir ; mais il se trouve que la tour produit fort bel effet... »

Citons encore les passages suivants empruntés à ses souvenirs intimes :

« Charmante promenade au jardin. L'hiver en a pris possession depuis deux jours ; mais l'automne, par un doux rayon de soleil, semble réclamer ses droits. Le bosquet vert encore sous son voile blanc, présente un aspect tout nouveau. La neige, qui ne se pose d'ordinaire que sur des arbres dépouillés, se trouve bien sur ces légers tapis, et elle y reste. J'ai secoué de jeunes arbres si accablés hier sous le poids des flocons qu'ils ont fléchi et forment au-dessus de l'allée de gracieux berceaux. A chaque instant, de petites avalanches glissent sur les sapins et tombent en pluie fine sur le gazon... »

« Aucun des spectacles de la nature ne me ravit autant qu'un coucher de soleil. Son lever illumine la terre, mais son coucher la transfigure. On comprend mieux qu'il y a quelque chose au delà. Que j'aime ces rayons obliques, cette brume mêlée de lumière, ces lignes d'or sur les collines ! O beautés mystérieuses, prophétiques ! on dirait qu'une vision céleste va paraître et que la gloire de Dieu va resplendir !... »

« 30 novembre. Je viens de parcourir le jardin entre deux ondées de ce déluge qui nous inonde. C'était l'hiver, hélas ! Pourtant que de jolies choses encore ! J'ai vu des troncs couverts de mousse, d'une mousse plus verte et plus fraîche sous la pluie qui en découle ; j'ai vu de petites marguerites ; j'ai vu des bandes d'oiseaux, si haut dans l'espace qu'ils ressemblaient à des tourbillons d'insectes. »

Puis aussitôt, l'idée morale, philosophique même, découlant de cette contemplation :

« Encore un peu, ils auraient percé les nuages et ils auraient vu le ciel bleu. Il est des âmes qui sont ainsi tout près de la région de la lumière et du bonheur. Encore un grand coup d'aile, et elles se chaufferaient au soleil de la vérité ; mais la force manque et l'obstacle n'est pas franchi... Mon Dieu, prenez-les et emportez-les de l'autre côté!... »

Et ce fragment sur les cloches, comme il est joli ! Il déborde de poésie et de foi.

« J'ai entendu chanter les cloches d'un village voisin, car elles chantent ces cloches-là, elles chantent divinement. Leur son est si radieux, il va si haut, que l'âme la plus terrestre serait, ce me semble, emportée dans leur élan. Oh ! les cloches ! on en a parlé souvent en prose et en vers, mais ce qu'elles font éprouver d'intime et de céleste, cette joyeuse illumination qu'elles apportent soudain au fond d'un cœur catholique, on n'a pas encore su le dire... »

Séduite par l'élan de la jeunesse et des saints enthousiasmes, elle avait d'abord écrit pour elle seule, comme l'oiseau chante sa chanson printanière sans se préoccuper s'il est entendu ; puis elle s'était enhardie à montrer ses essais dans l'intimité de la famille. M. Renard vit tout de suite que ces vers n'étaient point des vers remplis de banalités et de fadeurs, ainsi que tant de jeunes filles en écrivent, mais de la poésie vraie et harmonieuse, aussi remarquable par l'élévation de la pensée que par la perfection et l'originalité de la forme. Il envoya quelques morceaux à M. Le Camus, qui les fit insérer immédiatement dans le *Contemporain*, dont il était alors directeur.

Un peu après, en 1864, parut un volume sous le titre: *Élévations poétiques et religieuses*, avec le pseudonyme de Marie Jenna, sous lequel Céline Renard devait toujours être désignée depuis.

« ... Je tenais beaucoup à en avoir un: c'était un abri, c'était une liberté ; nous cherchions un nom gracieux, et mon père eut l'idée de celui-là. Je crois que nous avons réussi, puisque ce nom s'est fait aimer... »

Ce recueil contient d'admirables morceaux : *la Cathédrale de Strasbourg ; Ode à M. de Montalembert ; Souvenir de l'Océan*, etc. ; les deux strophes suivantes, écrites au lendemain de la mort de Mgr Dupanloup : l'évêque d'Orléans était une des grandes admirations de Marie Jenna, qui avait conservé très vive la noble faculté, bien rare aujourd'hui, de savoir admirer :

> C'était la voix de la vérité sainte,
> Clairon d'appel aux combats du Seigneur,
> C'était l'écho de toute noble plainte,
>   La voix qui s'est éteinte !
> C'était l'appui des faibles, des vaincus,
> Un vase plein d'amour et d'éloquence ;
> C'était un centre au peuple des élus,
>   Le cœur qui ne bat plus !

Après la Bataille, petit poème écrit dans l'Année terrible, où vibre à chaque ligne l'âme d'une ardente chrétienne et d'une vraie Française, d'où nous détachons les passages suivants :

UN BLESSÉ

> Si je pouvais enfin me lever !... Vain effort !
> Ah ! ce qu'ils m'ont mis là, je le sens, c'est la mort.
> Au cœur, un poids m'étouffe et la fièvre m'altère...
> Viendront-ils ?... Comme elle est dure et froide, la terre !
> Au loin, le canon gronde... oh ! qu'ont-ils fait là-bas !
> Ils sont vainqueurs peut-être..., et je ne le suis pas !
> . . . .
> Quoi ! mourir sans secours ! mourir ici ! ma mère !...
> Tu partirais, je crois, sans attendre un instant,
> Mère, si tu savais qu'il est là, ton enfant !

LES ANGES

> Restons, car on souffre où nous sommes.
> O lieu funeste, horrible champ !
> Ses moissons sont des membres d'hommes
> Et son fleuve coule du sang !
> . . . .

LE BLESSÉ

> Ah ! tu me guérirais ! que n'as-tu pu me suivre ?
> Mourir à vingt-cinq ans ! J'aurais tant voulu vivre !
> Vous qui, par charité, relevez les mourants,
> Emportez-moi... je souffre... est-ce vous que j'entends ?

LES ANGES

Descendons, soulageons leurs peines,
Faisons monter tous les soupirs,
De ces mourants brisons la chaîne :
Sous les monceaux de chair humaine,
Cherchons les âmes des martyrs.

LE BLESSÉ

Un peu d'eau... j'ai bien soif ! un lit... tout m'abandonne.
Il faut mourir ici... Mourir ! ô mon Yvonne !
Sur le bord du chemin, tu m'attendras longtemps.
. . . .

LES ANGES

Si la félicité passée
Pouvait lui faire illusion !
Berçons un instant sa pensée
D'une lointaine vision.

LE BLESSÉ

O ma lande fleurie, ô mes champs, mon village !
Jardin que j'ai planté plein de fleurs et d'ombrage,
Mes bœufs et mes brebis, ô le repos du soir,
Quand, après la fatigue, il fait si bon s'asseoir !
Les récits du foyer, le clocher du dimanche,
Dans l'église, aux grands jours, Yvonne en robe blanche...
. . . .

LES ANGES

Du grand sommeil il va dormir,
A vous, Jésus, faites qu'il pense...

LE BLESSÉ

Mon Dieu qui me voyez ! mon Seigneur et mon Maître,
A votre jugement bientôt je vais paraître,
Et je vous oubliais quand je n'ai plus que vous !
. . . .
Ouvrez-moi votre sein... Je meurs pour ma patrie !
. . . .
Où suis-je ?... Ah ! l'ennemi... le tambour... il s'avance !
Présent, mon général ! marchons ! vive la France !

> . . . .
> .... Qui me tient ?... Laissez-moi !
> Mais non, je vais mourir, et c'est Dieu qui m'appelle.
> . . . .
> Je ne vous verrai plus... ma mère... Yvonne... adieu !
> Là-haut mon heure sonne, et me voici, mon Dieu !
> . . . .

Ce volume, *Élévations poétiques et religieuses*, fut adressé à l'Académie ; quoique bien supérieur aux recueils du même genre, il ne reçut pas le prix, parce que deux odes, l'une à Victor Hugo, l'autre à Renan, furent jugées irrespectueuses pour ces deux membres de l'Institut. Ces deux odes d'une facture vigoureuse et d'un grand souffle sont admirables ; nous préférons encore celle qui est adressée à Renan, et nous ne savons pas résister au désir d'en citer la péroraison. Le poète se figure le philosophe à son lit de mort et lui adresse la touchante apostrophe qu'on va lire :

> . . . .
> Si dans ta vision passe un front qui rayonne,
> Si près de toi murmure une voix qui pardonne,
> Si ta nuit s'illumine et si tu sens l'appui
> D'un bras plus doux encor que celui d'une mère,
> Tressaille ! et, confiant, relève ta paupière :
>   Ce sera Lui !

Hélas ! d'après ce que l'on sait de la triste mort de Renan, l'espoir si bien exprimé par le doux poète ne s'est pas réalisé !

Bornons-nous à transcrire la pièce suivante qui est un petit chef-d'œuvre :

L'HIVER

> Non, je ne savais pas que tu pouvais, Nature,
> Au soir de ton été, détacher ta ceinture,
> Déposer ton manteau tissé des mains de Dieu,
> Éteindre ton soleil et voiler ton ciel bleu ;
> Laisse tes rameaux verts à l'heure où le vent passe
> Pâlir et s'affaisser sous un manteau de glace ;

Efface sur les murs tes festons gracieux,
Comme au bruit du matin s'efface un songe heureux ;
Puis, sans fleur qui parfume et sans rayon qui dore,
Sans herbe dans le pré, sans rossignol au bois,
Sans nids, sans fruits dorés, sans ombrage et sans voix,
    Être si belle encore.

Six ans plus tard, un second recueil, *Enfants et Mères*, que certains critiques regardent comme le chef-d'œuvre poétique de notre muse. Cette âme virginale a des accents maternels qui étonnent et ravissent à la fois ; jamais peut-être on n'avait chanté avec tant de grâce exquise l'innocence et le charme de l'enfance, jamais surtout on n'avait célébré dans une langue plus mélodieuse et plus chrétienne l'extase et l'amour des mères auprès des berceaux. Marie Jenna aimait et comprenait les enfants ; elle avait vu naître et grandir ses nièces sous ses yeux, et, ainsi qu'elle l'écrit avec tant de justesse : « Rien ne ressemble plus à un cœur de mère qu'un cœur de tante. »

La perle de ce riche écrin est, à notre avis : *L'aimeras-tu ?* Ce délicieux morceau est trop étendu pour que nous puissions le citer entièrement ; nous essaierons seulement d'en donner un léger aperçu. La mère chrétienne s'adressant à son fils tout petit lui dit :

O mon blond chérubin, quand ta lèvre enfantine
Se pose en souriant sur l'image divine,
Quand, de ta main, prenant le crucifix de bois,
Je t'entends murmurer : Mère, encore une fois !
Une voix dans mon sein chante mystérieuse,
Je tressaille, et je prie, et je suis bien heureuse,
. . . .
On t'a dit : Vois, c'est Dieu ! nous le baisons nous-mêmes,
Il faut l'aimer beaucoup... il est bon... et tu l'aimes !...
Tu l'aimes...
       ...René, tu grandiras,
Et bien vite les ans mûriront ton jeune âge.
Il faudra détacher ta barque du rivage...
Hélas ! l'hymne joyeux dans mon âme s'est tû :
Quand tu seras un homme, enfant l'aimeras-tu ?

> La voix qui te bénit, plus tard elle commande ;
> Le Seigneur, à la fois père et maître, demande
> A l'enfant des baisers, à l'homme des vertus,
> . . . .
> Au poste périlleux, quand sa voix nous appelle,
> Il est beau de courir, et le chrétien fidèle
> Peut, jusqu'aux jours mauvais, douter de sa vertu.
> Quand il faudra mourir, enfant, l'aimeras-tu ?

S'attendrissant sur les mères qui voient leur bien-aimé tomber dans la fange, elle s'écrie dans un élan sublime :

> Ah ! n'écoutez jamais le cri de ma faiblesse,
> Si mon petit René, l'enfant de ma tendresse,
> Doit vous trahir un jour, emportez-le, Seigneur !
> . . . .
> Je ne veux plus d'enfants, si ce ne sont des anges.
> . . . .

Elle termine par ce cri magnifique :

> .... René, si tu l'aimes,
> Angoisse de mes nuits, pleurs, amour assidu,
> Rêves, soucis, baisers, tu m'auras tout rendu !

Quand j'étais petit est un poème de quelques lignes, d'une grâce inimitable.

> Quand j'étais petit, je n'avais de peine
> Qu'autant qu'en pouvait guérir un baiser
> . . . .
> Le temps n'était long qu'aux veilles de fête
> Quand j'étais petit !

Quand je serai grand, pièce d'un autre ton, déborde d'une émotion pénétrante, et on ne saurait la lire sans qu'une larme ne monte à la paupière.

Un morceau bien beau encore comme inspiration et comme

forme, c'est *la Mère du Missionnaire*. Nous en détachons les strophes suivantes qui nous semblent admirables entre toutes :

> Tu vas partir, André ; jusqu'à l'heure dernière
> Conserve sur ton front cette céleste ardeur.
> Ne sois pas contristé des larmes de ta mère :
> Si je pleure en ce jour, oh ! va, c'est de bonheur !
> En les voyant, ces pleurs, ils disaient : Pauvre femme !
> Son amour n'a pas su le retenir, hélas !
> Moi, sans lever les yeux, je disais en mon âme :
> Taisez-vous ! laissez-moi ! vous ne comprenez pas.
> . . . .

Et les quatre derniers vers empreints d'une si grande tendresse et d'une foi si sublime.

> Qu'une minute encore en mes bras je te tienne !
> Sens battre sur ton sein le cœur qui te chérit...
> Puis, maintenant, laissez une femme chrétienne,
> Baiser vos pieds sacrés, prêtre de Jésus-Christ !...

Qu'on nous permette encore une citation empruntée à ce recueil : *Jésus à Nazareth*, ce sera la dernière.

> Jésus s'abandonnait aux baisers de Marie ;
> Il écoutait des yeux sa tendre causerie,
> Et le voile aux longs plis les couvrait tous les deux.
> Plus qu'Ève au paradis cette mère était belle.
> Elle était plus heureuse... « O mon Fils ! » disait-elle,
> Et cent fois répétait ce mot délicieux.
> Mais quelquefois aussi la majesté du Verbe
> Illuminait l'Enfant de son éclat superbe ;
> L'éclair d'en haut passait dans un regard de feu,
> Comme si tout à coup son heure était venue...
> Et la Vierge tremblante et d'extase éperdue
> Se jetait à genoux en s'écriant : « Mon Dieu ! »

Un certain nombre d'exemplaires du livre *Enfants et Mères* sont ornés de deux dessins dus au gracieux crayon de Marie-Edméc, l'héroïque Lorraine dont chacun sait le dévouement fraternel. Le poète et l'artiste étaient dignes de se comprendre et de s'aimer : Dieu ne permit pas leur rencontre ici-bas, et Marie Jenna ne put que reporter sur la mère de Marie-Edmée la sympathique admiration qu'elle ressentait pour celle qui a écrit, avec tant de patriotisme et de cœur, *Histoire de notre petite sœur Jeanne d'Arc*.

Les lignes suivantes adressées à Mme Pau nous feront connaître la façon dont Marie Jenna appréciait les délicieuses compositions destinées à orner son œuvre de prédilection :

« A mon tour, chère amie, le ravissement et l'extase devant cette composition de Marie Edmée qui est pour moi toute une révélation. Vous m'en aviez parlé déjà, mais je ne me figurais pas que votre fille se fût si parfaitement appropriée mon idée, identifiée à moi. Les voilà bien mes jeunes filles, mêlant leurs souvenirs et leurs espérances parmi les enivrements du printemps ; voilà les fleurs ! voilà le nid, et ce ravissant petit ange qui verse des parfums ! Et dire que j'ai pu lire autrefois le nom de cette Marie-Edmée sans deviner que c'était une sœur ! Eh bien, cela devait être ainsi peut-être pour que votre souvenir soit de la terre et du ciel en même temps. Cette fleur que je cueille sur une tombe n'en exhale qu'un parfum plus pénétrant. »

Si la forme poétique paraissait comme naturelle à Marie Jenna, elle était également écrivain de talent en prose ; le volume *Mes Amis et mes Livres* en est une preuve indéniable. Dans cet ouvrage, après avoir porté un jugement très sagace sur Brébœuf, Mme de Sévigné, Mlle de Condé, elle parle en termes éloquents des *Études philosophiques* de M. Auguste Nicolas, des *Félibres provençaux*, parmi lesquels la muse de Bourbonne s'honorait de compter les amis ; elle trace le portrait de plusieurs illustres contemporains, entre autres de M. Trébutien, qui nous a révélé Eugénie de Guérin.

Une affection aussi forte que douce unit Marie Jenna et l'*ermite-chevalier*, comme elle nomme M. Trébutien, et l'on peut affirmer que ce sentiment fut une des meilleures joies intimes de notre poète. Les lettres qu'elle lui adresse sont, suivant nous, les plus remarquables et les plus intéressantes parmi celles que M. Lacointa nous a présentées.

« Le beau soleil, mon cher ermite, dit-elle, en terminant une de ses missives, allons, sortez aussi de votre cellule ; l'hiver trop tôt vous y renfermera. Mais ce qui vaut mieux encore que le soleil, c'est un cœur d'ami comme le vôtre. »

Elle excelle dans les fins de lettres, qui sont l'écueil de tant d'épistoliers ; que pensez-vous de celles-ci ?

Toujours à M. Trébutien : « ... Je vous demanderai bientôt de me dire quelle langue vous ne savez pas. Je voudrais les savoir toutes pour vous dire en cent manières ce que vous m'êtes. »

Au même : « Adieu, mon ami, mon ermite-chevalier. Que cette fête (Pâques) vous soit joyeuse ! Réjouissez-vous dans le Seigneur et dans vos amis, et aussi dans votre amie. »

« Adieu donc, à Dieu ! soyons tous les deux à Lui par l'amour, et l'un à l'autre par l'amitié, toujours, toujours ! »

A une amie : « Adieu, chère Madame, votre foi, votre piété me font du bien. Restons unies dans cette grande atmosphère. »

Dans ces effusions de cœur, que de mots profonds ou charmants !

« Dieu détache les âmes peu à peu pour les cueillir comme un fruit mûr... »

« Vous dites bien vrai, ami : celui qui n'a pas souffert, que sait-il, et surtout que vaut-il ? Je crois qu'il ne sait pas même être heureux. Les grandes joies comme les grandes vertus sont achetées au prix de la souffrance... »

« La liberté est chose douce, mais plus douce encore la chaîne de l'amitié. »

Revenons à *Mes Amis et mes Livres*. Parmi les premiers, elle nomme M. Antoine de Latour, l'immortel traducteur d'un livre immortel, *Mes Prisons*; dès qu'elle fut en relation avec cet esprit d'élite, elle sut l'apprécier et l'aimer, aussi sa mort lui fut-elle un vrai deuil de cœur. A cette occasion, elle écrivait à Mme Pau qui, elle aussi, pleurait l'ami qui avait si bien compris sa fille :

« Je vous cherche en ce jour où nous portons le même deuil, où nous souffrons les mêmes douleurs. Je ne sais où vous êtes ; mais, si vous n'avez pas quitté la France, — il avait été question pour cette amie d'un voyage à Rome, — la triste nouvelle vous sera parvenue, et cette lettre aussi vous parviendra. Quel ami nous avons perdu ! J'espérais jouir pendant bien des années de ce trésor que j'avais trop tard découvert, de ce cœur si loyal et si bon pour ses amis, si tendre et si généreux, de cet esprit charmant qui faisait ressembler ses lettres à un fin sourire... »

Le dernier chapitre de ce livre est intitulé *Nos humbles Amis*; l'auteur désigne ainsi les animaux domestiques créés par Dieu afin d'être les compagnons et les auxiliaires de l'homme, et dont ce dernier fait trop souvent des esclaves ou des victimes. Le cœur tendre et compatissant de Marie Jenna rencontre, pour les plaindre et les réhabiliter, d'éloquentes paroles.

« Je trouve quelque chose de bien touchant dans cet être qui souffre sans l'avoir mérité, sans savoir pourquoi, presque toujours sans se plaindre et sans se révolter contre son maître ingrat et insensible. »

En 1882, durant un séjour d'un mois à Paris, notre muse alla voir Mme de Latour. qu'elle ne connaissait que par ses lettres ; elle rend compte de ses impressions à Mme Pau, son amie.

« ... Je vous avais dit notre projet de voyage. Maintenant que j'ai vu Mme de Latour, il me semble que je vous dois mes premières et très douces impressions. Je l'avais prévenue du jour et de l'heure de notre arrivée, et déjà un mot d'elle m'avait répondu : « Tout mon cœur va au devant de vous ! » Je l'ai trouvée seule avec sa sœur, comme je le désirais ; sa première étreinte me dit mieux que des paroles son émotion et sa sympathie. Oh ! l'aimable et noble femme ! qu'elle était digne de notre cher poète, et qu'ils ont dû passer ensemble de délicieuses années ! Mais voilà, la mort vient, et il faut souffrir ensuite en proportion du bonheur. Nous avons causé comme des amies qui se retrouvent, de lui d'abord, puis de ses livres, qui sont le luxe de cet appartement. Le nom de Marie-Edmée a été l'un des premiers prononcés : n'a-t-elle pas été le lien, cette idéale artiste, avant qu'il s'en soit formé d'autres ? Le visage de Mme de Latour est bien plus fin, bien plus expressif que sa photographie; son expansion, l'affection qu'elle m'a témoignée, ont tout à fait gagné mon cœur : il est vrai qu'il était conquis à l'avance. »

Les félicitations et les hommages arrivaient de toutes parts ; mais, élevant son esprit au-dessus des vaines louanges de la terre, notre poète se réjouissait surtout quand, de quelque amie inconnue, elle recevait ces simples mots : Merci, vous m'avez fait du bien. « L'amour-propre, écrit-elle, se taisait bien vite dans la plus ineffable des actions de grâces. »

La faiblesse de sa constitution et sa santé délabrée l'obligeaient à d'incessantes précautions et lui imposaient à tout instant mille petits sacrifices ; elle n'en gardait pas moins une sérénité d'âme admirable et se montrait douce et patiente à l'égard de la souffrance. Elle parlait peu de ses maux et sans aucune aigreur. Elle n'avait guère plus de trente ans lorsqu'elle écrivait à Mme Pau qui ne l'avait point encore vue :

« Au risque de renverser toutes les idées que vous pouvez vous faire d'une femme poète, je vous envoie mon portrait... Vous ne voudrez plus me plaindre en voyant mon visage qui semble accuser un luxe de santé. Je garde, il est vrai, ce qui fait vivre longtemps en perdant ce qui fait vivre agréablement. Je ne suis point enchantée de ce partage et ne puis que m'y résigner. Je souffre du manque d'exercice, j'en souffre moralement et physiquement. Une promenade solitaire était pour moi plus qu'un plaisir, c'était un enivrement : Dieu m'a retiré ces joies : que sa volonté soit faite !... »

Un peu plus tard, à un ami : « Mes maux, à moi, sont de ceux qui ne guérissent qu'à la résurrection ; tout ce qu'on peut faire, c'est de lutter contre une aggravation continue, quoique lente, et de se résigner dans la confiance qu'ils nous seront comptés pour quelque chose... »

Les qualités charmantes de son esprit et toute l'exquise bonté de son cœur éclatent à tout instant dans sa correspondance.

« ... Vous est-il arrivé, lisons-nous dans une lettre à M. Aubanel, un de ses chers félibres provençaux, de faire une confidence d'âme à quelqu'un qui n'a pas compris ? Je ne sais si les hommes sentent cela comme les femmes, mais c'est une des plus cruelles souffrances que l'on puisse imaginer. Oh ! comme on voudrait reprendre ces pauvres pensées profanées par l'étonnement ! Cela ne m'est pas arrivé souvent, car je ne suis pas expansive avec tout le monde, tant s'en faut ; mais il suffirait d'une fois pour s'en souvenir... »

A une amie : « ... J'aime les récits de voyage, et parfois, en lisant la description des contrées où la nature étale ses richesses, il me prend des élans, des rêves, des envies immenses de contempler ces beautés, puis je retombe dans la réalité. Il faudrait les ailes d'un oiseau. Patience ! Dieu nous donnera peut-être un jour des ailes d'ange ! »

A une autre : « C'est bien vrai que plus on cause entre gens qui s'entendent et s'aiment comme nous et plus on a de choses à se dire. » La belle avance ! diraient les gens positifs. Eh bien oui, c'est une belle avance, en effet, puisqu'on a fait un pas de plus dans cette immensité qui est une âme... »

« Il m'est bien doux, écrivait-elle à Mme Pau, durant que cette dernière faisait un voyage ou plutôt un pèlerinage dans l'Est, de penser que j'étais avec vous de quelque façon, et surtout à la cathédrale de Strasbourg, ma passion. Dernièrement, quelqu'un qui aime peu le moyen âge disait devant moi : « C'est Victor Hugo qui a remis en honneur ces églises gothiques. » C'était justement à propos de la cathédrale de Strasbourg, et moi j'ai pensé : Ils sont bien bêtes ceux qui ont eu besoin de Victor Hugo pour voir que c'est beau. Rendons-nous cette justice, n'est-ce pas, chère Madame, nous ne sommes pas si bêtes que cela... »

Après un séjour qu'elle fit à Nancy, elle adressait à cette même amie, qui y demeurait alors, les lignes suivantes empreintes d'une sensibilité profonde et contenue : « Que j'ai eu de bonheur à causer intimement avec vous et à pénétrer davantage dans l'âme de la mère de Marie-Edmée! Mais, après cette soirée si bonne passée à nous deux, faut-il vous le dire? vous m'avez peinée quand vous m'avez dit en vous levant : « Je vous ai peut-être fatiguée. » Oh! pouviez-vous le penser? Ce mot a glacé sur mes lèvres le dernier adieu. »

Encore à la même : « ... Ma journée a été mauvaise : si vous écrire pouvait me mettre en belle humeur ! En descendant, ce matin, j'ai trouvé un de mes chers petits oiseaux mort dans son nid. Une lettre était sur la table comme une consolation, et cette lettre ne me parlait que d'une affaire ennuyeuse. Toutes mes heures se sont consumées à faire autre chose que ce que je voulais. Il n'y a guère que ceci qui soit de mon choix... »

Au mois de novembre 1882, M. Renard, étant allé seul à Paris, fut renversé par une voiture et grièvement blessé ; relevé sans connaissance, on le conduisit à l'hospice de la Charité. Sa famille, avertie qu'il n'avait pas reparu à l'hôtel, demeura plusieurs jours sans savoir ce qu'il était devenu. On peut deviner quelles furent les angoisses de Marie Jenna. Après bien des démarches infructueuses, un cousin réussit enfin à le découvrir et lui fit recevoir les derniers sacrements.

« Maintenant que nous avons revu ses traits chéris, écrivait sa fille, nous nous disons : Dieu a voulu que cet ami des pauvres mourût parmi eux, assisté par des religieuses qu'il a tant aidées dans leurs œuvres... »

Un an après ce triste événement, elle envoyait à Mme Pau les lignes suivantes : « Vous avez eu une touchante inspiration et qui a été partagée par plusieurs de mes amis. En revenant du service anniversaire, j'ai trouvé sept lettres sur ma table, et déjà, avant de les lire, je bénissais Dieu de m'avoir donné de tels amis. Je n'oublierai jamais combien leur affection m'a été secourable aux jours douloureux... oui, en aucune autre circonstance de ma vie, je n'ai mieux senti combien nos fardeaux seraient lourds si Dieu n'avait établi entre les âmes cette solidarité qui les allège... »

Cependant ses souffrances s'augmentaient, les voyages qu'elle aimait tant lui causaient une extrême fatigue, et une faiblesse générale l'envahissait. Vainement, en 1885, était-elle restée plusieurs mois sur les plages normandes, espérant que les brumes salées de l'Océan lui redonneraient un peu de vigueur : hélas! il n'en fut rien, et, de jour en jour, ses douleurs devinrent plus aiguës.

Elle profita de ce séjour en Normandie pour faire un pèlerinage à la chambre de son ami, M. Trébutien. « Je la trouvais bien petite, écrit-elle, pour renfermer tous les trésors littéraires de l'Ermite-Chevalier ; en m'approchant de la fenêtre, j'ai éprouvé une meilleure impression, car son regard y trouvait de la verdure et de l'espace.

Elle visita aussi la tombe de cet ami toujours regretté. « La forme antique en est très belle. On n'y a gravé que ces mots : *spes et pax*, puis une branche de laurier, une hirondelle, rappelant les plus doux rêves de cette âme d'artiste... »

Sa résignation habituelle ne l'abandonna point, et, plus que jamais, les grandes pensées de la mort et de l'éternité, qui lui étaient familières, occupèrent son esprit et son cœur. Vers cette époque, elle écrivait à un de ses amis.

« Pendant cette longue maladie, je me suis familiarisée avec la mort ; je l'ai entrevue comme un repos, comme une lumière, et, maintenant, c'est un sentiment d'envie que j'éprouve pour ceux qui sont morts dans le Seigneur... Cela ne m'empêche pas d'apprécier ce que Dieu nous a donné de beau et de bon en cette vie... »

Un peu plus tard, dans ses souvenirs intimes, elle traçait les lignes suivantes : « Va, ma pauvre muse, tu as trouvé plus que tu ne cherchais, puisque tu as trouvé la souffrance. Il y avait trop longtemps que tu n'avais beaucoup souffert. Il faut te retremper aux sources de ton baptême. Replie tes ailes tremblantes sous la main de Dieu, tu les ouvriras ensuite plus largement... Mon Dieu, vous ne m'aviez faite que pour les joies de la solitude. Silence de la nature, silence du tabernacle, avec les oiseaux et les anges ; puis, un livre, un livre où bat le cœur d'un homme, d'un chrétien qu'on aime sans l'avoir vu ; puis la poésie : chanter ce qui remplit l'âme. Mon Dieu, mon Dieu, la souffrance a été sans amertume ; il y avait une sorte de joie très élevée à se sentir détachée par vous... Faites que je m'en souvienne !... »

Le début de l'année 1887 fut des plus pénibles ; la malade comprit que sa fin était proche. « Qu'on ne me parle pas de guérison, disait-elle, j'ai trop bien senti la mort. »

Pour se transporter moins difficilement dans la salle où les siens se réunissaient à l'ordinaire, elle quitta sa chambre ornée de tant de chers souvenirs et où, dans la prière et l'étude, elle avait passé des heures si douces et si bien remplies ; c'était un premier adieu aux choses d'ici-bas, que prochainement elle allait abandonner pour toujours.

Sa gorge très enflammée ne lui permettait plus le plaisir de la conversation ; elle ne pouvait que de temps en temps adresser une bonne et pieuse parole à ses sœurs affligées, qui ne la quittaient guère. Ces dernières, pour lui être unies jusqu'à la fin, récitaient leurs prières quotidiennes à son chevet. La malade les suivait de cœur. « C'est le meilleur moment de ma journée, disait-elle, il n'y a que la pensée de Dieu qui me soit douce. »

Quinze jours avant sa mort, elle adressait à un ami de son âme, le P. Jean, prieur de l'abbaye de Fontfroide, en Languedoc, les touchantes lignes qu'on va lire : « Mon bien-aimé Père, je crois que je mourrai bientôt ; je le crois et je le désire... Je voudrais vous avoir pour m'exhorter aux dernières heures... Hélas ! vous n'y serez pas ; mais de loin, cher Père, prenez entre vos mains l'âme de votre pauvre fille et portez-la dans le sein de Dieu ; si ce doit être encore long, demandez pour moi le courage dont j'ai tant besoin... »

La dernière nuit qu'elle passa sur la terre, une de ses sœurs, Élisa, qui devait aller la rejoindre six mois plus tard, maîtrisant les sanglots qui brisaient sa poitrine, ne trouva rien de plus suave, de plus réconfortant à lire à la mourante que ses propres pensées, puisant elle-même, dans ces accents d'une admirable piété, la force et la résignation dont elle avait besoin.

Le 1er mars, vers le déclin du jour, Marie Jenna tomba dans une paisible agonie ; les ombres de la mort l'envahirent peu à peu tout entière ; sa respiration faible et irrégulière indiquait seule que la vie n'était pas complètement retirée... Un dernier soupir, et cette âme qui n'avait aimé et chanté que le beau, le vrai, le bien, était admise à contempler ces splendeurs à leur source divine et dans leur magnifique épanouissement...

C'est à dessein que nous n'avons rien dit encore du dernier ouvrage de Marie Jenna, car il nous paraît être comme son testament littéraire et moral. *Les Pensées d'une Croyante*, au point de vue de l'inspiration et de la nature élevée des sujets traités, nous semblent au-dessus des plus belles œuvres poétiques de celle qui mérita d'être appelée *la Muse chrétienne*. C'était aussi, croyons-nous, son œuvre de prédilection, ainsi qu'on peut en juger par les paroles suivantes empruntées à sa correspondance :

« ... J'attendais de semaine en semaine, presque de jour en jour, le petit livre que je voulais vous offrir : *Pensées d'une Croyante*. Vous l'aimerez, j'en suis sûre, puisque vous sentez si profondément ce que j'écris. Nulle part je n'ai mis plus de mon âme... »

A une autre amie : « C'est bien mon âme que je vous ai envoyée dans les *Pensées d'une Croyante*... »

Cet opuscule exquis, œuvre de foi et de piété, est l'extrait choisi des méditations de Marie Jenna; on y retrouve, à côté du charme entraînant de son style poétique, les effusions de son âme de chrétienne et des aperçus d'une telle profondeur qu'on les croirait tombées de la plume d'un philosophe ou d'un penseur. Glanons un peu dans ce riche trésor.

« Comme on aime tout ce qui s'élève, tout ce qui monte : les arbres, les montagnes, les oiseaux ! Et comme cela prouve que nous sommes faits pour monter, nous aussi ! »

« O belles fêtes de mon enfance, je ne vous oublierai point ; et, quand même j'aurais perdu ce que j'avais alors, jeunesse, santé, toit paternel, c'est sans tristesse que je vous évoquerai, car, pour le chrétien, le souvenir d'une joie passagère est toujours l'espérance d'une joie immortelle. »

« Nefs aux larges cintres et baignées de lumière ; églises gothiques où le Saint des saints se déroule dans des ombres majestueuses, pierres noircies par le temps ou piliers sortant de la main du sculpteur aussi blancs qu'une robe de vierge, chapelle de monastère où l'on arrive par les longs arceaux d'un cloître, sanctuaire d'un amour qui prie sans cesse et se donne sans réserve, vous êtes le plus bel ouvrage de la main de l'homme, vous êtes aussi le meilleur asile de ses rêves et de ses prières. »

« Une amitié refroidie, c'est une fleur fanée. »

« Le cœur de l'homme est un vase destiné à recevoir Dieu. »

« Il faut bien croire au Ciel, puisqu'il y a sur la terre tant de belles âmes que nous n'avons pu aimer. »

« Lorsqu'on a été touché par une vive impression de l'infini, on a beau écrire, écrire, on n'a jamais achevé ce qu'on a dans le cœur ; à peine a-t-on commencé ! au fond, il reste toujours l'infini. »

« O vous qui priez Dieu parmi les parfums et les fleurs, souvenez-vous de ceux qui le servent dans les cachots et dans le sang ! »

Quelle foi dans celle-ci, qui sera la dernière que nous transcrirons : « O Jésus, s'il pouvait m'être prouvé que vous n'êtes pas mon Dieu, je voudrais continuer à vous aimer, à vous obéir. Si votre pensée n'était plus qu'un rêve, c'est de ce rêve que je voudrais vivre ; j'aimerais mieux votre ombre que toutes les réalités. »

MARIE-EDMÉE PAU

1845-1871

Maison habitée jadis par Marie-Edmée, d'après un croquis fait par elle.

MARIE-EDMÉE PAU

Sachons être un peu artistes à l'égard des âmes et trouver un vrai bonheur, une jouissance sérieuse, à regarder dans les belles âmes le reflet de Dieu. »

Ces paroles si élevées du saint abbé Perreyve nous semblent convenir merveilleusement au début de cette étude. Oh ! en effet, que ne sommes-nous artistes dans la meilleure et la plus large acception de ce mot, afin de montrer, de faire resplendir, dans ces quelques pages consacrées à Marie-Edmée, l'harmonieuse perfection et l'idéale beauté de son âme !

« Cette admirable jeune fille, » ainsi que la nomme Mgr Dupanloup, connut tous les généreux élans, les nobles ardeurs, les saints enthousiasmes. Elle aima Dieu, Jeanne d'Arc qui, à ses yeux, incarnait la patrie, sa famille, ses frères, surtout les déshérités, les petits selon le monde; mais ces amours ne restèrent pas stériles en son cœur, et, sans jamais rien perdre de la rayonnante pureté, de la modestie qui est une des grâces et la plus séduisante parure de la jeunesse, elle sut agir, se dévouer et enfin mourir... Quand, aux premières heures du jour, le père de famille l'appela pour recevoir le denier de la vie éternelle, elle put se présenter à lui, les mains pleines d'une gerbe abondante et pressée, lorsqu'à cet âge — vingt-cinq ans — la plupart ont à peine glané quelques épis.

Lorraine par les origines de sa famille et par son éducation, elle vint au monde en 1845, à Lyon, la cité de Marie, où le régiment de son père tenait garnison. Mme Pau ne tarda pas à rentrer à Nancy, sa ville natale, pendant que son mari était envoyé à Rome; celui-ci contracta en Italie une maladie dont il devait mourir en 1856. Il revint dans ses foyers prendre un repos devenu nécessaire et essayer si la vie de famille et des soins dévoués pouvaient lui rendre la santé. C'est sans doute au chevet du lit où elle voyait souffrir son père, que la jeune Marie-Edmée puisa cette gravité précoce, cette maturité de sentiments qui la distinguait des fillettes de son âge et, à quatorze ans, lui faisait écrire les lignes suivantes, en sortant de visiter la cathédrale de Chartres :

« Que de générations ont passé successivement sous ces voûtes ! Que d'âmes saintes ont prié Dieu à l'endroit où je m'agenouille, où je passe !... Hélas ! ces milliers d'âmes sont oubliées... Dans cent ans, que restera-t-il de moi, de mon nom, de mon souvenir ? Rien. Ainsi va le monde : tout passe et tout meurt. Vous seul, ô mon Dieu, êtes immuable et éternel, et votre nom subsistera toujours !... »

Le jour anniversaire de ses quinze ans, elle trace les lignes suivantes : « ... A quinze ans, on secoue pour toujours la fraîche couronne de l'enfance, on la voit s'effeuiller. C'est une première halte dans la vie, le chemin s'élargit peut-être, mais en est-il plus beau, plus souriant ? La pensée s'élèvera-t-elle ainsi qu'on le dit ?

Et le cœur y gagnera-t-il? Et l'expérience, cette fleur qu'on ne possède qu'au prix de tant de défloraisons et de douleurs, mérite-t-elle sérieusement la perte de nos brillantes, douces et suaves illusions d'enfant?... »

Comme tout cela est sérieux, profond même et *bien exprimé!* Dieu lui avait prodigué ses dons sans compter : élévation de sentiments, intelligence, dispositions poétiques et artistiques, enthousiasme, elle possédait tout, et, afin que tant de trésors ne fussent point gaspillés, il avait placé à ses côtés une femme supérieure, une mère vraiment digne de ce nom et du précieux dépôt qui lui était confié. Quand il en est ainsi, que la mère est à la hauteur de sa mission, personne ne convient mieux pour la bien remplir; à elle d'achever, de parfaire l'ébauche du divin Ouvrier... Nous voudrions en dire davantage, mais nous craignons de blesser celle qui n'ambitionne l'admiration et la louange que pour la mémoire de sa fille. D'ailleurs, combien nos paroles sembleraient faibles, insignifiantes à ceux qui ont la bonne fortune d'approcher de Mme Pau, de jouir de cette intelligence lumineuse, d'être aimée de ce cœur si chaud!... et que pourraient-elles apprendre à ceux qui ne la connaissent pas?...

Sous la direction d'une telle éducatrice, aussi tendre qu'éclairée, l'âme de Marie-Edmée s'ouvrait à tous les nobles sentiments, à toutes les généreuses émotions, tandis que son esprit, d'une souplesse merveilleuse, s'ornait de connaissances variées. Les travaux à l'aiguille, les soins domestiques, avaient aussi leur tour, et la jeune fille savait répandre sur le labeur le plus prosaïque, sur les occupations les plus vulgaires, un rayon de la poésie qui débordait en elle. Ensemble, la mère et la fille allaient à l'église, chez les pauvres, les malades, donnant à ceux qui souffraient, outre le secours matériel qui souvent humilie, l'aumône d'une bonne parole et d'une douce compassion. Elles faisaient la classe aux petites filles délaissées du quartier, leur enseignaient le catéchisme, essayant d'allumer ou d'entretenir dans ces jeunes âmes l'étincelle divine qui, seule, peut guider la créature humaine ici-bas et la conduire sûrement au but.

Revenons au journal et lisons ensemble ce passage d'une grande élévation de pensées, écrit alors que Marie-Edmée n'avait pas encore seize ans :

« ... Nous longions les rues étroites de la ville vieille; nous venions de franchir la porte de la citadelle, et je regardais tristement les fortifications, les bastions, dont il reste à peine quelques vestiges, et je me disais : Quel est celui qui ne pense pas, à la vue de ce qui reste, aux jours d'autrefois ? Alors, dans ces intimes conversations de l'âme avec les souvenirs, les pierres noircies ont un langage plein d'éloquence qui nous parle de Dieu. Elles nous disent le néant de l'homme et la vanité des grandeurs. En les voyant, nous pensons à ceux pour qui elles furent des tours et des murailles, à ceux pour qui elles devinrent des palais, et les mœurs chevaleresques et religieuses de nos pères nous reviennent à la mémoire... Ces boîtes blanches alignées et confortables, ces belles maisons neuves, lorsqu'on leur demande quelque chose qui parle au cœur, que nous disent-elles ? Nous sommes nées d'hier, ne nous demandez rien du passé... Aussi fragiles que la Fortune dont nous sommes les temples, attendez quelques années encore, et nous ne serons plus, et nul souvenir bienfaisant au cœur, salutaire à l'âme, ne témoignera de nous... Voilà ce que me disent à moi ces coffres si bien clos. Que diront-ils de plus aux siècles futurs, si le temps, par extraordinaire, en laisse un debout ?... »

Deux mois plus tard, à l'occasion de la fête de la Pentecôte, elle écrivait les réflexions suivantes : « Il est dit, dans l'évangile de ce jour, qu'au moment de la descente du Saint-Esprit il se fit un grand bruit dans le ciel, et la terre non plus n'est pas silencieuse au jour de cet anniversaire. Depuis ce matin, le son joyeux des cloches ne cesse pas de se faire entendre. Je suis vraiment aux premières places pour en jouir, et je ne me lasse pas de les écouter. Pour moi, il n'y a aucune harmonie qui vaille celle-là. »

Citons un fragment d'un autre genre, écrit un peu plus tard, — à dix-sept ans, — nous y trouverons le même charme, et, à côté d'une fraîcheur d'âme incomparable, un sentiment religieux exquis, et cette soif de dévouement qui, chez la jeune Lorraine, était une passion.

« 2 juillet. *Marie, se levant à la hâte, s'en alla vers les montagnes*. Si nous voulons suivre l'exemple que nous donne en ce jour la mère de Jésus, levons-nous, mon âme, et partons... Nous voyons encore la trace des pas de Marie ; mais pourquoi nous conduisent-ils au sommet d'une montagne ? Le voyage d'une humble vierge ne doit-il pas s'accomplir dans l'ombre et les sinuosités de la plaine ? N'en est-il donc pas de même dans le monde de notre esprit que dans celui de nos corps ? Les vallées de notre terre sont si belles pour le voyageur ! Il y a des arbres pour le protéger du soleil, des fleurs pour égayer sa vue, des herbes pour se reposer où il fait une halte, tandis que la montagne rocailleuse et stérile ralentit sa marche et la rend plus pénible. Il faut les ailes de l'aigle pour en atteindre le sommet sans douleur, et le bâton du pèlerin se brise trop souvent en route. Où nous conduisez-vous, Marie ? Vous n'êtes pas encore la Mère de douleur ; ces montagnes qui vous attirent ne sont ni le mont des Oliviers, ni le Golgotha. — Non, mais la charité vous guide, et c'est vers les hauteurs, où règne l'amour de Dieu, que vous nous appelez. *Sursum corda !* En haut notre regard, en haut nos cœurs, en haut nos désirs, et nous deviendrons grands, parce que nous serons plus près du ciel et que la terre sera plus loin de nous. Qu'il est pur, l'air de nos montagnes terrestres ! Comme en le respirant nous sentons la vie, et comme il rafraîchit le front et le cœur ! Nous comprenons mieux, sur le sommet des montagnes, et notre grandeur et notre néant. Ainsi, faites, ô Vierge sainte, que dans la charité nous comprenions ce qui fait notre gloire et ce que nous sommes sans Dieu, qui est tout... Puisqu'il renverse les orgueilleux, apprenez-nous à devenir humbles, et faites qu'à votre exemple, si nous quittions jamais notre obscurité, ce ne soit que pour accomplir le bien... »

Plus tard, nous verrons comment cette prière de Marie-Edmée fut exaucée.

Elle avait à peine quinze ans, quand elle lut la *Vie de Jeanne d'Arc*, de Gœrres ; cette lecture acheva de la passionner pour la vierge guerrière, qui était déjà son héroïne de prédilection. Son enthousiasme, son admiration, tiennent du culte ; elle rapporte tout à la bergère de Domrémy, et on peut dire qu'elle a commencé ce grand mouvement qui, depuis vingt ans, s'opère en faveur de la libératrice du territoire. N'était-ce pas, en effet, à une jeune fille, à une Lorraine, que devait revenir l'honneur d'être la promotrice de cet élan de reconnaissance, ou plutôt de justice ? Comme elle eût tressailli de joie en entendant Rome la proclamer vénérable ! et avec quelle allégresse elle se fût associée aux fêtes, aux manifestations qui, de tous les points de notre France, s'organisent pour honorer Jeanne la sainte, Jeanne la martyre !...

Presque à chaque page de son Journal, on retrouve la trace de ce grand amour de son cœur. « ... En réunissant toutes mes amitiés en une seule, je ne crois pas trouver un amour comparable à celui que j'ai pour cette jeune fille, morte il y a plus de quatre cents ans. Qu'on appelle cela folie, exaltation, chimère, je demanderai s'il est possible que l'imagination soit plus féconde que la réalité. Or, cette chimère obtiendrait de moi tous les sacrifices. Ce nom, quand je l'entends prononcer ou quand je le lis écrit quelque part, me remplit d'une émotion impossible à décrire ; mon cœur bat ; mes yeux se remplissent de larmes ; un je ne sais quoi d'immense comble le vide affreux qui existe en moi ; un souffle divin me soulève, et je voudrais avoir des ailes pour aller chercher dans le ciel ma Béatrix à moi !... J'aime les saints qu'elle aimait ; j'écoute les anges qui lui parlaient, et son étendard devient celui de ma vie. »

« ... Cet amour est au-dessus de toutes mes affections, comme une étoile fixe et brûlante qui m'envoie lumière et chaleur, selon qu'il fait chaud ou froid dans mon âme. C'est la seule beauté qu'aucun souffle n'a jamais ternie, que je ne me suis jamais repentie d'avoir aimée, la seule grandeur dont je n'aie pas douté!... »

Ailleurs, la même pensée sous une autre forme :

« Cette guerrière, cette enfant, cet archange, cet être incomparable absorbe tout mon amour. Elle est le seul sentiment immuable de mon cœur. J'ai douté de tout, hormis de sa mission divine, j'ai ri de tous mes enthousiasmes, et, plus je vis, plus j'admire, plus je tombe à genoux devant son histoire... »

« C'est aujourd'hui l'anniversaire de la mort de Jeanne d'Arc. Depuis le premier rayon de soleil d'aujourd'hui jusqu'à la dernière heure du soir, j'y pense, je la vois, je l'entends! »

Dans les années 1861 et 1863, elle fait un pèlerinage à Domrémy, avec quelle joie, quels transports! Son ange gardien, témoin de ses purs ravissements, pourrait seul le dire. En 1863, ce n'est pas un simple pèlerinage particulier, c'est une fête nationale pour la remise de l'étendard qu'ont brodé les dames d'Orléans. La veille de la solennité, la jeune fille écrit ce qui suit :

« ... Je ne suis pas entrée encore dans la sainte maison, car j'avais l'esprit trop préoccupé du logement pour risquer ainsi de me familiariser avec les reliques de mon culte chéri ; j'en ai salué le seuil trois ou quatre fois, mais je me suis réservé de le franchir demain, avant ou après ma communion... »

Quelle délicatesse exquise dans ce retard qu'elle impose à son impatience! Voyons ses impressions durant la cérémonie:

« Je suis au ciel, car il me semble que Jeanne d'Arc est sur la terre. Toute une foule est là sous mes yeux: l'étendard de Jeanne flotte au vent ; les noms de ses victoires écrits sur des écussons entourent la place ; le soleil fait étinceler le tout d'une gloire et d'une allégresse nationales que je n'espérais jamais voir sur la terre de France. Les grands peupliers se balancent et tendent leurs branches vers le ciel, avec un élan de prière que je traduis par une action de grâce. »

Ce n'est pas assez pour elle d'aimer seule son héroïne, elle voudrait insuffler dans toute âme française, dans l'âme des enfants en particulier, la flamme enthousiaste qui la dévore. Elle prépare une histoire de la grande Lorraine qu'elle dédie à ses jeunes compatriotes sous ce titre charmant : *Histoire de notre petite sœur Jeanne d'Arc*. Le texte sera accompagné d'eaux-fortes, d'après ses dessins ; elles représenteront les principales scènes de l'enfance de la pieuse bergère, car, nous avons oublié de le dire, Marie-Edmée dessine à merveille. Là encore sa mère a été son premier professeur et, ses essais juvéniles faisant pressentir un talent réel et original, elle a suivi plus tard les leçons d'un excellent maître.

Que de gracieuses compositions sont écloses sous son crayon ! *Un Canon d'autel; un Ave Maria*, dont presque chaque mot est illustré avec autant de charme que de foi ; une traduction de *l'Ange et l'Enfant*, la poésie si connue de Reboul ; *l'Écolier* de Mme Desbordes-Valmore. Comme ce conte ferait un ravissant album pour les bébés ! Citons encore, car il faut savoir se borner : *l'Angelus au Ciel*. Quelle expression de suavité céleste elle a donnée à ses anges ! C'est à se demander si, dans ses rêves de vierge, elle a vu les esprits bienheureux...

Marie-Edmée a une facilité d'invention qui tient du prodige ; aussi un artiste lui dit-il :

« Vous avez une imagination unique et étonnante de fécondité ; il suffit de vous donner une poésie, et vous en illustrez chaque verset, au besoin, chaque mot. »

Ce qui attire et retient le regard dans ses charmantes compositions, c'est qu'on sent l'âme de l'artiste y palpiter tout entière : on ne cherche pas à se servir des procédés de critique ordinaire, on est touché et séduit. Elle nous paraît appartenir à l'école des *imagiers* naïfs du moyen âge, qui nous ont légué tant d'œuvres sublimes et inspirées, discutables peut-être au point de vue d'une esthétique étroite et rigoureuse, mais que nos artistes modernes ne sauraient imiter. Pour la jeune Lorraine, l'art est une prière, un sacerdoce. Écoutons-la elle-même.

« Pour moi, l'art est la manifestation d'une pensée par une forme aussi pure, aussi parfaite que possible, qui ait un but moral, religieux, surnaturel, qui puisse attirer nos cœurs vers l'autre monde, sur les ailes de la poésie et de la prière. »

Revenons à l'*Histoire de notre petite sœur Jeanne d'Arc*[1]. Illustrations et textes sont de Marie-Edmée et se complètent admirablement. Afin de commenter ces dessins, d'une conception si pure, si élevée, on ne peut rêver mieux que la poétique légende qui les accompagne et doit facilement être comprise par les jeunes intelligences auxquelles on l'a destinée. Cette histoire est plus et mieux qu'une fantaisie d'artiste, qu'un bon livre ; c'est une œuvre patriotique, c'est une bonne action. Elle a réalisé ce que l'auteur en espérait, quand elle traçait les lignes suivantes :

« ... Je te donne à l'enfance lorraine, ô chère légende qui doit lui montrer sur notre sol la trace des pas de ma sainte héroïne, afin qu'on l'aime, qu'on l'admire dans l'ombre de la pauvreté, comme dans la splendeur du sacre, après l'enivrement de la victoire... »

Retournons un peu en arrière. Alors que l'*Histoire de Jeanne d'Arc* était presque terminée, qu'une partie des bois étaient gravés, Marie-Edmée ressent un scrupule qui l'arrête. Elle craint de n'être point dans le bon chemin, et, pour la rassurer, elle a besoin d'une voix puissante et autorisée. Réunissant ses manuscrits, ses esquisses, ses feuillets achevés, elle part consulter à Orléans Mgr Dupanloup, celui qu'elle nomme l'*évêque de Jeanne d'Arc*, et solliciter son suffrage et sa bénédiction. L'éminent prélat, qui a écrit *Femmes savantes* et *Femmes studieuses*, pouvait et devait comprendre celle qui venait à lui avec tant de simplicité et de confiance. La jeune artiste quitte Orléans la conscience

---

[1] Librairie E. Plon et Cie.

rassérénée et ayant reçu, pour sa chère histoire et pour elle-même, d'utiles conseils et de précieux encouragements.

Après son admiration pour la vierge guerrière, le trait distinctif de Marie-Edmée, et qui semble bien étrange dans une toute jeune fille, c'est sa prédilection pour la mort, « ce roi des épouvantements, » qui lui apparaît, à elle, comme une libératrice, une amie. Cette passion, une autre âme d'élite, Eugénie de la Ferronays, l'avait aussi connue ; mais elle se voila dans la suite sous le charme des tendresses humaines, tandis que, chez notre jeune artiste, elle semblait grandir d'année en année. Le journal, écho fidèle de son âme, le prouve surabondamment.

« … Le saint et le poète ont comparé la vie à bien des choses, ce n'est, en réalité, qu'un court pèlerinage et une halte au milieu de tombeaux. A mesure qu'on avance, ceux qui s'étaient mis en marche avec nous s'arrêtent et se couchent dans une de ces fosses ouvertes. Quelquefois, vieux et courbés par la fatigue et les aspérités du chemin, on arrive au bout d'une longue carrière, mais on est seul !… »

Ne dirait-on pas que ces réflexions sont nées sous la plume d'un philosophe ou d'un penseur, et c'est une enfant de quinze ans qui les écrivait !

Quelques mois après : « Ce but effrayant de toute existence — la mort — ne m'apparaît pas toujours sous le même aspect. Il y a des jours où, creusant cette idée pendant de longues heures, je ne retire de ma méditation qu'un effroi plus raisonné et une tristesse plus grande. Alors tout me paraît si beau et si bon sur la terre que je tremble à la pensée de la quitter… D'autres fois, en des instants semblables à celui d'aujourd'hui, car j'écris le jour des Morts, je ne réfléchis pas à la mort, j'en rêve. Et lorsque tout, autour de moi, murmure une prière pour les trépassés, je laisse mes terreurs s'endormir aux sons doux et graves qui s'échappent de l'orgue ; la nef s'agrandit à mes yeux pour contenir les défunts avec les vivants. Sur ces murs blancs, se reflète l'ombre du catafalque qui s'illumine. La mort revêt pour moi une forme moins terrible. C'est le point de séparation d'avec la terre, mais n'est-ce pas celui où nous retrouvons le ciel ?... »

Plus tard, la note consolante domine, l'attrait mystérieux vers l'au-delà s'accentue ; une autre année, à cet anniversaire de la commémoration des défunts, elle écrit :

« Oh ! le rassasiement céleste ! le ciel ! le ciel ! il y a des instants où ce désir devient une passion plus ardente que tout ce que j'ai vu de plus passionné dans les autres cœurs. Ce cri part de mon âme aux heures de souffrances, il me soulage, et je me sens presque douce en fermant ce livre où je l'ai exhalé. »

Ailleurs : «... La vie dont on use ici-bas, c'est une mort qui ne s'anéantira jamais, voilà tout. C'est une course sans halte, un chemin sans ombre ; c'est l'exil, toujours l'exil ! un voyage, toujours un voyage... une agonie... Quand donc la mort ?... »

« ... Depuis deux jours, ma passion pour l'autre monde s'est réveillée plus ardente que jamais. Je voudrais être sainte, c'est-à-dire n'avoir qu'une seule intention et agir sans relâche ni crainte. Faire du bien et moins de mal, aimer sans faiblesse, connaître et aimer toujours pour l'unique vérité, le Dieu de mon salut, le Christ ! Puis je voudrais mourir, échapper à cette loi terrible de misère et d'incertitude, m'élever au-dessus de tant de petitesses, respirer à l'aise dans l'infini ; voir et posséder cet inconnu qui laisse un vide insondable dans mon cœur... Oui, je voudrais mourir ! »

On le sent, cette âme de feu souffre des entraves de tout genre qui pèsent sur elle, arrêtent l'essor de ses facultés, compriment ses aspirations, refoulent ses élans ; au fur et à mesure qu'elle avance en âge, cette souffrance devient plus vive, plus intense. La vie réelle, avec son cortège inséparable d'ennuis et de désenchantements, de calculs et de petitesses, est pour elle comme un flot, une marée montante qui grandit sans cesse. Il lui faut lutter, combattre sans repos ni trêve, afin de ne pas se laisser envahir et submerger. *Sursum corda !* répète-t-elle souvent.

Écoutez les nobles plaintes, les viriles espérances dont son discret confident est l'écho : «... La distraction me déflore l'âme au moins cent fois par jour. Rien ne m'afflige autant que cela. Par distraction, j'entends, ô mon Dieu, tout ce qui me détourne de vous, bien ou mal, tout ce qui fait trembler mon âme aussi légèrement qu'une aile d'abeille au souffle du vent de mai. Le meilleur de mon être est à vous, comme la racine est à la terre, et quelquefois même au rocher, mais la surface ! Un regard brillant ou sombre, un geste fier ou délicat, un mot, un rayon de soleil sur un toit, mais surtout les yeux et les sourires m'émeuvent toujours plus que je ne voudrais. C'est faible. »

« Mon espérance et presque ma certitude, c'est d'exercer sur la marche du monde une influence, quelque imperceptible qu'elle soit ; de ne pas mourir sans avoir imprimé pour ma part, à force de désirs, de prières et de conviction, et aussi par quelques paroles ou actes, une impulsion qui dure et qui concoure à ce prochain triomphe de la justice, de la lumière... »

Marie-Edmée n'avait guère que vingt ans, lorsque des amis de sa famille, la voyant si admirablement douée, firent des démarches pour la placer comme lectrice auprès de l'impératrice Eugénie. Cette haute situation, qu'on faisait miroiter à ses yeux, ne la séduisit pas un instant.

« J'ai failli, écrit-elle dans son journal, être élevée plus haut que je n'avais souhaité l'être dans mes rêves présomptueux et fantastiques d'enfant de huit ans... »

Aucune amertume, aucun regret dans cette phrase si simple ; mais, quelques années plus tard, quand l'impératrice déchue, humiliée, quittait la France et se voyait abandonnée par bon nombre de flatteurs et de courtisans, la noble enfant soupira peut-être en songeant qu'elle eût été heureuse et fière alors de se dévouer à cette grande infortune...

Une tout autre vie l'attend : vie de travail, de sacrifices, et celle-là convient beaucoup mieux à son tempérament moral ; nous en avons pour preuve ces paroles qu'elle adresse à sa mère: « Je ne fais rien pour moi, et le désir du bien par le sacrifice est toujours le plus ardent désir de mon cœur. »

Ailleurs : « Et pourquoi ne serions-nous pas heureux dans la souffrance? Nous qui mourons pour vivre, ce doit être notre destinée ; donc, c'est notre devoir. Or, l'accomplissement d'un devoir n'est-il pas une des plus douces jouissances de la vie? Pour celle-ci, elle est âpre, austère ; mais, je le répète avec conviction, il y a du bonheur à souffrir!... »

Au commencement de l'année 1868, elle ouvre un cours de dessin; elle donne également des leçons particulières: « Le rôle de professeur me plaît. J'aime cette communication des intelligences. » Afin d'être plus apte à enseigner, elle étudie elle-même et s'absorbe dans les traités de perspective, de géométrie, d'anatomie. Dans l'intervalle, elle achève son livre sur Jeanne d'Arc. Ses journées sont pleines et l'oisiveté ne saurait s'y glisser. Le matin et le soir, elle se rend à l'église ou à quelque chapelle du voisinage, afin de retremper son âme dans le calme divin qui émane des lieux consacrés. Dans ses courses, dans ses promenades, quand elle peut échapper un instant à ses occupations absorbantes, elle est toujours accompagnée de Mme Pau; d'un mot charmant sorti du cœur, la jeune fille nous peint la joie que lui apporte ce tête-à-tête: « Il fait bon avec mère. »

Dans les impressions, les émotions qu'elle ressent à l'église, l'artiste se retrouve sous la chrétienne. Après avoir assisté à un chemin de croix, elle écrit : « Admirable office où la forme est presque à la hauteur de l'idée. Ce douloureux pèlerinage aux flambeaux, la forme variée de ces prières qui, de la méditation à la belle prose du *Stabat*, épuisent toutes les impressions de la supplication la plus ardente, ces enfants, ces pauvres, ces riches suivant pêle-mêle, et dans un respectueux silence, la croix et les prêtres devant chaque station qui devient à son tour le centre de la masse des fidèles agenouillés dans la nef... Tout cela est une œuvre d'art religieuse, morale, philosophique, qui donne à la grande pensée du drame de Jérusalem une vie singulièrement forte et durable. »

Au mois de septembre de cette même année 1868, Marie-Edmée, suivant de sérieux conseils qui lui ont été donnés, prend le chemin de Paris afin d'étudier d'après nature ; elle part sans sa mère, cette fois, et c'est avec une certaine appréhension qu'elle songe à la solitude où elle va se trouver.

« ... Je vais partir... seule ! oui. Mais est-ce que je n'ai pas tout arrangé pour cela? Est-ce qu'il n'est pas temps pour moi de faire l'apprentissage de l'abandon dans cette voie que je dois parcourir seule désormais?... »

Elle a lu et relu les ouvrages du P. Gratry, et, comme tous ceux qui ont recueilli plus ou moins quelques rayons de cette noble intelligence, quelque étincelle de ce cœur brûlant de charité, elle éprouve pour le savant oratorien une respectueuse sympathie et une profonde admiration. Elle a le projet de lui offrir un dessin fait par elle et représentant l'abbé Perreyve emporté dans la sainte demeure par les anges. Encouragée par les Dames de la Retraite, chez qui elle prend sa pension, munie d'un mot d'introduction dû au P. Perraud, elle se présente émue et tremblante devant le P. Gratry. Celui-ci l'accueille avec une indulgente bonté, il lui remet comme souvenir son dernier ouvrage, *la Loi de la Morale et de l'Histoire*, et, sur la première page, il écrit de sa belle et lisible écriture ce mot vraiment prophétique : *Courage !*

« Mon enfant, ajoute-t-il, me comprenez-vous ? La vie de la femme est habituellement passive. Il n'en sera pas ainsi de la vôtre, il vous faudra beaucoup de persévérance et d'énergie. »

Revenue en Lorraine, la jeune artiste poursuit sa vie sérieuse, occupée ; plus que jamais, elle marche avec légèreté et assurance dans la voie qu'elle s'est tracée, les yeux et le cœur en haut.

« ... Je préserve jalousement mon cœur de tout sentiment d'égoïsme ; je ne me garde pas pour moi-même, mais pour Celui qui se donne à tous, et cette consécration de tout mon être à l'idéal vivant que j'aime de la plus grande force dont je sois capable, cette consécration m'incline à me faire la servante des serviteurs de Dieu. Je m'éprends toujours davantage de tout ce que je rencontre de bon, de simple et de petit. Cette disposition me donne un fonds de paix bien précieux dans l'activité de ma vie ; je me vois vieillir sans inquiétude, et mon culte pour la mort se dégage des désirs qui m'assombrissaient tant autrefois... »

Elle a au plus haut point l'esprit de détachement ; comme les saints dont elle s'inspire, elle ne fait aucun cas des joies mondaines, des biens terrestres. « ... Bienheureux ceux qui ne tiennent pas plus aux biens de la terre que l'hirondelle à son toit, le passereau à sa branche, le voyageur au ruisseau qui le désaltère, le rayon aux fleurs qu'il épanouit !... »

Cette austérité, cette énergie douce, qui est le ton habituel de son âme, ne nuit en rien à son exquise sensibilité. Voyez plutôt ce passage empreint d'une émotion si pénétrante :

« Qu'il est bon de s'aimer, d'être sûr l'un de l'autre, de se reposer dans un cœur tout dévoué, comme les hirondelles qui traversent la mer se délassent un instant sur les vergues d'un navire pour reprendre plus vaillamment leur périlleux voyage ! Oui, voilà bien l'effet que produit sur moi l'affection ; je sens qu'elle est de même nature que cet amour divin et suprême qui nous attend au terme, et pour lequel notre cœur s'élargit à mesure qu'on y jette d'autres pures et nobles amours ! »

De bonne heure, elle a compris que les tendresses humaines, si pures soient-elles, sont impuissantes à nous rassasier ; elle sait que « Dieu seul est plus grand que notre cœur ». Elle ne veut tendre qu'à Lui, n'aimer que Lui. Ils sont nombreux, les passages de son journal où l'on peut lire ces mots : « Aujourd'hui je suis heureuse, j'ai communié ! » Ah ! elle devait goûter dans toutes leurs divines suavités les joies eucharistiques, la chrétienne qui écrivait ces lignes enflammées :

« ... Les Juifs contemporains du Christ sont morts ; Lui-même, cet adorable objet de notre amour, a quitté le monde avant ses amis, et nous, qui avons autant de droits à sa tendresse, nous ne l'avons pas vu. Je sais bien qu'il a fait pour moi ce qu'il a fait pour eux : grâce à son Évangile, je suis instruite ; par sa mort, je suis délivrée ; par son Église, je suis pardonnée ; mais qui me le donnera Lui-même à voir, à entendre, à suivre ? Je veux baiser ses pieds et le bord de sa robe ; je veux qu'il me distingue dans la foule, rencontrer son regard, être sûre enfin qu'il répond à mon amour !

« Ce désir était fou, quoique légitime ; il eût dû nous suffire d'espérer en la possession de Jésus-Christ dans le ciel, mais notre cœur ne peut se nourrir d'espérance abstraite ; il lui faut déjà un gage, s'il doit attendre longtemps la réalisation de son parfait bonheur, un gage sensible qui contienne une partie de tout ce qu'il promet. Vous seul avez compris notre nature humaine, ô Fils de l'homme, et vous avez inventé l'Eucharistie !... O Christ, vous n'avez plus à rivaliser avec un amour humain, fût-il le plus doux et le plus pur, car notre âme ne peut communier qu'avec Vous, et elle se dilate, elle aspire à s'élever et à se fondre dans son amour. Quel esprit sera capable d'éclairer le mien par la Vérité pure, à quelle volonté la mienne voudra-t-elle se soumettre sans craindre de rougir, quel cœur battra si près du mien et lui donnera plus de force pour créer la vie et la conserver à d'autres cœurs... ? »

On n'arrive pas à de telles hauteurs, on ne se dépouille pas de l'égoïsme sans déchirements et sans combats. Écoutez ce passage significatif du journal : « Et comme vous, ne suis-je pas attirée, émue, fascinée par les beautés humaines ? Croyez-vous que je n'ai pas éprouvé leur incomparable puissance ? Mais jamais, non, jamais elles ne m'ont vaincue ; jamais elles ne m'ont absorbée tout entière, comme cet attrait fort et doux qui me réclame avec une force dont le paroxysme doit être la mort. Quoi que j'éprouve, je sens que la passion humaine, si pure, si dévouée qu'elle soit, est une déchéance pour les femmes, l'autre, la passion divine, nous élève et nous rassasie... »

Et cet autre fragment, admirable de profondeur et de calme résolution : «... Tout en s'élevant au-dessus de la terre, il faut que notre âme s'y incline encore, et là, comme un miroir fidèle, il lui faut refléter tout ce qui passe sans en rien conserver... Oui, tu aimeras, ô mon cœur, mais ici et non pas là, mais plus loin qu'ici, mais seulement jusque-là. »

Un peu plus tard, toujours le même cri. «... Allons, courage, mon cœur ! bats, palpite, fais-moi trembler, rougir, souffrir tant que tu voudras vivre ; qu'importe si tu ne jouis pas de ce qui passe, mais si tu palpites cent fois plus fort pour l'Éternité, le Bien suprême et la Beauté ! »

Quoi qu'elle fasse et quoi qu'elle écrive, l'instinct maternel, que Dieu met au cœur de toute femme, l'agite parfois et l'émeut plus qu'elle ne voudrait. Un jour qu'elle a senti se serrer autour de son cou les bras caressants d'une fillette qu'elle portait, tandis que d'autres enfants accrochés à sa robe l'entouraient, sa plume laisse échapper les lignes suivantes :

«... Il m'est resté de cette promenade un instinct d'amour maternel. Cette enfant dans mes bras, ces têtes blondes et brunes à l'aile de mon manteau, les sourires et les caresses un peu timides de ces enfants, tout cela m'a fait éprouver quelque chose de tendre et de fort, qui m'a prouvé que je ne suis pas incomplète. Ce je ne sais quoi qui m'est resté dans le cœur, il éclaire l'amour de ma bonne mère pour me le faire mieux apprécier ; il réchauffe mon cœur ; il attendrit ma voix et mon regard pour tous les petits enfants. »

Ce sentiment maternel, elle le connaissait en quelque sorte par la tendresse sérieuse, toute de protection et de sollicitude, qu'elle avait vouée à son frère Gérald, de cinq ans plus jeune qu'elle. Le journal est rempli d'effusions de cœur à l'adresse de ce frère chéri. « ... Oh ! oui, mon Dieu, je l'aime, ce bon frère, que Vous m'avez donné ; je l'aime avec une force d'âme dont je ne me croyais pas capable, et mon cœur, qui me semble peut-être froid, est tout feu et toute ardeur, quand il s'agit de Gérald... »

A la fièvre d'action qui la dévore, à l'activité sans pareille qu'elle déploie durant la dernière année qu'elle passe ici-bas, on dirait qu'elle a le pressentiment secret que sa vie sera courte, et qu'elle n'atteindra pas le midi. C'est d'ailleurs son désir, et elle s'en accuse comme d'une faute :

« ... Moi, je n'ai qu'un vrai désir au fond du cœur, celui de ne pas survivre à ma belle saison. Mais ce désir est humain et méprisable ; il n'a guère de fortes racines, ô mon Dieu, puisqu'il ne vient pas de Vous. Prenez-moi, vieille ou jeune, pourvu que vous me preniez à l'heure de la Miséricorde ; ô mon Dieu ! j'ai confiance en Vous ! »

Et ce souhait, après la lecture du panégyrique de Jeanne d'Arc : « Je pense que je voudrais bien mourir comme elle, non pas dans son martyre et dans sa gloire, je n'en suis pas digne, mais dans sa jeunesse, son enthousiasme et son espérance ! »

L'égoïsme, l'amour passionné du luxe qui, comme un chancre rongeur, s'étend chaque jour davantage, ne saurait entamer cette riche nature. Marie-Edmée n'a jamais formé qu'un rêve : vivre et mourir pour quelque noble cause. Elle avait à peine vingt ans, quand elle écrivait ces paroles qu'on peut lui appliquer :

« ... Qu'elles sont heureuses les âmes qui ont sacrifié la vie mortelle pour leur Dieu ou pour leur patrie ! Est-il un plus bel enchâssement pour un nom que le martyre ? Est-il un plus beau titre à la miséricorde de Dieu ?

Et ce fragment d'un tout autre genre qui nous la montre dévo-

rée de cette faim, de cette soif qui ne saurait être satisfaite ici-bas :
« ... Les affamés de la terre, toujours incertains s'ils amassent les miettes du festin qu'ils convoitent, sentent quelquefois à côté de la misère de leur corps la plaie du désir immense qui ronge plus ou moins toutes les âmes. Pour les affamés de la Justice, contents du côté de la terre, ils ont la certitude encore inébranlable d'être encore mieux rassasiés au ciel ; sans doute ils ont faim et soif, mais cette douleur accroît leur vie au lieu de la restreindre, et plus ils avancent vers l'éternelle demeure, plus ils découvrent de beautés à la justice, à ce trésor qu'ils n'auront pas espéré en vain... »

Nous arrivons en 1870, à cette année terrible dont les tristes souvenirs sont encore si vivants. De toutes parts circulent des bruits de guerre ; mais ce ne sont peut-être que de vaines rumeurs, et l'on espère contre toute espérance. Bientôt ces bruits, ces rumeurs, se changent en certitude : la déclaration de guerre à la Prusse est affichée. La patrie est menacée ; Gérald Pau est soldat ; Nancy se trouve sur la frontière : quelles angoisses pour Marie-Edmée !...

Le 7 août, lorsqu'elle lit la dépêche se terminant par ces mots : « L'ennemi est sur le territoire, » la pensée que sa chère France est souillée, envahie par l'étranger, lui est insupportable.

« ... J'arrive de la messe où je pleure abondamment, sans remords d'être faible : car j'entends dire que le Christ a pleuré sur Jérusalem. O Lorraine, Lorraine, boulevard héroïque de la vieille Gaule, tu vas donc la livrer aux ennemis. »

Peu de jours après le désastre de Sedan, date inoubliable, en méditant au pied de la croix sur la cause de nos malheurs, elle écrit : « Le mal a pénétré jusqu'à la moelle de nos os, et ce mal c'est la *faiblesse*. » — Hélas ! depuis vingt-sept ans, sommes-nous guéris de ce mal ? — « Nous sommes envahis au dedans comme au dehors par cet ennemi qui nous a livrés à tous les autres ennemis de notre gloire ; la faiblesse nous a terrassés.

Relevons enfin la tête, regardons-la bien en face ; sachons au juste ce qu'elle est pour apprendre à la vaincre, s'il est possible, avant d'être tués par elle. Nous courbons la tête sous un poids terrible, nous pleurons des larmes intarissables, nous poussons un cri de détresse qui se fait entendre jusqu'au rivage du nouveau monde, car notre douleur n'est pas la douleur d'une créature éphémère ; nous assistons au désastre d'un grand peuple dont nos pères ont vu la gloire. O France, mère chérie, sommes-nous destinés à te voir ensevelie comme la Pologne, ta sœur ? Tes enfants n'ont-ils pas le sang généreux de leur père ? Mais ils en ont trempé les sillons de tes champs à Wissembourg, à Wœrth, plus abondamment qu'à Poitiers sous Charles Martel ! Ton ennemi était-il donc bien formidable ? Ce n'était pourtant pas l'Europe entière, comme il y a 80 ans. Non, mais ils étaient forts, et chacun de nous est faible... Éveille-toi, sentinelle de mon âme, et ne forfais plus à ton devoir. Pousse le qui-vive au moindre bruit, car ce peut bien être l'ennemi ou le sauveur qui rôde autour du camp. »

Et ces accents virils, énergiques, pleins d'une noble ardeur, sortaient de l'âme d'une jeune fille de vingt-quatre ans !

Ah ! c'est alors et surtout qu'elle déplore de n'être qu'une femme, elle qui brûle de répandre son sang jusqu'à la dernière goutte pour son pays. Elle essaie d'adoucir ce regret poignant en s'occupant des blessés, dans les ambulances ; après les soldats français, les soldats prussiens. Sous le nom de « Compagnie de Jeanne d'Arc », elle a groupé ses amies et ses élèves ; outre le brassard de l'Internationale, ces jeunes filles ont adopté en signe de ralliement la croix de Lorraine avec le nom de Jeanne et la devise de celle-ci : « *Vive labeur !* » Elles distribuent des vivres, des vêtements, des cigares, et elles ont pour les malheureux vaincus un regard de compassion et un sourire d'espérance.

Gérald, dont le régiment a donné l'un des premiers, a reçu de sérieuses blessures qui l'ont mis hors de combat. Il n'a pas été emmené prisonnier, il est resté à Reischoffen ; sa mère et sa sœur espèrent que bientôt il leur sera rendu. Des semaines passent, nos désastres se multiplient avec une effrayante rapidité : aucune nouvelle du blessé.

Une inquiétude dévorante s'empare des cœurs qui l'aiment si tendrement. Marie-Edmée n'y tient plus ; forte de la protection divine, de la bénédiction maternelle, elle part, au milieu d'un pays envahi, à la recherche de son frère bien-aimé. Pas un retour sur elle-même, elle oublie qu'elle est belle, qu'elle est jeune, délicate, que des dangers de toutes sortes la menacent ; sa mère se meurt d'angoisses : Gérald est peut-être seul, abandonné ; son cœur lui dit de partir, et elle obéit. Elle retrouve le jeune lieutenant à Reischoffen ; mais, pour l'emmener, il faut l'autorisation du prince de Bismark. Trois fois, la jeune fille se présente devant ce puissant personnage, qui ne veut pas consentir à ce qui lui est demandé : il exige une promesse formelle que l'officier français ne reprendra pas les armes. Quoique amputé du bras droit, le vaillant soldat n'a pas renoncé à tenir son épée : n'a-t-il pas la main gauche ? Il ne prendra jamais un engagement qu'il est résolu de violer. Enfin, après l'attestation d'un médecin allemand, vaincu peut-être par la persévérance de la jeune Lorraine, doutant aussi que le lieutenant Pau pût redevenir un adversaire sérieux, le prince donna la permission si ardemment sollicitée, et, dix jours après son départ, Marie-Edmée a la joie de ramener Gérald à sa mère.

Deux mois plus tard, le jeune officier convalescent, mais non guéri de son affreuse blessure qui est à peine cicatrisée, parle d'aller rejoindre son régiment. Sa mère et sa sœur, tout en larmes, essaient d'ébranler cette résolution. C'est inutile. « Je ferai mon devoir, » répond-il simplement. C'est ainsi qu'il nomme la sublime folie qu'il veut tenter. Alors la mère, immolant son amour maternel à l'amour de la patrie, aussi héroïque, aussi admirable que le fils formé par ses leçons et par ses exemples, ne résiste plus et le laisse partir...

D'abord, le capitaine, car Gérald a été promu à ce grade, écrit plusieurs lettres qui rassurent sa chère famille, puis le silence se fait et on ne sait plus rien de lui. Est-il de nouveau blessé, prisonnier ?... Mme Pau et sa fille n'osent aller au-delà de ces tristes prévisions, et pourtant... Cet état d'incertitude, d'anxiété mortelles ne saurait se prolonger. Marie-Edmée qui, peu de temps auparavant, écrivait cette plainte sublime : « Je suis jalouse de ceux qui meurent pour mon pays, jalouse quelquefois jusqu'à la folie, » ne peut rester dans l'inaction et voir couler les larmes de sa mère sans essayer de les tarir.

Le 9 février, se confiant en Dieu, en son bon ange, en Jeanne d'Arc, pour retrouver une dernière fois le cher combattant, elle quitte Nancy. Elle va de villages en villages, d'ambulances en ambulances. Elle visite les hôpitaux, prenant des informations, compulsant les registres des blessés et même celui des morts, interrogeant les aumôniers, les sœurs de charité, arrêtant les prisonniers, les traînards. Elle passe la frontière, recommence le même labeur, sans que son courage faiblisse, sans que l'espérance l'abandonne.

Si préoccupée qu'elle soit de son frère chéri, elle ne se désintéresse pas pour cela des souffrances, des douleurs qu'elle côtoie à chaque pas, et son ingénieuse charité lui fait trouver les moyens de les adoucir et de les consoler. Elle prend le nom, l'adresse des soldats mourants, et elle fait parvenir des nouvelles aux familles qui pleurent et attendent. Elle fait plus encore : grâce à son talent d'artiste, plus d'une pauvre mère reçoit, comme consolation suprême, une esquisse lui retraçant les traits d'un fils à jamais perdu pour elle ici-bas.

Après des fatigues, des misères inouïes, Marie-Edmée apprend que son frère est en sûreté. Dans sa tâche ardue, elle a été puissamment aidée par un généreux étranger, M. Jurgensen, qui, Danois d'origine et établi en Suisse depuis plusieurs années, a, dès le début de la guerre, prodigué toutes ses sympathies à notre malheureuse France. Elle n'a plus qu'un désir, retourner au plus tôt consoler celle qui l'attend avec une fiévreuse impatience.

Avant de s'éloigner, elle écrit longuement à son frère ; en terminant, elle lui dit : «... Que Dieu te garde, mon vaillant et bien-aimé Gérald, qu'il te ramène à ta mère et qu'il te garde au pays !... »

Ce vœu, ainsi que d'autres plus intimes ont été entendus. Ce frère tant aimé est resté digne de sa sainte et héroïque sœur ; aujourd'hui, comme il y a quinze ans, la parole du général Ambert, si éloquente dans son énergique concision, est toujours vraie : « Gérald honore l'armée française ».

Le 25 février, brisée par les fatigues et les privations, brisée surtout par les douleurs de la patrie, Marie-Edmée rentrait à Nancy. Le rêve de toute sa vie allait bientôt être une réalité ; elle qui ambitionnait uniquement la joie austère du dévouement et du sacrifice, elle allait mourir parce qu'elle s'était dévouée et sacrifiée. La vierge lorraine, Jeanne d'Arc, à qui, peu de mois auparavant, elle adressait l'ardente invocation qui suit : « Sœur, ange, amie, toi que j'aime de toute la force de mon âme, toi qui m'as sauvée de l'esclavage dans la personne d'une de mes aïeules, toi qui croyais à la justice, à la liberté, à la victoire, obtiens-moi quelques étincelles de ta foi, de ton espérance, de ta vaillante charité. » Jeanne d'Arc l'a exaucée : elle a noblement accompli sa tâche, l'heure de la récompense a sonné...

Comment peindre la douleur de Mme Pau, qui ne revoyait sa fille que pour la perdre sans retour?... « Laisse-moi partir, disait l'angélique malade, laisse-moi partir, mère, il me semble que je suis prête, et plus tard, qui sait?... » Et la mère, dont le cœur se brisait à la pensée d'un irréparable adieu, ne répondait que par ses pleurs... Que se passa-t-il entre ces deux âmes si étroitement unies et qui allaient être momentanément séparées ? Leurs anges gardiens descendirent-ils des saintes demeures pour les encourager et les soutenir ?... Vint-il de l'au-delà une lueur, un éclair, qui permit à celle qui restait d'entrevoir quelque chose des splendeurs de cet invisible caché aux regards mortels?... Qui saurait parler de ces mystères?... Mais la mère, soulevée au-dessus des sentiments de la nature, ravie par un élan sublime dont Dieu seul eut le secret, avec une résignation toute d'amour, prononça le *Fiat* qui lui était demandé...

Le 7 mars 1870, Marie-Edmée avait écrit ce qu'on va lire : «... Faites, ô Christ, la part du bien que j'accomplis, et ne rendez que moi responsable du mal qui vous scandalise. Ce mal, je l'amoindrirai, et quand je serai parvenue à ce que Dieu veut que j'atteigne, alors que l'heure de la récompense me trouvera debout ».

Un an plus tard, jour pour jour, heure pour heure, le 7 mars 1871 la jeune agonisante, qui n'apercevait plus sa mère à son chevet, par un dernier effort de son énergique volonté, s'échappait de sa couche et venait tomber dans les bras de Mme Pau accourue aussitôt ; elle ne devait plus se relever ; dans cet élan suprême, son âme s'était exhalée, et Jeanne d'Arc introduisait sa sœur dans les célestes parvis...

La ville de Nancy tout entière, s'associant au deuil d'une famille aimée et respectée, tint à honneur de faire cortège à la mère en pleurs qui suivait le cercueil de sa fille. En voyant cette foule nombreuse et affligée, un Prussien demanda : « Qui est-ce que vous pleurez ainsi? Est-ce une princesse ? — Non, répondit une enfant que Dieu sans doute inspirait, c'est une sœur de Jeanne d'Arc. » Ah ! si elle a pu entendre ces paroles naïves et si vraies, la jeune héroïne a dû tressaillir sous son suaire ; n'était-ce pas le résumé le plus admirable qu'on pût faire de sa vie, de ses aspirations et de sa mort?...

Citons, pour terminer, quelques pensées qu'on chercherait vainement dans le journal.

« Un seul désir mauvais ou mesquin suffit pour découronner une âme.

« L'âme du saint ou du parfait artiste n'est qu'une âme altérée de la beauté.

« L'amitié n'est pour moi que le bâton du voyage, l'eau de la citerne, l'ombre du peuplier sur le chemin de la vie. Je suis prête à le donner, Seigneur, ou à le recevoir suivant votre sainte volonté.

« Sacrifice du sang, sacrifice du cœur, n'importe, l'âme ne se couronne que par le sacrifice.

« La vie n'est pas seulement un voyage, c'est une épreuve.

« J'ai une inébranlable foi dans cet unique bonheur de la vie humaine : passer en faisant le bien.

« La grâce de la véritable paix, qui est la plus douce et la plus rare, ne saurait descendre que dans un cœur humble.

« Demain n'est à personne ; il est souvent à la mort, il est toujours à Dieu, et il n'appartient qu'à Lui. »

MADAME DE GÉRANDO

juin 1774-mai 1824

MADAME DE GÉRANDO

« Je ne connais aujourd'hui, en France, que deux personnes qui savent écrire d'une manière supérieure : ma cousine de Germanie et Mme de Gérando. » Ces paroles, prononcées vers 1811, par Mme de Staël, qui devait s'y connaître, ne peuvent manquer d'être ratifiées par tous ceux qui ont lu la correspondance de Mme de Gérando. Cœur tendre et dévoué, esprit vif et charmant, cette dernière réunissait les vertus et les qualités qui pouvaient la faire chérir de ses intimes et rechercher de ceux qui ne la connaissaient qu'imparfaitement.

« Le style, c'est l'homme » et la femme aussi ; il n'est donc pas étonnant que Anne de Rathsamhausen, femme supérieure, possédant la vraie distinction, celle qui résulte de l'heureuse harmonie des facultés, de l'élévation des pensées comme de la délicatesse des sentiments, se soit reflétée, cœur et intelligence, dans les pages délicieuses qu'elle adressait à ses parents et à ses amis.

Elle naquit en Alsace, le 23 juin 1774 ; sa famille paternelle, d'une très antique noblesse, remontait au-delà du xiie siècle. Sa mère, qu'elle eut le malheur de perdre bien jeune, avait été élevée à Saint-Cyr et était une personne d'un mérite peu commun ; son père, pour qui elle avait un véritable culte, était un homme d'une grande droiture et d'une bonté parfaite. « J'ai toujours senti que je n'appartenais à rien d'aussi près qu'à cet excellent vieillard qui jamais n'offensa personne et se crut rarement offensé. » On devine aisément les enseignements et les leçons que la jeune fille dut recevoir de tels parents.

Dans son enfance, peut-être durant la maladie de sa mère, elle resta plusieurs mois chez une tante maternelle. Charlotte de Malzen, devenue, par son mariage avec Charles-Léopold, princesse de Wurtemberg et comtesse de Montbéliard. Ce séjour au château de Sierentz où se réunissait la haute société alsacienne et allemande, n'altéra nullement l'aimable simplicité d'Annette. Elle revint à Grüsenheim, heureuse de revoir son village, de reprendre ses occupations habituelles, heureuse surtout de prodiguer à son père les témoignages de sa filiale tendresse. Le grand monde ne pouvait séduire et charmer celle qui, un peu plus tard, écrivait les lignes suivantes :

« ... Les villes me tournent la tête — elle était alors à Strasbourg — je ne retrouve mon assiette qu'au village où le contraste de la richesse et de la misère ne vient pas sans cesse offusquer mes regards et faire saigner mon cœur... Non, mes amis, je ne pourrais être heureuse dans une cité comme celle où je suis. Je me reproche le morceau que je mange, le chiffon que j'ai sur la tête ; on est accablé de l'impossibilité de remédier à de si grands maux, que bien des gens n'aperçoivent même pas... Je me sens irrésistiblement entraînée vers la vie des champs, vers ces mœurs agrestes qui donnent peu carrière à l'imagination... Quand je veux embrasser ma chimère favorite, je me transporte dans une maison de campagne rapprochée de mes amies, où il y a un petit coin rempli de livres, un jardin, des fleurs, une ferme bien peuplée ; telle serait la destinée que je me fusse préparée si j'avais pu la choisir, mais sans doute elle sera bien différente... »

Il y avait alors à Grüsenheim un prêtre selon le cœur de Dieu qui s'occupait avec amour de l'instruction religieuse des enfants; grâce à ses enseignements, Mlle de Rathsamhausen apprit à chercher en Dieu le secours et la lumière dont elle eut si grand besoin au milieu des épreuves qui assombrirent sa jeunesse, et quand la mort lui eut ravi ceux qu'elle chérissait, la voix autorisée et aimée du pasteur lui donna la force de leur survivre. Bien des années après, revenant sur cette époque de sa vie où, parmi tant de douleurs, Dieu lui ménagea de si suaves consolations, Mme de Gérando traçait ce qui suit :

« ... Celui qui m'a aidée et m'a appris à supporter le malheur, c'est notre digne et bon curé de Grüsenheim ; il a été le premier témoin et le premier confident des peines que le ciel m'avait réservées. J'ai peu connu d'hommes qui eussent plus de caractère, si la force du caractère consiste, comme je le crois, à bien remplir les devoirs de son état et à pratiquer constamment la vertu. Il était bienfaisant avec sagesse ; on était étonné des ressources qu'il trouvait dans les revenus de sa cure pour vivre honorablement avec ses confrères et pour assister les habitants de sa paroisse dans les moments de détresse, en leur faisant des avances d'argent, en distribuant des aliments aux familles nombreuses et chargées d'enfants. Il était parvenu à dissiper l'indigence, à répandre même une sorte d'aisance universelle dans le village qui avait le bonheur de le posséder... C'est à lui que je dois l'attachement que j'ai conservé pour toutes les vérités chrétiennes et les consolations sans nombre que j'y ai puisées dans mes malheurs... »

Une grande douceur de caractère, une ardente sensibilité s'alliaient chez Mme de Gérando à beaucoup d'énergie et de sang-froid. Elle raconte avec une verve fort amusante un trait qui nous la montre sachant se posséder alors que ses jeunes amies se laissaient aller à une puérile frayeur.

« Une grande victoire a signalé aujourd'hui les fastes de Schoppenvir et illustré un de ses habitants. Depuis quelque temps un monstre apparaissait dans les alentours, donnait l'alarme, et le bruit augmentait tous les jours. Les uns, dans leurs descriptions, le disaient grand comme un âne, d'autres comme un bel angora ou comme un chat ordinaire : c'était la comparaison générale et qui sans doute suffira pour exciter votre intérêt. Mon courage s'allume pendant que tout tremble ; je veux voir le terrible animal, je me poste prudemment à une certaine distance, j'épie le moment de l'apparition et je vois venir à pas de géant... un rat... qui me fit l'effet d'un chat de trois semaines. J'appelle, je crie, bientôt maîtres, domestiques armés, tous les chiens du château entourent le fossé que le rat traverse à la nage. Une balle lui traverse le corps, il chancelle ; une seconde balle le frappe à la tête, il est mort ! L'habile tireur s'est couvert de gloire. On traîne l'animal à bord ; les uns jugent qu'ils pèse six livres, d'autres plus ou moins ; j'en accorde une demie ; on s'indigne, on demande des arbitres ; je m'y soumets et je vous ferai part de leur décision... »

Plusieurs années auparavant, dans une circonstance autrement tragique, elle avait donné la mesure de son courage. Au mois d'août 1795, la foudre était tombée sur sa demeure et avait endommagé d'une façon particulière les bâtiments de la ferme, où un violent incendie s'était déclaré. La fermière restée veuve avec une nombreuse famille s'était empressée de mettre ses enfants en sûreté ; au milieu de l'affolement général, le dernier-né, encore en bas âge, allait périr, quand Annette, sans souci du danger, se précipita dans les flammes et réussit à l'arracher à une mort certaine. Elle fut assez grièvement brûlée à la jambe, mais elle ne s'en préoccupait guère ; dans ces entrefaites, écrivant à une amie qu'elle était condamnée à un repos absolu, par une modestie aussi rare que charmante, elle lui taisait la cause de son accident.

Revenons à Grüsenheim. C'était au temps de la révolution, non seulement la France, mais l'Europe était en feu. M. de Rathsamhausen, malgré la dignité de sa vie et l'austérité de ses principes, se vit, au nom de la liberté, confisquer la plus grande partie de ses biens. Cette injustice, les accusations dont il fut l'objet, achevèrent de ruiner sa santé déjà fortement ébranlée, et il ne fit plus que languir. Sa fille le soignait avec une inquiète sollicitude, ne le quittant que pour aller au district faire les démarches nécessaires à la conservation du peu de bien qui leur restait. Dans les derniers jours d'octobre, elle s'aperçut que son cher malade n'avait plus que peu de temps à vivre ; elle fit revenir sa sœur qui était au château de Sierentz et, dix jours plus tard — novembre 1795 — elles étaient complètement orphelines. Laissons la parole à Annette.

« ... Croiriez-vous que mon bien-aimé père, avec l'existence duquel toute la mienne s'était identifiée, ne m'avait pas coûté une larme jusqu'à sa mort? A l'instant où commença son agonie, mon âme fut tout à coup glacée; debout devant son lit, les yeux immobiles et fixés sur lui, saisie de frisson, inaccessible à la douleur, incapable de prier, j'épiais son dernier soupir ; et, lorsqu'il l'eut rendu, je baisai chaque trait de son visage... Peu m'importait ce que j'allais devenir; je ne songeais pas même à vivre plus longtemps. La conviction du salut de mon père, voilà ce que je cherchais et ce que je trouvais dans la vie si simple et si chrétienne, indifférente aux biens de ce monde, traversée par tant d'épreuves. Je ne pouvais cesser de contempler ces traits livides, cette pâleur de la mort qui ne réveillaient en moi que des idées de paix et de délivrance... J'aidai à placer dans le cercueil les restes inanimés du meilleur des pères; j'avais peur qu'on ne le blessât; il me semblait que je lui devais cette continuation de soins que je lui avais donnés. Dès le lendemain, mes amies accoururent auprès de moi; elles tremblaient d'émotion, elles pleuraient. J'avais l'œil sec, mais leurs larmes me brûlaient le cœur. Je m'étais de tout temps conformée aux usages adoptés par les habitants du village, et j'aimais surtout à me confondre avec eux dans leurs pratiques religieuses. Nous accompagnâmes donc le convoi funèbre à l'église, au cimetière ; nous rendions à mon père le seul hommage public qui dépendait encore de nous; mais que j'ai souffert !... A genoux devant la fosse qui devait le faire disparaître à jamais, lorsque j'entendis le bruit terrible du cercueil qu'on y descendait, un cri sourd s'exhala de ma poitrine, mais je ne pleurais pas. Les saints mystères furent célébrés trois jours de suite, pas une larme ne vint encore amollir mon cœur. Je n'eus jamais la tête plus libre ; j'aurais affronté tous les dangers si j'en avais connu, mais rien ne pouvait m'émouvoir... »

Comme tout cela est naturel ! sans exagération, sans aucune sensiblerie. On ne trouve, dans la correspondance de Mlle de Rathsamhausen, nulle trace de cette sentimentalité emphatique si fort à la mode à cette époque; son exquise sensibilité, son bon sens parfait la préservent de cet écueil. Son style ne vise point à l'effet ; il est simple, clair, aisé, essentiellement féminin, dans la meilleure acception de ce mot. Elle a horreur de la prétention, elle ne veut même pas convenir qu'elle a de l'esprit.

« ... Mon caractère est rien moins qu'esprit et finesse, écrit-elle à un ami qui l'avait louée ou plutôt accusée d'une certaine finesse d'esprit dont elle se défend comme d'un crime. Il est rare que ces deux qualités — esprit et finesse — ne fassent pas tort à la sensibilité et à la bonté; j'en ai toujours haï la prétention; j'en suis si naturellement l'ennemie que je me serais empressée de les sacrifier au cœur et au jugement, si elles avaient été mon partage... »

Envahie par cet abattement profond, cette lassitude extrême qui suit presque toujours les grandes douleurs, la jeune fille, après la mort de son père, ne formait plus qu'un désir, celui d'une solitude complète, afin de pleurer librement. Mmes de Berckeim, ses parentes, amies incomparables dont nous aurons à parler bien des fois, insistèrent pour l'emmener avec elles et finirent par avoir raison de ses dernières résistances. Dans leur maison de campagne, à Schoppenvir, entourée de l'affection la plus délicate, comblée des plus tendres égards, Annette reprenait à la vie et envisageait l'avenir avec une calme résignation. Par suite de la persécution révolutionnaire et aussi de sa trop grande bonne foi, M. Rathsamhausen n'avait légué que peu de fortune à ses enfants. Sa fille avait l'âme trop haute pour s'en affliger. « J'étais fière, lisons-nous, de la pauvreté que mon père nous laissait en partage. »

La famille de Berckeim était nombreuse, et tous ses membres vivaient dans une parfaite union : quatre filles, Amélie, baronne de Dietrich, Octavie, Fanny et Henriette, douées de toutes les qualités du cœur et de l'esprit que rehaussait une beauté merveilleuse, étaient les intimes amies d'Annette ; peut-être Octavie était-elle encore la plus aimée, car, à la mort de Mme de Rathsamhausen, c'était celle-ci qui avait pris un soin tout particulier de l'orpheline et était parvenue à triompher de sa timidité un peu sauvage.

« ... Si je chéris ses sœurs autant qu'elle, je n'ai jamais oublié qu'elle fut le premier être que j'aie aimé ; hors ceux que la nature m'avait appris à aimer par-dessus tout... »

M. et Mme de Berckeim voyaient beaucoup de monde ; l'été à Schoppenvir et au Bocage, l'hiver à Colmar, ils recevaient de nombreux amis, attirés et retenus par leur grâce hospitalière. Ce fut vers cette époque que Mlle de Rathsamhausen se lia intimement avec plusieurs membres de la famille Casimir Périer : Scipion et Augustin ; ce dernier, qui, un peu plus tard, épousa Henriette de Berckeim, lui était particulièrement sympathique.

« ... Je ne me sens d'amitié pour personne comme pour cet Augustin ; je l'aime de prédilection... »

Le sentiment religieux s'unit toujours à ses affections, quelles qu'elles soient ; elle termine ainsi une lettre à Scipion Périer.

« ... On aurait beau faire, rien ne m'empêchera de prier pour vous, de vous souhaiter du bonheur plus qu'à moi-même, puisque celui de mes amis fait le mien. »

Et, quelques jours plus tard : « Je vous avoue qu'un lien qui dût se briser avec le temps ou au terme de ma vie serait sans charme pour moi et ne me paraîtrait pas valoir la peine de le cultiver... »

Aucune gêne, aucun embarras, dans cette correspondance avec des jeunes gens ; Annette est douée d'une âme trop pure, trop délicate, pour être accessible à une sotte pruderie ; comme elle l'écrit à Scipion, avec une charmante ingénuité :

« Je vous range dans la classe de *mes bonnes amies.* »
Néanmoins, elle sent que cette dérogation aux usages ordinaires
pourrait être mal interprétée, aussi dit-elle à ce même Scipion,
rentré à Vizille, au sein de sa famille :

« ... Messieurs vos frères ne me connaissent pas ; ils ne se
sont jamais chauffés à mon poêle ; ils n'ont pas vécu dans notre
cercle intime. Je crois donc que mes lettres ne doivent pas leur
être communiquées jusqu'à ce qu'ils aient vu par eux-mêmes que
je puis me donner un peu plus de liberté qu'une autre, sans troubler ma conscience... »

Mais c'est dans les lettres à son fiancé qu'elle se peint tout
entière et qu'elle prodigue les trésors de son cœur si aimant. Peu
avant la mort de son père, elle faisait à Colmar la rencontre de
Joseph de Gérando qui, trois ans plus tard, devait être son époux.
Quand la ville de Lyon eut été prise et désolée par les hordes
révolutionnaires, Joseph s'était réfugié avec son ami Camille Jordan, d'abord en Suisse, puis en Allemagne, dans le duché de Bade,
attendant des jours meilleurs pour rentrer en France. Presque au
lendemain de cette rencontre, Mlle de Rathsamhausen confie à sa
chère Octavie ce qu'est déjà pour elle ce nouvel ami.

« ... Joseph est devenu mon ami. Il me donnera l'exemple de
tout ce qui est beau et bon, il me fortifiera dans la vertu, il me
guidera dans le bien. Dès à présent, il s'applique à éclaircir mon
esprit, à mieux asseoir mon jugement, à étendre mes connaissances. Il m'a tracé un plan de conduite, d'études, des habitudes
d'ordre et l'emploi de mes journées. Tu me demanderas à quoi
cela peut aboutir : je te répondrai qu'il n'en résultera jamais rien
que de bon. Joseph m'éclaire, me console, me fait bénir Dieu et
aimer la vie ; je n'éprouve pas encore le besoin qu'il devienne autre
chose pour moi. Cela n'empêche pas qu'il ait d'autres vues qui ne
peuvent pas encore s'accomplir, je ne m'en inquiète pas, parce que
mes désirs ne vont point au-delà du présent... »

Avant de poursuivre, traçons un peu le portrait de Mlle de

Rathsamhausen; elle était d'une taille ordinaire, très blonde même parmi ses blondes compatriotes; on ne pouvait la dire jolie, mais elle avait l'air intelligent et une physionomie très agréable. Ses cheveux relevés par derrière en une grosse torsade étaient frisés sur le front, à peu près comme on les porte aujourd'hui, ce qui prouve qu'en fait de modes le nouveau n'est que de l'oublié. Son cœur si bon, son âme si noble, semblaient se refléter dans toute sa personne pour lui prêter un charme tout particulier.

Beaucoup des lettres de cette époque qui précéda son mariage sont adressées collectivement à Joseph et à Camille Jordan ; il semble qu'elle confonde les deux amis dans un même sentiment d'affection. La première lettre qui nous a été conservée est datée d'octobre 1797 et n'est que pour Joseph. Nous ne résistons pas au désir d'en citer le premier paragraphe.

« C'est un besoin de l'amitié de savoir par cœur la vie d'un ami, de rattacher par les souvenirs le temps où nous ne nous connaissions pas à cette époque, où notre amitié se fonda sur des bases qui l'élèvent jusqu'au ciel. Vous m'avez tout dit, mon ami, et mon affection pour vous s'est accrue depuis que je vois si bien les droits que vous avez à mon estime : je vous dirai tout aussi. J'aurais prévenu votre confiance en vous donnant la mienne, si j'avais pensé que la vie obscure d'une jeune fille pût offrir quelque intérêt. Mon *histoire* ne se compose pas d'événements ni de faits remarquables ; elle est tout entière dans mes sentiments, et ces sentiments, qui ont été nécessairement soumis à une raison sévère, sont bien insignifiants. J'ai eu besoin plus qu'une autre de me réfugier sous l'égide de la raison, car je suis née avec une âme ardente. C'est le malheur, ce grand et divin maître, qui m'a conduite saine et sauve par les sentiers étroits et glissants où devait passer une jeune fille abandonnée à elle-même dès l'âge de quatorze ans. Le malheur a éteint l'ardeur de ma jeunesse, je lui ai voué un culte de reconnaissance pour tous les maux dont il m'a sauvée... »

Vers cette époque, il était question du mariage d'Octavie de

Berckeim avec le baron de Stein; dans une lettre à son ami, Annette s'en exprime ainsi :

« ... Je vais me trouver de nouveau bien seule dans le monde. N'ayant plus d'autres liens intimes, j'aime mes amies avec une sorte de passion qu'il faudra sacrifier à leur bonheur. Je vois s'accomplir ce que j'ai désiré bien des années, mais j'ai souvent besoin de m'étourdir et de m'arracher à la perspective que m'ouvre notre séparation. J'en pleure dans ma chambre et je suis gaie au milieu de mes amis... »

Elle a des élans charmants. « ... Il ne me reste plus qu'un défaut, dit-elle en terminant une lettre à son fiancé, c'est de vous aimer beaucoup, beaucoup, mais à tout péché miséricorde ! »

« ... Je vous serre la main, écrit-elle à Camille Jordan. J'aime beaucoup à serrer la main; il me semble qu'on peut exprimer par ce mouvement plus d'amitié que par la parole... »

Depuis lors, on a tant abusé du *shakehands* qu'il est devenu sans importance et une politesse banale; cependant, il est des êtres qui jamais ne se livrent en donnant la main et paraissent au contraire vouloir se retenir; leur pression est insignifiante, leurs doigts mous et insensibles. Méfions-nous de telles poignées de main, ceux qui les donnent sont des égoïstes et des cœurs secs.

L'esprit de Mlle de Rathsamhausen, naturellement sérieux, mûri par l'épreuve et la réflexion, a parfois des envolées très hautes « ... J'ai fait un pénible retour sur moi-même; j'ai considéré l'ordre de l'univers, l'harmonie des êtres, la perfection de la nature. L'homme seul (moi surtout) est toujours en contradiction avec lui-même, combattant ses faiblesses, triomphant rarement, sujet à l'inconstance, et souvent dans un humiliant état d'abaissement. Comment ! moi qui suis ce qu'il y a de plus intelligent dans la création visible, doué du sentiment universel de tout ce qu'elle renferme, en relation directe avec Dieu, remplissant par son ordre une mission ici-bas, peut-être près d'être appelée en sa présence, destinée à le contempler, à l'adorer éternellement... je ne passe pas un jour, sinon à enfreindre sa loi, du moins sans agir avec une inconséquence singulière, offrant un contraste frappant avec la perfection qu'il a établie dans ses ouvrages et avec ce concert sublime qui retentit dans l'immensité des mondes et dont les harmonies se répètent et se perdent dans l'infini! Mais si le sentiment de ma faiblesse m'a affligée, je n'ai point perdu celui des avantages qui me sont accordés. Concevoir, sentir ce que j'ai éprouvé ce soir, c'est une jouissance qui n'appartient qu'à l'être crée à l'image de Dieu. »

En 1798, sa sœur qu'elle aimait beaucoup, mais pour qui elle ne paraît pas avoir eu cette affection bénie qui fond deux âmes en une seule, se marie et se fixe à Schlestadt : « Elle a fait un mariage de raison, écrit-elle à M. de Gérando, qui tournera, j'espère, au profit de l'inclination. » Cette prévision se réalisa, car peu de mois après, dans une lettre d'Annette, nous lisons ce qui suit « ... Ma sœur aime son mari à la folie, et j'espère qu'elle sera heureuse. Je contemple avec attendrissement cette jeune femme toute à ses devoirs, se conformant aux goûts de son mari, les étudiant même... »

Très active, toujours empressée à rendre service et à faire plaisir aux autres, visitant les pauvres, les malades, lisant et écrivant beaucoup, on pourrait croire que Mlle de Rathsamhausen était une personne forte, vigoureuse, d'une santé à toute épreuve. Il n'en était rien ; elle avait au contraire une complexion délicate et était sujette à mille petits malaises; un peu après la mort de son père, sa santé avait même inspiré de sérieuses inquiétudes à son entourage. Souvent, elle vivait de régime et devait se soumettre à toutes sortes de précautions qu'elle traitait fort légèrement d'ailleurs, y trouvant même matière à rire et à plaisanter.

« On me condamne à ne pas écrire, à ne point travailler ; me voilà zéro par ordre du médecin... On me prescrit comment je dois boire et comment je dois marcher. Toutes mes pensées, tous mes gestes doivent être calmes et mesurés; si l'on continue à soigner mon éducation sur ce pied, je deviendrai une petite perfection ; je m'en donne déjà les airs pour persuader qu'il ne reste plus rien à faire... »

L'année suivante : « ... On a grand soin de me répéter souvent un beau sermon dicté par mon Esculape et que mes amies ont toutes appris par cœur. Il veut dire à peu près : Marchez doucement — travaillez peu — ne veillez pas... Enfin une longue morale dans ce style impératif, et je l'entends depuis si longtemps que j'en suis ennuyée. Comme je ne suis pas très sage de mon naturel, je cours beaucoup au grand soleil sans m'en garantir ; je veille, je travaille, et ma poitrine ne se ressent pas de ces petites fredaines... »

Au mois de septembre 1798, les parents de M. de Gérando envoyèrent leur consentement à son mariage, et il fut décidé que les jeunes gens seraient unis avant la fin de l'année. Il ne faut donc pas s'étonner si les lettres d'Annette à son fiancé deviennent plus tendres encore que par le passé. On y découvre la confiance la plus entière, la plus absolue ; non seulement la jeune fille dit ce qu'elle fait, mais aussi ce qu'elle pense, ce qu'elle ressent, ne cachant ni ses faiblesses, ni ses instants de découragement. Elle lui raconte également le bien qu'elle essaie de faire.

« ... Il y a ici à l'hôpital une pauvre femme avec son mari : elle est accouchée ; elle n'avait rien, rien ; je lui ai donné un peu de linge et je lui ai acheté ce qu'il fallait à son entretien dans ces jours de douleurs et de faiblesse. Je l'ai veillée pendant deux nuits ; je l'ai entourée de ces soins qui seuls satisfont l'humanité en préservant une créature abandonnée et souffrante... Je n'ai pas eu le temps de penser à vous, j'ai été obligée de m'occuper constamment des autres. J'ai fait un mariage, etc... »

« ... Je vous avoue, écrit-elle un peu plus tard, que je serais fâchée que mon attachement perdît, à vos yeux, de cette élévation, de cette dignité qui lui servent de base et qu'il aura toujours au fond de mon âme. Je le confierai plus souvent encore à Dieu qu'à vous, et Dieu saura aussi mieux le comprendre. Qu'il est doux de sentir le besoin de recourir à lui et de le rendre le premier dépositaire de nos plus vives affections comme de nos plus chères espérances !... »

L'ardent amour qu'elle éprouve pour celui qui va bientôt être le fidèle compagnon de son existence ne l'empêche point de voir les choses telles qu'elles sont ; son cœur, si pris soit-il, ne gâte nullement son bon sens exquis, qu'on retrouve tout entier dans les lignes suivantes :

« ... Surtout, cher ami, ne vous flattez pas d'un bonheur imaginaire, incompatible avec les lois qui régissent ce bas monde. Ne vous exaltez point sur mon compte, et disposez-vous à beaucoup d'indulgence ; songez qu'il est donné à très peu de femmes de s'élever au-dessus des autres, et sachez vous contenter d'une compagne dont on ne parlera jamais, pas même dans le cercle de sa société habituelle. Préparez-vous, d'ailleurs, à ne trouver en elle que les ressources d'un cœur droit et sensible qui donnera l'impulsion à ses actions, mais non un esprit qui s'élève jusqu'au vôtre et des lumières qui puissent seconder vos travaux. Vous connaissez bien déjà mon caractère et mes défauts, et vous espérez sans doute former l'un et corriger les autres. Je vous avoue que j'en doute fort, parce que mes défauts tiennent beaucoup à ce qu'on appelle mes qualités et forment l'enchaînement de mon caractère ; ils sont une conséquence de mon individualité aussi bien que de mon éducation, et ils ont pris de fortes racines. Je ne prétends pas les justifier par là, mais je veux vous prémunir contre la pensée que vous avez peut-être de me les voir perdre facilement... »

M. de Gérando avait été prévenu qu'en diverses circonstances sa fiancée s'était montrée d'une générosité imprudente et d'une libéralité excessive ; sur ce sujet, elle s'exprime avec une dignité parfaite, aussi éloignée d'une fausse modestie que d'une sotte jactance.

« ... Les personnes qui vous ont averti de mes libéralités auraient dû se souvenir (si elles connaissent ma position) que, dépositaire et maîtresse absolue de la fortune de mon père pendant bien des années, je m'étais imposé la réserve la plus sévère ; que, depuis sa mort, je me suis traitée moi-même en étrangère pour n'employer ce que j'avais à mon entière disposition qu'au plus prompt arrangement de nos affaires. J'ai donné, il est vrai ; j'ai eu le bonheur de sécher quelques larmes, mais c'est en disposant d'objets qui ne pouvaient être une privation que pour moi-même et dans un temps où j'entrevoyais la pauvreté sans tristesse, où je fondais mon indépendance, mon bonheur, sur l'expérience que j'avais déjà faite de pouvoir subvenir à mon existence par le travail, si j'y étais réduite, sans m'en trouver plus à plaindre et sans en être moins fière. J'ai donné lorsque, présumant un terme prochain à ma vie, je voulais embellir mes jours de quelques doux rayons en laissant après moi quelqu'un qui serait bien aise que j'eusse vécu... Quand ma sœur s'est mariée, je lui ai fait présent de presque tout mon petit mobilier, parce que, lui tenant lieu de mère, il m'a été doux de lui faire un léger avantage. Par les arrangements pris avec les créanciers de mon père, j'ai été dans le cas d'y mettre du mien plus que ma sœur ; ils ont eu toute confiance en moi ; ils ont déposé leurs intérêts entre mes mains. Ma sœur ne leur devait que justice, je leur devais justice et délicatesse... »

Qu'on nous pardonne la longueur de cette citation, mais il nous semble que là, plus qu'ailleurs encore, éclate toute la noblesse d'âme de Mlle de Rathsamhausen et son fier mépris des richesses, si éloigné de l'âpre convoitise, de la fièvre de s'enrichir qui ronge notre société actuelle.

Dans les derniers jours du mois de décembre 1798, les deux fiancés reçurent la bénédiction nuptiale, la nuit, dans une petite chapelle des Vosges, d'un prêtre non assermenté ; le mariage civil eut lieu à Riquewihr, peu après. Un des amis d'Annette, vieillard aussi distingué par l'esprit que par le cœur, le professeur Pfeffel de Colmar, composa pour elle un épithalame en allemand dont nous citerons quelques passages.

« Le voici donc ce jour de la bénédiction où la main de la Providence tresse autour de ton front si pur une couronne de roses célestes que, depuis si longtemps, elle te réserve, récompense de ta piété filiale. Oh! quel bonheur pour moi que mon cœur, dans lequel le tien sait lire, n'ait pas besoin d'exprimer tout ce qu'il éprouve, alors qu'il te salue, amie, comme la fiancée de l'homme si noble auquel Dieu a lié ta destinée! Combien il est doux de recevoir et de donner à la fois la récompense de la vertu!... »

Tout en faisant la part du lyrisme poétique, on voit combien Mlle de Rathsamhausen était aimée.

Environ un mois après cet heureux événement, Mme de Gérando, écrivant à sa chère Octavie, s'exprime ainsi : « ... Notre avenir, ma bonne amie, est encore dans un vague impénétrable, mon bonheur ne l'est pas. Unie au meilleur des hommes, je suis sûre de me trouver partout heureuse à ses côtés. Son cœur sera mon asile et ses vertus deviendraient ma force, si j'en avais besoin. Je suis encore bien loin, mon Octavie, d'être digne de celui à qui la Providence m'a associée ; il est au-dessus de moi comme les anges sont au-dessus des humains. Je le respecte et je l'aime comme tout ce qu'il y a de plus pur sur la terre. Pardonne-moi mon enthousiasme, ou plutôt je puis t'assurer qu'il ne se mêle pas d'enthousiasme à mes paroles ; c'est un hommage que je rends à la vertu et à la vérité... Sois fidèle à l'heure du rendez-vous. »

Ce rendez-vous était l'heure d'une prière dans laquelle Mme de Gérando et ses amies intimes devaient penser l'une à l'autre devant Dieu. Dans une autre lettre écrite presque deux ans plus tard, nous lisons ces lignes :

« ... Ma bien-aimée Octavie, je t'appelle à ce rendez-vous où nos âmes se rencontrent et se comprennent ; il n'est pas de jour où je ne goûte la consolation et la douceur de ce moment consacré aux plus tendres souvenirs et je le prolonge souvent... »

Dans l'été qui suivit son mariage, Mme de Gérando abandonna sa chère Alsace ; elle était attendue avec impatience, à Lyon, par ses beaux-parents. Elle s'arrêta également dans l'Isère, à Vizille, et passa quelque temps chez la famille Périer ; on n'a pas oublié sans doute qu'Henriette de Berckeim avait épousé Augustin Périer, le favori d'Annette. Il nous a paru intéressant de retrouver dans une lettre à Mme de Dietrich (Amélie de Berckeim) des détails intimes sur cette famille, dont plusieurs membres ont été mêlés à nos affaires publiques.

« ... Henriette a toujours sa grâce, sa beauté, une sage prudence dans la moindre de ses actions, et elle s'y prend d'une manière admirable pour acquérir sur son mari un empire qui n'est pas facile avec un caractère jaloux de son autorité ; elle réussit au mieux ; son mari est sans cesse à ses genoux et dans l'enchantement de son âme angélique. Je ne puis mieux comparer l'intérieur de toute cette famille qu'au vôtre, bien chère Amélie, alors que ta sœur et toi vous étiez dans la maison paternelle : mêmes vertus, affection, sympathie, douce gaieté. Tous sont bons et on a plus d'esprit qu'ailleurs, en général, ce qui rend leur société aussi piquante qu'agréable. Joignez-y l'instruction, la richesse qui règne dans la maison de la mère des Périer, et le très bon ton chez tous, et vous vous représenterez une réunion charmante... »

Laissons passer deux ou trois ans : les ménages heureux sont comme les peuples heureux, ils n'ont point d'histoire. Nous sommes en 1802, Mme de Gérando, tout en veillant sa petite fille qu'elle idolâtre, écrit à son vieil ami Pfeffel, près de qui elle s'accuse d'un trop long silence :

« ... Et cependant, quels secrets entretiens n'ai-je pas tous les jours avec vous ? J'espère que vous les entendrez, que mon affection et le dedans de mon âme vous sont bien connus. Il viendra un temps où je pourrai vous le rendre plus sensible encore, où je vous répéterai les douces et saintes paroles de l'amitié et de la reconnaissance. Je me promènerai encore avec ma chère Frédérique (la fille de M. Pfeffel) au beau soleil de l'Alsace, au pied de ces majestueuses montagnes qui m'apparaissent souvent, dans ces sentiers où nous parlions ensemble, de ceux que l'absence nous a ravis, de ceux que nous ne reverrons qu'après avoir subi une glorieuse métamorphose. Oh! cher ami, que tous ces souvenirs sont vifs dans mon cœur! Quel ardent désir ils me donnent de retrouver, dans l'avenir, quelques-uns des moments passés! Ces désirs sont entre les mains de Dieu et ne peuvent être mieux pour notre bonheur... »

Deux mois plus tard, à son Octavie, elle adresse les lignes suivantes : « ... Ma petite fille est jolie et forte pour son âge et m'a donné jusqu'à présent peu d'inquiétude. Elle a une si aimable petite physionomie pleine de finesse et de bonté qu'elle plaît même aux étrangers. Son père en est fou... »

Dieu va la frapper dans cette enfant si chère; elle lui est enlevée à l'âge de seize mois, après une courte maladie. Les sentiments de foi et de piété qui l'ont fortifiée jadis aux jours de ses premières douleurs vont encore la consoler et la soutenir dans cette cruelle épreuve.

« ... Au milieu de ces ténèbres, mon âme est encore éclairée par une lumière qui vient d'en haut; je sens que je dois beaucoup à Dieu. Avec quelle sévérité il m'a visitée! Mais il ne m'a pas abandonnée, puisque Lui seul me console. Il laisse incessamment présente à ma pensée la conviction que ma bien-aimée est heureuse; il a gravé cette conviction au fond de mon cœur; je le sais, parce que je sais qu'il y a un Dieu... »

Quelques jours plus tard : « ... Je la vois, je l'entends sans cesse, et je sens que c'est avec un ange que je suis en relation. Qu'elle était belle, et douce, et aimante! Vous ne vous doutez pas de tout ce que je pourrais vous raconter de touchant d'une enfant de seize mois. Au lieu de ces douces caresses, ce sont des étreintes de fer qui serrent nos cœurs, mais Dieu l'a voulu... Pour moi, mon enfant existe, elle vit plus que jamais et dans une atmosphère céleste... »

En mémoire de Mlle Fanny de Berckeim, ravie à la tendresse des siens, dix-huit mois auparavant, ce petit ange s'appelait aussi Fanny : qui sait ? Celle dont elle avait reçu le nom et qui sans doute jouissait déjà des récompenses éternelles, obtint peut-être que cette enfant ne fît que passer ici-bas sans en connaître les douleurs et les souillures ?...

Au mois de septembre 1803, Mme de Gérando donne le jour à un fils ; mais la joie qu'elle éprouve de se sentir mère une seconde fois est toute mouillée de larmes ; elle a perdu la sécurité de sa maternité première et, en couvrant son fils de ses baisers, elle est peut-être plus tremblante de la crainte de le perdre que joyeuse de le serrer dans ses bras.

Trois ans plus tard, nous retrouvons les deux époux, à Rouen, chez des amis. Ils visitent tout le pays de Caux et s'arrêtent un peu au Havre ; pour la première fois, Mme de Gérando, qui cependant a trente-deux ans, voit la mer. Elle en dit peu de chose, et s'étend davantage sur la campagne qu'elle parcourt. Qu'on permette à une Normande, fière de sa province, de citer quelques passages d'une lettre écrite à cette époque.

« ... Ah ! le beau et riche pays, et qu'il a dû, en effet, exciter l'envie des conquêtes !... Le peuple est bon, laborieux ; les usages, les physionomies, les caractères ont beaucoup de rapport avec ceux des Alsaciens et démentent absolument l'opinion que certains proverbes donnent des Normands... Un jour je vous dépeindrai le pays de Caux, ses belles fermes, ses habitations entourées de vergers, ses champs couverts de blé, de lin, de trèfle, de troupeaux, de bouquets de bois qui désignent au loin chaque village. Ces campagnes si vertes, si riantes et animées, plus qu'elles ne le sont ailleurs, ont beaucoup de rapport avec celle de l'Angleterre : aussi ce pays est-il un jardin anglais continu... »

Un peu plus tard, M. de Gérando est nommé d'abord maître des requêtes, puis chargé d'une mission en Toscane ; c'en est fait pour Annette de la tranquillité des premières années ; ses relations sont nombreuses, ses obligations et ses devoirs de société se multiplient de jour en jour, et l'élite de la société parisienne se presse dans ses salons : outre le duc Mathieu de Montmorency, M. de Champagny, avec qui elle est intimement liée, on y rencontre Mme de Staël, la belle Mme Récamier, Mme Necker de Saussure, Benjamin Constant, Mme de Rumfort, etc. Quoique cette vie mondaine et agitée lui plaise peu, elle l'accepte avec sa bonne grâce habituelle, mais la haute situation de son mari et l'honneur qui en rejaillit sur elle-même la laissent très indifférente.

« ... Quelqu'un t'aura mandé peut-être que je me suis fait présenter à la cour et chez tous nos princes et princesses, depuis que mon mari est maître de requêtes : c'est dans les usages. Je m'en suis mal tirée, mais on se fait à tout, et je n'y porte ni vues intéressées, ni prétentions. Ma vie est assez agitée ; mes connaissances sont devenues nombreuses, et les devoirs de société se multiplient à mesure ; mais je me réserve toujours des moments pour la véritable amitié, pour me reconnaître moi-même, me rendre compte de mes actions et apprendre à les mieux diriger... »

Une première fois, M. de Gérando était allé seul en Italie ; il y était resté dix mois sans rentrer en France ; à cette époque — 1808 — on ne voyageait pas avec les facilités que l'on a de nos jours. Quand il dut partir de nouveau, sa femme tint à l'accompagner. Elle n'ose emmener son fils Gustave et le laisse aux soins d'une amie dévouée : « Je n'aurai plus un instant de repos, jusqu'à ce que nous soyons réunis tous les trois. »

L'année 1811 est marquée par la naissance de son second fils ; le compagnon d'enfance de M. de Gérando qui est resté son ami, Camille Jordan, est le parrain de cet enfant. Quand, l'année suivante, M. de Gérando est nommé intendant de la haute Catalogne, sa femme veut le rejoindre, quoique son cœur soit déchiré à la pensée d'abandonner son petit Camille. A sa confidente ordinaire, la baronne Octavie, elle fait part de ses angoisses maternelles.

« ... Tu seras peut-être étonnée que je quitte mes enfants, mais, au milieu des liens qui m'enlacent, je vais à l'objet de mes affections qui a le plus besoin de moi, et, dans cette circonstance, je suis persuadée que c'est mon mari. Tu sais que rien au monde ne peut dédommager le cœur d'une mère, et je me résigne à tout ce que le mien aura à souffrir... Puis ma pensée franchit ces points intermédiaires qui marquent la route de la vie jusqu'au point extrême, et alors je me trouve forte du néant de toutes ces choses qui passent et qui n'auront plus de valeur en cet instant suprême. »

Sa santé, qui avait toujours été délicate, commence, dès les années 1815 et 1816, à décliner d'une manière effrayante ; ses souffrances presque continuelles, sans altérer en rien l'aimable douceur de son caractère, la rendent un peu mélancolique. Les diverses émotions de cette âme aimante vont nous être révélées dans une lettre intime.

« ... L'état de ma santé me condamne à penser plus que je ne puis agir. La vie que je mène, la préoccupation de l'avenir, le traitement même qu'exige ma maladie, tout porte à l'exaltation, à la perte de l'équilibre, et je me sens, presque à tout moment, voisine d'un danger, sans que je puisse bien m'expliquer quel est ce danger. Il me faudrait plus de calme, et cependant mon cœur n'est troublé par rien ; mes affections sont douces et puisées à des sources pures ; je ne regrette rien ; je ne souhaite rien, je bénis Dieu de ses bienfaits, sans avoir à lui en demander de nouveaux. C'est mon sang, c'est ma poitrine qui sont en feu et qui me brûlent ; je suis malade jusque dans mon organisation intellectuelle... »

Un mois plus tard, à Mme de Staël : « ... Ma santé est tout à fait mauvaise ; je ne suis pas effrayée du but qui s'offre à nous dès que nous formons nos premières pensées, mais je le suis des douleurs qui m'y mènent. Jusqu'à présent, aucune de mes facultés n'y a succombé, bien au contraire ; elles redoublent d'activité et d'énergie pour me faire admirer tout ce qui est beau, pour aimer tout ce qui est bien... Je ne connais les joies de l'espérance que depuis que je m'essaie à l'abandon de toutes les espérances fugitives de ce monde. Je ne me sens point cependant détachée de ce qui anime et embellit l'existence ; je me plais à boire jusqu'à la dernière goutte de vie ; je ne détourne mes regards que de la douleur des séparations... »

L'âge n'a pu altérer son aimable modestie, même dans la bouche d'un ami, la louange lui cause une impression pénible : « ... Ne me louez plus, je vous en prie ; vos louanges me font un remords de conscience. Vous êtes incapable de vouloir me flatter, car ce serait trahir l'amitié ; mais alors vous êtes abusé sur mon compte et je ne dois pas le souffrir. Acceptez cette grande simplicité d'âme et de cœur que vous avez remarquée ; je ne me reconnais aucune des qualités que vous m'attribuez. Quant à cette simplicité, je n'en ai pas le mérite ; je ne sais pas d'où elle me vient. C'est peut-être parce que je me crois toujours en présence de Dieu et que je ne pense jamais être en présence des hommes. »

Que cette dernière pensée est belle ! quel type admirable de perfection elle renferme pour qui serait fidèle à y conformer sa vie !...

La sœur de Mme de Gérando est devenue veuve, et la mort de son mari, jointe aux événements politiques, la plonge dans une situation embarrassée qui préoccupe extrêmement ceux qui l'aiment ; elle a cinq enfants : trois fils et deux filles qu'il faut faire élever et plus tard établir : « Oh ! quelle tâche pour mon excellent mari, mais avec quelle admirable bonté il s'en acquitte ! »

Son dévouement à elle-même était non moins admirable ; peu de mois avant de succomber à ses longues souffrances, elle vendit plusieurs bijoux, souvenirs de famille ou d'amitié, sans doute, afin de venir en aide à cette sœur tombée gravement malade :

« ... J'ai envoyé à son médecin, écrit-elle à la baronne de Dietrich (Amélie de Berckeim) les consultations qu'il a demandées, et je me suis entendue avec lui pour les dépenses nécessitées par la maladie, afin que cette bonne et chère amie ne se trouve privée d'aucun secours ni remède. Je sais par une triste expérience les besoins des malades... »

Le 16 mai 1824, usée par l'horrible mal qui la consumait depuis plusieurs années, Mme de Gérando, qui allait avoir cinquante ans, rendit sa belle âme à Dieu...

Il nous semble qu'à son heure dernière, elle ne dut pas connaître les affres de la mort; au contraire, comme elle devait être remplie de confiance et de sécurité! car le mal qui tarissait en son sein les sources de la vie, elle l'avait contracté en soignant une pauvre infirme. N'était-elle pas, en quelque sorte, martyre de la charité, et n'avait-elle pas accompli dans toute sa plénitude le grand précepte de l'amour? « Je vous donne un commandement nouveau, c'est que vous vous aimiez les uns les autres comme je vous ai aimés! »

ÉLISABETH SETON

aout 1774-janvier 1821

ÉLISABETH SETON

Notre héroïne, née Élisabeth Anna Bayley, naquit à New-York, le 28 août 1774 ; elle avait trois ans et sa sœur Mary comptait à peine quelques mois quand Mme Bayley mourut. Peu après, leur père se choisit une autre compagne ; Miss Barlay, aimable et douce personne, se consacra d'abord tout entière aux filles de son mari ; mais la naissance assez rapprochée de sept enfants la força à ne plus s'occuper que de sa propre famille. Élisabeth et Mary ne furent point négligées pour cela. M. Bayley les veillait avec une sollicitude passionnée et, sans rien ôter aux autres enfants que Dieu lui donnait, il se montrait prodigue de soins et de tendresse à l'égard des deux orphelines. Doué d'une belle intelligence et d'une haute raison, il remplissait dans toute leur étendue les devoirs de la paternité ; il élevait ses enfants, dans l'acception vraie de ce mot, que si peu de personnes comprennent aujourd'hui.

Sous cette direction ferme et douce à la fois, Élisabeth apprit à modérer son extrême vivacité, à réprimer ses caprices, ses fantaisies, à conserver une humeur égale au milieu même des contrariétés, des petits ennuis dont la vie la plus heureuse n'est pas exempte. Elle était d'ailleurs admirablement douée : intelligence, sensibilité, imagination, délicatesse de sentiments. Dieu lui avait tout donné, et pour féconder ses qualités naturelles et leur communiquer un rayonnement presque divin, elle montra, dès l'enfance, une piété vraiment angélique. Quoique élevée dans le protestantisme, on peut dire qu'elle était née catholique, tant son âme se tournait naturellement vers certaines pratiques non défendues par sa religion, mais que les protestants négligent ou dédaignent. Par exemple, elle ne manquait jamais de s'incliner en entendant prononcer le nom de Jésus ; elle faisait fréquemment le signe de la croix et portait sur sa poitrine un petit crucifix qui ne la quittait jamais.

Ce mot des Saints Livres « Servez Dieu dans la joie » semblait être sa devise, et cependant sa jeunesse était assombrie par le spectacle d'une guerre sanglante et meurtrière. C'était l'époque où l'Amérique se soulevait contre la mère-patrie, New-York était occupé militairement, et à tout instant la jeune fille entendait parler de combats terribles, d'incendies, de pillages, etc.

Elle touchait à ses vingt ans ; tout dans son intérieur plaisait et charmait. Petite, mais bien faite et de proportions élégantes, ses mouvements étaient remplis de grâce et d'harmonie. L'ovale de son visage, un peu allongé, était régulier, ses yeux bruns largement ouverts rayonnaient de franchise et de bonté, le nez un peu long, bien dessiné, eût donné quelque chose de trop caractérisé à la physionomie sans la bouche finement modelée et doucement souriante. Ce fut ainsi que la revit William Seton, un ami d'enfance, qui, après avoir visité l'Europe et principalement l'Italie, durant six années, rentrait à New-York.

Peu de temps après ce retour, au printemps de l'année 1794, les deux jeunes gens furent unis. Cinq enfants naquirent en peu d'années et augmentèrent encore le mutuel amour et la félicité des deux époux. Élisabeth chérissait ses enfants et leur prodiguait sans compter ses soins et sa tendresse, mais elle les aimait en chrétienne et envisageait d'abord et surtout l'âme de ces chers petits. Avant d'avoir vu le jour, ils étaient déjà consacrés à Dieu ; « Seigneur, disait la pieuse mère, recevez-les dès maintenant et gardez-les plus tard. »

C'était surtout après que les chers petits avaient été régénérés par le baptême que la jeune mère se livrait à toute sa joie. Voici ce qu'elle écrivait après le baptême de sa petite Rébecca : « Aujourd'hui ma petite enfant a été reçue dans l'arche du Seigneur ; elle a été bénie par la prière de la foi, afin de recevoir toute grâce dans sa plénitude, d'être comptée au nombre des fidèles enfants de Dieu... Divin Sauveur, pourrions-nous jamais oublier ce que nous vous devons après tant de bienfaits !... »

Elle mettait tout en œuvre pour former le cœur de ses enfants chéris ; à sa fille aînée, Anna, alors âgée de neuf ans, elle écrivait un jour le billet suivant : « Ma chère Anna, c'est aujourd'hui l'anniversaire de votre naissance, de ce jour où, pour la première fois, je vous tins entre mes bras. Que le Dieu tout puissant vous bénisse, mon enfant, et vous fasse sienne pour toujours ! Votre mère lui demande de toute son âme qu'il vous guide à travers ce monde, afin que nous puissions arriver en paix à son royaume céleste par les mérites de notre cher Sauveur. »

Elle n'était pas tellement absorbée par le gouvernement de sa maison, le soin de ses enfants, qu'elle négligeât ses autres devoirs de chrétienne, aussi le soin des pauvres tenait-il une large place dans l'emploi de son temps. De concert avec sa belle-sœur Rébecca qu'elle nomme « la sœur de son âme », elle visitait les malades, les indigents et ne craignait pas de pénétrer dans les réduits les plus infects et les plus sordides.

Par suite d'événements politiques dont nous n'avons pas à faire mention ici, l'Amérique subissait vers cette époque une crise commerciale qui fit sombrer bon nombre de fortunes. M. Seton père, qui était directeur de la banque de New-York, fut un des premiers atteints par le nouvel état de choses. Il mourut en 1798, et William, à peine âgé de trente ans, se vit placé à la tête d'une maison importante fortement ébranlée, et l'unique soutien de treize frères et sœurs, tous plus jeunes que lui. Moins énergique que la compagne que Dieu lui avait donnée et ressentant déjà les atteintes du mal qui devait le conduire au tombeau, William aurait peut-être succombé sous le poids de l'épreuve, si Élisabeth ne lui eût communiqué un peu de sa vaillance et de son espoir en Dieu. Elle n'était pas seulement le cœur qui aime, la voix qui console, elle se montrait également l'intelligence qui dirige et le bras qui agit.

Sur ces entrefaites, la fièvre jaune sévit à New-York et la jeune femme eut à trembler pour les jours de son père qui, tout entier à son devoir de médecin, ne quittait pas les vaisseaux contaminés. Atteint par le fléau, M. Bayley, après sept jours de maladie, fut ravi à la tendresse des siens.

Les larmes qu'elle répandit sur la mort de ce père chéri n'étaient pas encore séchées qu'Élisabeth dut s'occuper de la santé fortement ébranlée de William ; les forces de ce dernier semblaient décliner de jour en jour. Les médecins consultés et se voyant en présence d'un homme perdu, conseillèrent un long voyage en mer. Le malade accueillit cette proposition avec joie, et il fut décidé qu'il retournerait vers cette Italie où, plusieurs années auparavant, il avait séjourné au milieu d'amis sincères qu'il serait heureux de revoir.

Peu de jours avant ce départ, qui était pour elle une dure épreuve, Élisabeth écrivait à une amie les lignes suivantes, si pleines de foi: « ... Samedi est le jour fixé pour notre départ. Tout est prêt, tout est à bord. Nous nous appuyons sur Dieu, notre unique force; mon âme est remplie de reconnaissance envers lui, car assurément, avec tant de sujets que nous avons de renoncer à toutes nos espérances ici-bas, nous irons chercher naturellement, sans le moindre effort, notre repos là-haut. Mon Dieu, se peut-il bien que nous soyons là un jour, sans crainte d'être séparés jamais ! Je m'appuie sur une foi ardente et ferme en cette promesse, et alors je sens que tout est bien, que tout repose en la miséricorde de Dieu... Et maintenant je suis hors d'état de rien vous dire, si ce n'est que vous preniez souvent entre vos bras mes chers petits enfants, et encore que vous ne laissiez jamais vos pensées s'arrêter sur quoi que ce soit venant de moi qui aurait pu vous causer quelque peine... »

Le 2 octobre 1803, les deux époux et leur fille aînée Anna, âgée de neuf ans quittaient le port de New-York. Malgré sa résignation au bon vouloir divin, Élisabeth se sentait profondément triste ; elle laissait derrière elle quatre de ses enfants : les reverrait-elle jamais ?... Bientôt, elle reprit sa sérénité habituelle et nous lisons dans son journal : « Mon cœur est en haut, tout rempli de son trésor. Dans ma petite cabine, avec mon crucifix, je trouve paix et consolation. Dieu est avec moi : que pourrai-je craindre ? »

Le 18 novembre, après une traversée de sept semaines, au moment où les cloches sonnaient l'Ave Maria du soir, le vaisseau pénétrait dans le port de Libourne. Tout joyeux, les passagers s'apprêtaient à descendre à terre, quand on leur signifia que, venant d'une ville atteinte par la fièvre jaune, il leur faudrait faire au lazaret une quarantaine d'un mois. Personne ne fut plus atterré de cette nouvelle qu'Élisabeth, car son mari, dont l'état était loin de s'améliorer, réclamait des soins particuliers.

Afin de nous rendre un peu compte de la triste situation des arrivants, citons quelques passages de la lettre que la jeune femme écrit à sa belle-sœur Rébecca : « Une voix qui vous offrirait de vous dire en ce moment où est votre sœur, la sœur de votre âme, comme vous l'écouteriez avec avidité ! Eh bien ! vous ne pourriez plus dormir tranquille dans votre lit, si vous la voyiez comme elle est, sous les verrous, dans le coin d'une immense prison, n'ayant de jour que par une étroite fenêtre fermée d'un double grillage en fer. Si j'ai quelque chose à demander, c'est par là qu'il faut que j'appelle ; alors paraît la sentinelle, armée de pied en cap, qui se promène avec un long fusil, et tout cela parce qu'on veut se préserver de la terrible contagion qu'on suppose que nous avons apportée à New-York... Les excellents Filicchi nous ont envoyé de quoi dîner et plusieurs objets de première nécessité !... Maintenant William et Anna dorment sur des matelas qu'on a posés sur ce pavé froid. Je me confie en Dieu, espérant qu'après avoir donné à mon pauvre malade la force de résister à une telle journée, il nous assistera pour nous faire aller plus loin. Il est vraiment notre tout... »

Elle termine par ces admirables paroles ; « Que le Seigneur qui permet l'épreuve nous soutienne et nous fortifie ! Regarder autour de toi, cela jette en trop d'angoisse ; regardons en avant, vers le but et la récompense. »

Les sentiments chrétiens de William étaient une grande source de joie pour la pauvre affligée «... Il dit souvent : soit que je vive ou que je meure, je regarderai ce moment de ma vie comme un temps de bénédiction ; c'est le seul temps que je n'aie pas perdu. Jamais le moindre murmure. Oh ! avec un regard vers le ciel, c'est la seule manière de se plaindre que j'aie jamais entendue de lui... Souvent il parle de ses chers petits enfants, plus souvent encore du bonheur de ne faire avec eux qu'une famille au ciel... »

Elle est aussi grandement consolée par sa chère Anna qui montre une piété bien au-dessus de son âge et dont l'humeur douce et charmante ne se dément pas un seul instant, même pendant ces semaines de triste réclusion. Un jour elle dit à sa mère : « Une chose me trouble, maman ; Notre-Seigneur a dit que ceux qui désirent régner avec lui doivent souffrir avec lui. Moi, si je mourais maintenant, où donc irais-je ? Je n'ai pas encore souffert.

Et quand la chère petite s'exprimait de la sorte, elle avait à la poitrine une douleur très vive, et souffrait beaucoup.

Grâce aux démarches faites par leurs amis, la Filicchi, le temps de la quarantaine avait été abrégé de plusieurs jours ; le 19 décembre, les captifs virent s'ouvrir cette sorte de prison où ils avaient tant souffert, mais où Dieu leur avait ménagé d'ineffables consolations. Le médecin ne voulut pas que William restât à Libourne ; il l'envoya à Pise respirer un air plus doux. C'était trop tard, aucune puissance humaine ne pouvait sauver le malade, et à peine était-il arrivé dans la mélancolique cité qu'il prenait le lit pour ne plus le quitter.

« ... A sept heures et un quart, écrit Élisabeth, le 27 décembre, son âme a été délivrée, et aussi la mienne a été délivrée d'une agonie voisine de la mort... »

Revenue à Libourne avec ses amis italiens, la triste veuve se vit entourée d'autant de soins et de prévenances que l'amitié la plus délicate peut en suggérer. Mariés l'un et l'autre, les frères Filicchi avaient épousé des femmes vraiment dignes de leur être unies et qui, sous le rapport intellectuel et moral, ne leur cédaient en rien. Dans cet intérieur où toutes les vertus étaient pratiquées suivant le plus pur esprit du catholicisme, Élisabeth apprit à juger cette religion qui toujours lui avait inspiré une vénération inconsciente, et les entretiens qu'elle eut avec ses amis, très instruits des choses de la religion, achevèrent de ruiner les quelques préjugés que lui avait laissés son éducation protestante.

« ... Ah ! mon amie, lisons-nous dans une lettre à sa chère Rébecca, je n'imagine pas qu'on puisse avoir quelque peine en ce monde, quand on croit ce que ces chères âmes croient ! Pour moi, si je ne parviens pas à croire comme elles, ce ne sera certes pas faute de prier. Oh ! oui, ils doivent être presque aussi heureux que les anges ! »

Elle passa quatre jours à Florence et visita avec un vif intérêt les principales églises de cette belle cité. Dans l'église *Santa-Maria-Novella*, elle admira surtout une Descente de croix. Voici ce qu'elle écrit à ce sujet :

« ... Un tableau, la Descente de croix, représentée presque de grandeur naturelle, a fixé toute mon attention. Marie, debout au pied de la croix, est là véritablement transpercée par le glaive de la douleur. L'ombre de la mort sur sa figure agonisante contraste d'une manière saisissante avec la paix céleste répandue sur tous les traits du divin Rédempteur. Comme il me fut pénible de quitter ce tableau ! et depuis ce moment que de fois j'ai fermé les yeux pour le revoir dans mon imagination !... »

Le 8 avril 1804, après de déchirants adieux faits à la tombe de William, aux incomparables amis qui l'avaient accueillie comme une sœur bien-aimée, la pauvre veuve et sa fille Anna s'embarquaient pour New-York. Elles n'étaient pas seuls, Antonio Filicchi les accompagnait ; il n'avait pas voulu qu'Élisabeth demeurât livrée à elle-même durant cette longue traversée.

Sur le vaisseau qui la ramène dans sa patrie, la jeune veuve continue d'écrire son journal ; nous en détachons le passage suivant :
« ... Cette journée, nous l'avons passée tout entière en vue des Pyrénées. Je ne pouvais me lasser de les contempler délicieusement depuis leur base, noire comme le jais, jusqu'à leurs sommets éblouissants, couverts de neige et perdus au-dessus des nuages. Elle me parlaient si haut de Dieu ! Mon âme leur répondait involontairement dans le doux langage de la louange. Le paisible mouvement de la mer, si calme qu'on pouvait y voir comme en un miroir la cime blanche des montagnes, colorée des feux du soleil ; la lune qui apparaissait de l'autre côté du rivage ; plus encore ce doux état d'une âme en paix avec elle-même, d'une âme fidèle à son Dieu, tout cela a fait revivre en moi le souvenir des heures qui me furent le plus précieuses... »

A son arrivée dans sa ville natale, il y eut pour la jeune femme un moment de joie indicible, quand elle pressa sur son sein maternel les chers enfants dont elle était séparée depuis de longs mois ; mais Rébecca, la sœur de son âme qui eût dû guetter son retour, n'était pas là ; gisante sur un lit de douleurs, elle l'attendait pour mourir...

Ouvrons le journal : « ... Quand les teintes rosées de l'aurore commencèrent à resplendir au ciel, l'âme de Rébecca sembla se réveiller de cette torpeur qui précède souvent la mort et qui, s'étant appesantie par degrés sur elle, lui avait apporté du calme pendant la nuit. Elle me montra du doigt, juste en face de sa fenêtre, un léger nuage tout baigné de lumière et de soleil, et souriant d'un doux sourire : « Chère sœur, me dit-elle, si ce rayon de gloire est si délicieux, que sera donc la présence de notre Dieu dans le ciel ! »

« Celui qui sonde nos cœurs et qui connaît la source de nos tendresses les plus intimes, celui-là seul sait ce que j'ai perdu en la perdant. Mais la pensée du bonheur inexprimable qui sera son partage impose silence à la voix de la nature. Maintenant mon âme tend vers le but et vers la récompense de sa haute vocation dans le Christ Jésus. »

Élisabeth continue dans ce langage coloré, inimitable, qui n'est qu'à elle : « ... Chère, chère âme, nous ne prolongerons plus nos prières, à genoux l'une à côté de l'autre, jusqu'à l'heure de la chute du jour, et nos cœurs ne s'uniront plus pour soupirer après le Soleil de justice : il vous a déjà reçue dans la lumière qui ne s'éteint jamais. Vous ne redirez plus avec moi nos hymnes de louanges, les yeux fixés sur les astres des cieux : vous vous êtes réveillée aux joies éternelles... »

A cette époque, l'Amérique et surtout les États-Unis étaient imbus de préjugés invétérés contre la religion catholique, et les sectes dissidentes, toujours prêtes à en venir aux mains, s'unissaient en un seul point : la haine et le mépris à l'égard de l'Église romaine, aussi une violente tempête se déchaîna-t-elle contre la pauvre Élisabeth lorsqu'on sut qu'elle voulait abjurer. Tout fut mis en œuvre pour la dissuader : prières, menaces, objurgations du côté de sa famille, controverses, discussions du côté des pasteurs, étonnement douloureux, dédain plus ou moins déguisé de la part de ses amies et connaissances. Si bien trempée que fût l'âme de notre héroïne, elle éprouva, durant plusieurs mois, d'inexprimables tortures morales, et sa santé en fut gravement altérée.

Son âme, dans cette lutte angoissante, se tourne naturellement vers la Vierge Marie, que ses amis italiens lui ont appris à vénérer « ... Anna, écrit-elle, me caresse doucement pendant que nous disons notre prière du soir pour obtenir que je dise le « Je vous salue Marie », et les autres enfants s'écrient tous ensemble : Oh! apprenez-le nous! apprenez-le nous, chère maman!... Et moi je demande à mon Sauveur: Pourquoi ne le dirions-nous pas? S'il est quelqu'un au ciel, assurément ce doit être sa mère. Les anges qu'on nous représente souvent s'intéressant si fort à nous sur la terre, sont-ils plus compatissants, plus puissants qu'elle ne l'est.

O Marie, notre mère! Oh! non, il n'en est pas ainsi. C'est pourquoi, avec la tendresse et la confiance d'une de ses enfants, je la supplie d'avoir pitié de nous et de nous conduire à la vraie foi, si nous n'y sommes pas... »

Une si touchante prière pouvait-elle n'être pas entendue de celle que jamais on n'invoque en vain?...

Son ami Antonio était encore en Amérique; elle lui écrivait fréquemment de longues lettres, lui confiant ses doutes, ses incertitudes, et ce chrétien si parfait lui envoyait les avis les plus judicieux, les conseils les plus prudents, et essayait de lui redonner le calme et la paix.

Le 14 mars 1809, Élisabeth prononça son abjuration et, peu de jours après, dans la fête de l'Annonciation, elle eut le bonheur de recevoir son Dieu pour la première fois.

« ... Mon Dieu, jusqu'à mon dernier soupir, je me rappellerai cette veille passée dans l'attente de l'aube du matin, ce cœur agité, tremblant, si impatient de partir, cette longue course avant d'arriver à la ville; chaque pas me rapprochant de la rue, de l'église; plus près encore, de l'autel, plus près encore, du tabernacle où Il allait descendre pour prendre possession de cette pauvre, pauvre demeure si entièrement à Lui! Et, quand Il y fut venu, les premières pensées dont il me souvienne s'exprimèrent par ces paroles : « Que mon Dieu se lève et que tous ses ennemis soient dissipés! car il me semblait que mon Roi était venu pour prendre possession de son trône, tellement qu'au lieu de la bienvenue humble et tendre que j'avais pensé lui faire, je ne trouvais plus en moi qu'un sentiment de triomphe, de joie, d'allégresse, de ce que mon Libérateur était venu, mon défenseur, mon bouclier, ma force, mon salut pour ce monde et pour l'Éternité... »

A partir de son abjuration, la vie pour Élisabeth devint intolérable au milieu de ses proches ; tous se liguèrent contre elle, sauf sa plus jeune belle-sœur, Cécilia ; ainsi que nous l'avons dit plus haut, ses affaires étaient un peu embarrassées, et la mort prématurée de William n'avait pu qu'aggraver la situation. Loin de trouver dans sa famille une aide et un appui, elle n'y rencontrait que le mauvais vouloir le plus évident, et un héritage assez considérable qui devait lui revenir passa en d'autres mains. Afin d'élever ses chers enfants, elle résolut d'utiliser la brillante éducation qui lui avait été donnée et de fonder une école.

Au milieu de ses angoisses, de l'effondrement de ses espérances humaines, elle ne sentait que la joie d'être à Dieu davantage, et elle écrivait ce qui suit à Antonio Filicchi : « ... Vous m'avez amenée, mon cher ami, à la possession d'un bonheur qui ne souffre pas qu'on le décrive et qui s'accroît avec chaque jour, je devrais plutôt dire avec chaque instant. La paix qui remplit mon âme m'apporte une force, une résolution supérieure à tout ce qu'une créature si frêle aurait pu croire possible. »

En 1808, nous retrouvons notre pieuse convertie à Baltimore. La maison d'éducation qu'elle ouvrit dans cette ville eut un plein succès, et toutes les familles catholiques s'empressèrent de lui confier leurs enfants. Si bien remplie que fût la vie d'Élisabeth, par la prière, le travail, le soin de sa famille, elle ne se sentait pas le cœur à l'aise ; nature ardente et généreuse, elle voulait être toute à Dieu, et, sans savoir comment s'accomplirait son désir, elle rêvait une rupture complète et définitive avec le monde.

« ... Vous savez bien, écrivait-elle, au mois de janvier 1809, à Philippo Filicchi, que je ne cherche ni à me reposer, ni à m'arrêter, ni à fuir la pauvreté. Depuis longtemps déjà, les vœux que j'ai prononcés sont tels que je n'aurais qu'à les renouveler si je devenais une religieuse. La soif et la faim de mon âme n'ont qu'un seul et unique objet, la croix !... »

Sur ces entrefaites, un riche Américain offrit à M. Du Bourg, directeur du collège des Sulpiciens à Baltimore, une somme considérable, afin de fonder un orphelinat. Élisabeth était toute désignée pour se mettre à la tête de l'œuvre nouvelle ; dans le même temps, Dieu inspirait à plusieurs âmes d'élite le désir et la volonté de se placer sous sa direction. Provisoirement, la petite société prit le nom de Saint-Joseph, plus tard, quand les constitutions seraient définitivement établies, on changerait cette dénomination, s'il y avait lieu. Pour costume, les Sœurs avaient une longue robe noire avec un mantelet et un capuchon de même étoffe ; une sorte de chapeau en mousseline blanche empesée, une ruche plissée encadrant le visage leur servait de coiffure ; un bandeau de crêpe noir couvrait les cheveux au-dessus du front et venait se nouer sous le menton.

Dans le courant de cette même année 1809, la mère Seton, car tel est le nom qu'elle portera désormais, prononça, en présence de Mgr Carrol, évêque de Baltimore, une consécration en forme de vœu et, à partir de ce moment, sa vie ne fut qu'un long exercice de ferveur et de mortification.

Emmettsbury, la nouvelle résidence de la petite colonie, était un lieu enchanteur qui semblait disposé pour le plaisir des yeux ; les montagnes qui s'étageaient à l'horizon comme de vastes gradins, loin de prêter quelque chose d'austère au paysage et de lui enlever sa grâce, lui donnaient un aspect saisissant de grandeur et de majesté !

Les deux jeunes belles-sœurs qu'Élisabeth chérissait avec une si particulière tendresse et qui, toutes deux, avaient tant souffert pour la foi, Henriette et Cécilia, vinrent la rejoindre dans sa douce solitude : la première, d'une beauté merveilleuse, personnifiait la jeunesse et la grâce ; la seconde, atteinte dans les sources mêmes de la vie, semblait ne plus tenir à la terre. L'une et l'autre, immolant toutes leurs espérances terrestres, prirent place au milieu des novices, et, sans rien regretter de la vie large et aisée qu'elles menaient à New-York, elles embrassèrent joyeusement la mortification et la pauvreté.

La petite communauté entrait dans une phase difficile; la mère Seton faisait bâtir, et l'argent manquait. On dut se restreindre même sur les choses de première nécessité; les Sœurs ne mangèrent que du pain noir; le café et le thé furent supprimés. Au milieu de ces privations, les sœurs, saintement joyeuses, ne firent entendre ni une plainte ni un murmure.

Le 22 décembre, Henriette Seton, qui paraissait rayonnante de santé et de vigueur, mourut, après une courte maladie, dans des sentiments admirables de piété. Sa sœur Cécilia lui survécut seulement quelques semaines. Peu de jours après ce dernier deuil, la mère Seton écrivait à une de ses amies protestantes :

« Ma bien-aimée Henriette, mon ange Cécilia reposent dans le bois, tout à côté de moi. Les enfants et plusieurs de nos bonnes sœurs qu'elles aimaient si tendrement font croître des fleurs sur leurs tombes. Le petit enclos qui les renferme est l'endroit qui m'est le plus cher au monde. Je suis loin d'être privée d'elles, autant que vous pouvez le penser, car, avec ce que vous appelez mes folles idées, il me semble que je les ai toujours autour de moi. D'ailleurs, le temps de la séparation ne sera pas long... »

En 1812, la nouvelle communauté fut organisée d'une façon régulière et d'après les statuts des Sœurs de Saint-Vincent-de-Paul. A l'unanimité, Élisabeth fut élue supérieure. Il avait fallu pour cela un règlement spécial, car notre héroïne, mère, tutrice de cinq enfants, n'était pas dans les conditions où les veuves sont reçues à la profession religieuse. Entièrement soumise à la volonté divine, si rigoureuse qu'elle pût paraître, la pieuse convertie avait accepté d'avance les sacrifices, quels qu'ils fussent, compatibles avec ses devoirs de mère qui lui semblaient sacrés entre tous.

Sa fille aînée qui, bien que fort jeune alors, avait été jadis au lazaret de Livourne, une compagne si douce et si précieuse pour sa mère, était âgée actuellement de seize ans. C'était une jeune fille délicate et jolie, aussi remarquable par l'élévation de son intelligence que par son angélique piété et dont l'âme était en quelque sorte le reflet de l'âme maternelle. Depuis un an, elle nourrissait le désir de se consacrer à Dieu ; à la fin de l'année 1811, elle entrait au noviciat et édifiait toutes ses compagnes par sa régularité et sa ferveur si communicative. Le noviciat ne devait être pour elle qu'un court passage : l'époux divin qu'elle s'était choisi la conviait aux noces éternelles. Dans le courant de l'hiver, à la suite d'un refroidissement, elle prit le lit qu'elle ne devait quitter que pour son cercueil.

Durant les longues semaines de l'impitoyable maladie qui la conduisait au tombeau, la douce Anna n'exprima qu'un désir : mourir Sœur de Charité! Son vœu fut exaucé et, la veille même de sa mort, elle prononça les engagements solennels qui la rendaient l'épouse de son Maître bien-aimé. Le lendemain, 12 mars 1812, les vierges du Paradis comptaient une sœur de plus...

Élisabeth avait vu mourir son père, elle avait fermé les yeux à son William, répandu des larmes amères sur la dépouille de ses sœurs chéries : Rébecca, Henriette et Cécilia, mais cette dernière épreuve était au-dessus de toutes les douleurs précédentes, et sans sa foi presque surhumaine, elle y eût succombé.

« ... Le départ de mon ange a laissé dans mon âme une impression si nouvelle pour moi et si profonde que, si je n'étais pas obligée de vivre en ces chers petits qui me restent, je mourrais en elle sans le vouloir. Certainement, sans le vouloir, car jamais, par un acte libre de ma volonté, je ne consentirais à regretter l'accomplissement de la volonté de Dieu... »

L'aîné de ses fils, William, atteignait sa dix-neuvième année, il était temps de lui choisir une carrière. Le jeune homme souhaitait entrer dans la marine, mais sa pieuse mère ne pouvait se résoudre à donner son consentement et à le voir non seulement dans un milieu hostile à sa foi, mais encore privé de tout secours religieux. Elle le confia à un ami qui partait pour l'Europe et qui le conduisit en Italie, chez les chers Filicchi.

La vie religieuse, avec ses devoirs austères, était loin d'avoir tari en Élisabeth la tendresse qu'elle portait à ses chers enfants ; jamais peut-être elle ne les avait plus aimés ; on peut s'en convaincre par le passage suivant d'une lettre à Antonio Filicchi :

« ... Vous avez non seulement reçu mon William, mais reçu de telle façon qu'il me dit que tout ce qui est possible pour le rendre heureux vous le faites. Je ne puis pas cacher à Notre-Seigneur, mais il faut que je cache à tous les yeux, les larmes sans fin qui se mêlent aux actions de grâces intarissables qui débordent de mon cœur, quand je pense qu'il est à l'abri pour sa foi sous votre protection... Que je l'aime tant, c'est ce dont je ne saurais rendre compte ; mais ce dont vous êtes cause, mon Antonio, c'est de toute cette faiblesse. Ayez compassion d'une mère qui est attachée à ses enfants par des motifs aussi particuliers que les motifs qui m'attachent aux miens. Je cherche à épurer ce que je sens pour eux autant que je le puis. Notre-Seigneur sait bien que c'est uniquement leur âme que j'ai en vue... »

Quels accents magnifiques ! et que cette affection sainte, quoique si ardente, ressemble peu à l'idolâtrie des mères de notre époque dégénérée !

La mère Seton n'avait pas encore gravi tous les degrés de son calvaire. Dieu, qui lui avait repris une de ses filles, allait bientôt lui en demander une autre. L'année même de la mort de sa sœur Anna, la petite Rébecca, âgée seulement de dix ans, s'était blessée en tombant ; à partir de ce jour, elle devint faible, languissante, et sa santé s'altéra gravement. Sans prévoir le coup qui la menaçait, Élisabeth était très inquiète du dépérissement de l'enfant ; elle la fit soigner et, durant quelque temps, le mal parut être enrayé.

Quatre ans plus tard, nous retrouvons la pauvre Rébecca sur un lit de douleurs et ne pouvant goûter un instant de repos ni jour ni nuit. Parfois, ses souffrances étaient intolérables et toutes avaient leur contre-coup dans le cœur de sa pauvre mère. Le 1ᵉʳ novembre 1816, la chère petite alla célébrer la fête de la Toussaint au Ciel...

Trois semaines plus tard, la mère Seton faisait part à son fils William de ce nouveau deuil. « ... C'est dans les bras de sa mère, c'est sur ce cœur qui l'aimait tant qu'elle a rendu le dernier soupir. Neuf semaines, nuit et jour, je l'ai tenue entre mes bras; bien souvent, prenant ma nourriture avec une main, derrière son oreiller, tandis qu'elle reposait sur mes genoux. Dans ses souffrances, elle ne trouvait ni trêve ni soulagement qu'en sa mère bien-aimée, en sa pauvre mère. J'étais si heureuse de souffrir avec elle. Je n'ai pas eu un seul moment conscience de fatigue ni de mal... »

Dans une autre lettre écrite vers la même époque, nous remarquons ces belles paroles, empreintes d'une résignation presque joyeuse. « ... Le cœur en haut, le cœur en haut ! très chère amie. Point de tristes et vains regrets. Regardez-la où elle est aujourd'hui : cela imposera silence à tout. »

Mgr de Cheverus, qui était un père pour son âme, vint, un mois environ après ce nouveau deuil, apporter à la pauvre mère le tribut de sa pieuse sympathie : aucune consolation humaine ne pouvait lui être plus douce, plus efficace. Ce fut comme un rayon de soleil au milieu d'une nuit sans étoiles.

Peu après être rentré dans son diocèse, le digne prélat lui envoyait les lignes suivantes : « Vos excellentes Sœurs, leurs élèves si édifiantes, la Mère avec ses enfants du ciel et ses enfants d'ici-bas sont dans mon cœur et dans mes prières pour y demeurer à jamais. »

L'œuvre fondée par Élisabeth Seton prenait de jour en jour une plus grande extension ; non seulement les établissements d'Emmetsburg et de Philadelphie étaient en pleine prospérité, mais, en voyant les résultats obtenus, les catholiques de New-York demandèrent qu'on leur envoyât des Filles de la Charité. La mère Seton répondit à cet appel ; elle désigna plusieurs religieuses très capables, afin de fonder un orphelinat dans cette ville qui, dix années auparavant, l'avait presque rejetée de son sein.

En 1817, elle eut la joie d'embrasser son fils aîné William ; celui-ci vit enfin se réaliser son plus vif désir, et il fut admis comme aspirant sur un des vaisseaux de l'État. Richard, le plus jeune des enfants Seton, alla reprendre à Livourne la place que son frère laissait vide. En Italie, la mort avait également fait des vides : Philippo Filicchi n'était plus... On a pu le voir déjà, la gratitude qu'Élisabeth ressentait pour les amis qui l'avaient aidée à embrasser la vraie foi et qui, depuis, s'étaient montrés si dévoués, si généreux à son égard, loin de s'affaiblir, semblait croître d'année en année. Nous en avons une preuve indéniable dans cette prière héroïque qu'elle adressait à Dieu, deux ans à peine avant sa mort :

« ... Ce matin, écrivait-elle à Antonio Filicchi, à mon heureuse communion de ce jour — 29 juin 1819 — tant d'effusions ont rempli mon cœur que le seul moyen qu'il a trouvé d'exprimer sa gratitude a été de demander à Notre-Seigneur non seulement de récompenser pleinement mon Antonio de ses soins et de ses peines pour moi, mais encore de m'accorder, ah ! avec quelle ferveur je lui ai fait cette demande ! de souffrir à votre place tout châtiment que vous auriez pu encourir pour quelque péché que ce soit en votre vie, afin que je puisse au moins vous rendre quelque chose de cette dette immense que je vous dois, et sous tant de formes... »

Vers cette époque, sans avoir de maladie bien caractérisée, la sainte religieuse était faible, languissante, et, pour tous ceux qui la voyaient ainsi, il était certain qu'elle s'acheminait lentement vers les rivages éternels. Plus que jamais, elle était unie à Dieu, le suprême amour de sa vie, et sa prière ne cessait point. Elle s'entretenait avec les chères âmes qui l'avaient précédée dans la Patrie et aspirait à le rejoindre ; toutes ses pensées, tous ses désirs convergeaient vers la mort et vers l'éternité.

« ... L'éternité, oh ! comme elle me paraît proche maintenant ! Oh ! qu'il durera longtemps ce beau jour sans nuit ! Qu'elle durera longtemps cette belle nuit sans jour ! »

« Je ne souffre pas, disait-elle. Je suis faible, il est vrai, mais chaque jour se passe si calme et si heureux ! Si c'est là le chemin qui mène à la mort, rien de si paisible ni de si doux. Mais dussé-je en revenir, que c'est une chose délicieuse de reposer entre les bras de Notre-Seigneur ! Je n'ai jamais si bien senti la présence de ce Seigneur bien-aimé que depuis que je suis malade. C'est comme si je le voyais, lui, le bon Jésus et sa sainte Mère, ici, continuellement assis à mes côtés, sous une forme visible pour me consoler, me récréer, m'encourager, à toutes les heures de ma longue et pénible souffrance... »

Sa bonté, son égalité d'humeur, la grâce et l'aménité de ses manières ne se démentirent point un seul instant. Elle accomplissait avec un soin extrême tous les points de la règle qui pouvaient s'allier avec son état de souffrance, acceptant avec une humble reconnaissance les adoucissements qui lui étaient prescrits. A la période d'anémie et de dépérissement succédèrent bientôt des douleurs aiguës ; la malade n'en conserva pas moins sa douceur et son calme ordinaires. Le 4 janvier 1821, après avoir reçu le secours de la religion avec une angélique piété, la mère Seton rendit sa belle âme à Dieu. Elle n'avait pas encore quarante-sept ans.

MADAME DE CHATEAUBRIAND

1775-1847

Le château de Combourg.

MADAME DE CHATEAUBRIAND

Les génies sont de sublimes égoïstes. » Nous ne serions pas étonnée qu'en écrivant cette boutade l'auteur eût songé à Chateaubriand. Égoïste, il l'était jusque dans les moelles, mais avec une naïveté inconsciente, à la façon des enfants, ce qui désarmait ses amis, et faisait dire au meilleur de tous, à Joubert : « Ce bon garçon, nous l'aimerons toujours, coupable ou non coupable ; dans le premier cas, nous le défendrons, dans le second cas, nous le consolerons. » Marié par ses sœurs, sans que son cœur eût parlé, il délaissa dix ans celle qui portait son nom, et ne la rappela près de lui qu'à l'époque où, ministre et ambassadeur, le décorum exigeait qu'il vécût régulièrement.

Perdue dans les rayons de gloire qui auréolaient son illustre époux, M{ᵐᵉ} de Chateaubriand passa inaperçue, sauf de quelques vrais amis qui avaient pu l'apprécier et, parmi les femmes des grands hommes, aucune peut-être n'est plus inconnue, et aucune ne méritait moins de l'être. C'est en parcourant les lettres de la vicomtesse que nous faisons ces réflexions ; à chaque ligne, presque à chaque mot, étincelle l'esprit le plus alerte, le plus original, le plus français qui se puisse voir. Un excellent juge en matière littéraire, Joubert, que nous citions plus haut, a écrit quelque part : « Si *le Publiciste* — journal de l'époque — lisait les lettres de Mme de Chateaubriand, il les trouverait de bon goût et dignes de ses feuilletons. »

En parlant de sa femme, l'auteur de René lui décerne l'éloge suivant, et nous pouvons l'en croire, car l'affection très calme, très mesurée qu'il lui portait n'était pas capable d'égarer son jugement. En lui rendant ainsi justice, il apaisait sa conscience et n'était pas éloigné de se croire le modèle des époux.

« Je ne sais s'il a jamais existé une intelligence plus fine que celle de ma femme ; elle devine la pensée à naître sur le front ou sur les lèvres de la personne avec qui elle cause. D'un esprit original et cultivé, elle écrit de la manière la plus piquante et raconte à merveille... »

Outre sa vive intelligence et ce je ne sais quoi aristocratique qu'elle tenait de sa naissance et de son éducation. Mme de Chateaubriand possédait une âme éprise du beau et du bien, un cœur tendre, compatissant, prompt à s'intéresser au malheur et à lui venir en aide.

Sa piété sincère servait de correctif à un esprit caustique et railleur qui se fût laissé facilement aller aux réparties mordantes. Nous n'en voulons pour preuve que cette phrase adressée à Mme Joubert.

« ... Pour moi, je voudrais qu'on n'employât du papier qu'à mettre des papillottes et à faire des romans... Je viens de biffer deux lignes qui étaient méchantes et même un peu diaboliques ; vous vous en seriez réjouie, vous, M. Joubert s'en serait fort scandalisé... »

Née à Saint-Malo, en 1775, Céleste de Lavigne perdit ses

parents de bonne heure et fut confiée aux soins de son aïeul paternel ; elle se lia très étroitement avec Mlles de Chateaubriand, surtout avec Lucile, la sœur préférée du poète. Quand ce dernier revint d'Amérique, il se trouva naturellement en rapport avec Mlle de Lavigne, qui était alors une jeune fille svelte, blonde, pleine de charme et de distinction. Elle possédait une fortune de six cents mille francs qui relevait encore les agréments de sa personne et n'était point à dédaigner, même pour un poète. Nous ne voulons pas insinuer que cet avantage seul décida le mariage, mais qui oserait dire qu'il n'y ait pas contribué ?...

On était en 1792, et le mariage religieux, célébré par un prêtre non assermenté, eut lieu secrètement. Un oncle maternel de Céleste, ardent démocrate, dénonça les deux époux comme ayant violé les lois nouvelles de leur pays. Un procès s'ensuivit, et la jeune femme, en attendant l'arrêt des tribunaux, fut enfermée à Rennes, au couvent de la Victoire ; Lucile, sa belle-sœur, qui l'aimait avec passion, courut partager cette demi-captivité.

Enfin tout s'arrangea, et les jeunes époux quittèrent la Bretagne pour rejoindre à Paris le comte de Chateaubriand, l'aîné de la famille. Au bout de quatre mois, l'inquiet et aventureux René s'enrôlait dans l'armée des Princes et faisait partie de la septième compagnie bretonne. Sa femme revint au château de Combourg, avec sa belle-mère et ses belles-sœurs. Elles n'y demeurèrent pas longtemps en paix ; le tribunal révolutionnaire les fit incarcérer à Rennes ; elles furent détenues treize mois et ne recouvrèrent leur liberté qu'au 9 thermidor. Pendant cette longue captivité, Céleste, malgré sa jeunesse et son apparence délicate, fit preuve d'une force d'âme et d'une énergie admirables.

Le vicomte, blessé à Thionville, passa en Angleterre, puis, ressaisi de la fièvre des voyages, il visita de nouveau l'Amérique, et ne rentra en France qu'après le 18 brumaire. Sa femme était presque toujours avec Lucile de Chateaubriand qui, mariée à M. de Caud, le perdit après une courte union. Les terribles scènes qui avaient passé sous les yeux de la pauvre Lucile, le départ du frère qu'elle chérissait le plus, la mort de sa sœur Julie avaient surexcité sa nature impressionnable à l'excès; elle était devenue fantasque et bizarre. Tous ceux qui l'approchaient lui semblaient des ennemis ; elle se montrait violente, impérieuse en toute occasion ; elle rendait la vie insupportable à ses proches, surtout à Mme de Chateaubriand, qui n'osait la contrarier et se soumettait à ses caprices les plus déraisonnables.

La situation pécuniaire de la pauvre exaltée était loin d'être brillante; sa belle-sœur, avec une exquise délicatesse, s'efforçait de lui venir en aide et cachait ses bienfaits avec le même soin que d'autres dérobent leurs mauvaises actions.

A la fin de l'année 1801, ou au commencement de l'année 1802, Mme de Chateaubriand vint à Paris où son mari l'avait appelée, mais ce fut seulement trois ans plus tard que les époux reprirent l a vie commune. Après la mort, à Rome, de la douce Pauline de Beaumont, qui avait reçu de ses amis l'appellation poétique d'*Hirondelle*, Chateaubriand, dégoûté de l'existence, en proie à une crise aiguë de cet inexorable ennui qui était le fond de sa vie, ne savait à quel parti s'arrêter, quand ses amis lui obtinrent une position indépendante, en le faisant nommer ministre à *Sion*, dans le *Valais*. Il rentra en France, par le chemin des écoliers, et visita toute l'Italie méridionale.

Le nouveau ministre, très occupé de sa réunion avec la vicomtesse, recevait les félicitations de ses connaissances, au sujet de sa nomination, lorsqu'il entendit crier la mort du duc d'Enghien. Ce tragique événement réveilla les sentiments royalistes qui sommeillaient dans le cœur du noble breton; sous le coup de l'indignation, il rédigea immédiatement sa démission. Mme de Chateaubriand, dont la nature généreuse et impressionnable vibrait à tout élan chevaleresque, donna sa complète approbation à cet acte courageux, quoi qu'elle ne se dissimulât point combien il était dangereux de braver Bonaparte. Les deux époux quittèrent l'appartement qu'ils avaient à peine occupé et vinrent se cacher dans un petit hôtel de la rue de Miromesnil.

Ce fut en cette année — 1804 — que Mme de Chateaubriand vit, pour la première fois, M. et Mme Joubert qui devaient tenir une si grande place dans sa vie et dans son cœur. Ceux-ci éprouvèrent tout d'abord une vive sympathie pour la femme distinguée qui leur était présentée, sympathie qui ne tarda pas à se changer en une étroite et sincère amitié. Le temps et surtout les cruelles épreuves qui avaient été son partage avaient imprimé leur stigmate sur le visage de la vicomtesse: la fraîcheur qui l'embellissait naguère était remplacée par une pâleur transparente qui saisissait, mais la vivacité du regard, la grâce et la fine malice du sourire, l'allure tantôt gaie et sémillante d'une petite fée, tantôt fière et imposante d'une princesse, faisaient encore de Mme de Chateaubriand une très agréable personne.

A la fin de cette même année, nous retrouvons les deux époux, à Villeneuve; c'est là, près de leurs amis, qu'ils apprirent la mort subite de Mme de Caud, la pauvre Lucile. «... Le pauvre garçon, écrit à cette occasion Joubert, a perdu depuis dix-huit jours sa sœur, également regrettée de sa femme et de lui, également honorée de l'abondance de leurs larmes. Ils ont l'affliction du monde la plus sincère et la plus raisonnable... »

En 1805, la santé toujours chancelante de la vicomtesse l'obligea de faire une saison à Vichy; elle mit à profit ce déplacement forcé pour soustraire momentanément M. de Chateaubriand à ses soucis politiques. Ensemble, ils visitèrent — et à cette époque, au lieu de partir et d'arriver, on voyageait réellement — l'Auvergne, une partie de la Savoie et la Grande-Chartreuse. Au moment où nos voyageurs venaient de quitter le couvent, ils furent surpris par un orage épouvantable, tel qu'il en éclate dans les pays montagneux.

«... Mme de Chateaubriand, intrépide à force de peur, lisons-nous dans les *Mémoires d'outre-tombe*, galopait à travers les cailloux, les flots et les éclairs. Elle avait jeté son parapluie pour mieux entendre le tonnerre, et le guide lui criait : « Recommandez votre âme à Dieu, au nom du Père, du Fils et du Saint-Esprit !.. »

Dix-huit mois plus tard, M. de Chateaubriand, qui avait déjà écrit plusieurs chapitres des *Martyrs*, voulut, avant de poursuivre, visiter les lieux où se déroule cette admirable épopée. Au mois de juillet 1806, il quitta Paris avec Mme de Châteaubriand qui devait l'accompagner jusqu'à Venise. En arrivant dans cette ville, la spirituelle vicomtesse adresse à Mme Joubert une lettre où elle fait de Venise une description des plus humoristiques.

« Je vous écris à bord du *Lion d'or*, car les maisons ici ne sont autre chose que des vaisseaux à l'ancre. On voit de tout à Venise, excepté de la terre. Il y en a cependant un petit coin, qu'on appelle la place Saint-Marc, et c'est là que les habitants vont se sécher le soir... »

Elle est préoccupée du départ prochain de son mari, aimé si passionnément, malgré sa quasi-indifférence ; elle exprime d'une façon mélancolique le chagrin qu'elle éprouve de cette séparation inévitable.

« ... Il est tout glorieux aujourd'hui, parce qu'il a trouvé une nouvelle traduction de son ouvrage qui s'imprime ici. Pour moi, je ne suis que triste, puisque je vais bientôt le perdre. Je ne resterai point en Italie, j'y suis trop loin de vous. Je vous ai quittés pour quelqu'un que j'aimais mieux que vous, mais maintenant n'êtes-vous pas, dans le monde qu'il m'est permis d'habiter, les personnes que j'aime le mieux ?... »

Dans cette lettre, plus encore que dans les autres que nous connaissons, cette aimable femme se peint tout entière, avec son esprit brillant et son cœur si tendre. La seconde missive, écrite trois jours plus tard, est tout aussi charmante.

« ... J'écrirai à M. Joubert quand ma tête sera un peu remise. Aujourd'hui je suis accablée du départ de M. de Chateaubriand et frappée du sirocco. Ce vent vous coupe bras et jambes. Quand il souffle, un Italien ne peut vous dire autre chose que : *sirocco sirocco ;* et vous lui répondez *sirocco, sirocco.* Avec ce mot, pendant l'été, à Venise, vous savez tout autant d'italien qu'il en faut pour la plus longue conversation... »

Au mois d'avril suivant, elle est installée à Paris, l'esprit toujours absorbé par la pensée du cher absent qui se passe si bien d'elle. Elle écrit à M. Joubert : « ... Point de nouvelles du voyageur. On me donne ici autant de mauvaises raisons que j'en veux pour me prouver que cela ne doit point m'inquiéter. Ensuite vient la raison par excellence : que voulez-vous qu'il lui arrive ? Hélas ! ce qui arrive tous les jours, de mourir... Au reste, ne vous inquiétez pas trop de ma solitude ; votre frère me tient bonne et fidèle compagnie. MM. Pasquier et Molé ne m'abandonnent pas trop, la chère comtesse pas assez, et le président (M. de Fontanes) a eu le courage de venir déjà deux fois s'ennuyer avec moi de la meilleure grâce du monde... »

La chère comtesse faisait partie des *Madames* au sujet desquelles Mme de Chateaubriand raillait et taquinait son mari, afin peut-être de voiler ainsi les meurtrissures de son cœur.

Au moment où elle se préparait à revoir ses amis de Bourgogne — 30 août 1806, — sa malle fut volée, et il lui fallut revenir sur ses pas, elle était déjà à Charenton, pour faire des réclamations, et courir, ainsi qu'elle le dit plaisamment, « du commissaire à la grande police, de la grande police à la petite, et de la petite je ne sais où ».

Elle termine de la manière suivante : « ... Julie (sa femme de chambre) jette les hauts cris ; elle regrette surtout une chanson qui était dans la poche de son tablier noir ; elle a donné cela comme renseignement au commissaire de police. Il faut que je reste ici pour rhabiller cette princesse qui a perdu beaucoup plus de choses qu'elle n'en possédait et pour m'acheter des chemises... »

Elle devait rester deux ou trois mois en Bourgogne. « Nous la consolerons de notre mieux, » écrivait le bon Joubert ; mais elle tomba assez gravement malade chez ses amis, et son séjour se prolongea de telle sorte qu'au retour de son grand voyage à Jérusalem, Chateaubriand l'y retrouva encore. C'est sous le toit hospitalier de Joubert qu'il acheva les *Martyrs* et qu'il composa les premiers chapitres de l'*Itinéraire à Jérusalem*.

Depuis plusieurs années, le grand écrivain, qui aimait à faire des projets, caressait l'espoir d'acheter une maison de campagne, non loin de Paris. En 1807, il se rendit acquéreur de la Vallée au Loup, située près de Sceaux, et qui appartient aujourd'hui au duc de Larochefoucaud-Bisaccia. « Ces gens-là, lisons-nous dans la correspondance de Joubert, sont absorbés par leur Vallée au Loup, et moi aussi. »

Par une coutume qui datait du règne précédent, les personnes intimes se donnaient entre elles des surnoms; c'est pourquoi Mme de Chateaubriand, en parlant de son mari, l'appelle presque toujours le *chat*, soit à cause de la première syllabe de son nom, soit parce que son écriture, complètement illisible, semblait tracée par quelque griffe féline; elle-même était la *chatte*, M. Joubert, alors que sa santé le permettait, grand amateur de longues promenades, le *cerf*, et sa femme qui, parfois, montrait une certaine sauvagerie, se laissait volontiers surnommer le *loup*.

Ainsi qu'il arrive presque toujours, les nouveaux propriétaires, très charmés d'abord de leur acquisition, ne tardèrent pas à se blaser sur les beautés du paysage. Dans une lettre sans date, mais évidemment écrite en hiver, Mme de Chateaubriand s'épanche avec ses amis de Bourgogne.

« La campagne n'est pas soutenable; pas une feuille, pas un brin d'herbe. De quoi vous parlerai-je ? De la pluie et du beau temps ? Du beau temps, il n'en est pas question : il fait un temps horrible; pour la pluie, nous savons ce qu'en dire, car, Dieu merci ! elle n'a pas cessé de tomber depuis que nous sommes dans la Vallée, ce qui nous rend assez tristes et maussades et nous fait pousser quelques soupirs vers Paris. Dans quinze jours, nous y serons, j'espère, ce qui me fera plaisir, je l'avoue à vous seulement, car, comment oser dire que je m'ennuie à Val-de-Loup, avec M. de Chateaubriand? Je me ferais arracher les yeux par une dizaine de femmes, et le cœur même, si, après un tel aveu, elles ne soupçonnaient d'en avoir un... »

M. Joubert, qui longtemps avait habité Paris et aimait à se tenir au courant des choses politiques et littéraires, séjournait dans la capitale une partie de l'hiver; il demeurait non loin de ses bons amis les *chats*, et, chaque soir, on se réunissait chez ces derniers avec MM. de Fontanes, Clausel de Coussergues, etc. Un soir qu'il n'avait été question que de lycées, de collèges, de réformes d'enseignement, la maîtresse de céans, énervée de cette conversation par trop universitaire, s'écria, parodiant un vers bien connu :

« L'ennui naquit au jour de l'Université. »

A propos de M. de Clausel, citons le passage suivant où Mme de Chateaubriand en parle d'une façon si amusante : « ... Ah! que tous ces jours-ci j'ai regretté mon serviteur Clausel. Car, vous le savez, hors le lundi qu'il consacrait aux affaires de sa province, le mardi à Cambacérès, le mercredi à M. de Montesquiou, le jeudi au Cercle, le vendredi à l'abstinence, le samedi à la pénitence et le dimanche à Dieu, le reste de son temps était à mon service... »

Lorsque la vicomtesse était en villégiature ou même lorsqu'elle habitait Paris, et que ses amis Joubert y étaient également, elle leur envoyait, à tout propos, de courts billets, soit pour s'informer de leur santé, soit pour les inviter à dîner, soit enfin pour le seul plaisir de leur écrire. Dans ces causeries de quelques lignes, on retrouve sa vivacité d'esprit et sa verve habituelle.

A Mme Joubert : « Je vous envoie le roman de Mme de Genlis. Je l'ai lu, ainsi lisez-le à votre aise, et faites durer l'ennui aussi longtemps que vous voudrez. Pourquoi M. Joubert est-il venu hier soir? Il m'avait assuré le matin qu'il ne sortirait pas de la journée; voilà à présent qu'il devient capricieux! S'il n'y prend garde, en peu il me ressemblera à faire peur, car on ne saurait se dissimuler qu'il est déjà hargneux et haineux comme moi... »

Et le début de celui-ci, toujours à la même : « Mon chat n'est bon à rien, pas même à manger les souris. Il devait aller hier réclamer le cerf et le sommer de venir manger le plus excellent des foies de veau, point du tout ; il est allé courir de Madame en Madame jusqu'à cinq heures et ne s'est souvenu de sa commission qu'au moment où mes grandes fureurs ont éclaté contre lui et contre votre époux sans foi... »

A M. Joubert : « Il me paraît que nous sommes fâchés ; il n'y a pas de mal à cela, mais, ce qui m'embarrasse, c'est comment nous ferons pour nous raccommoder, car nous avons tort tous les deux. En attendant, détestons-nous donc, rien de mieux, mais voyons-nous pour avoir le plaisir de nous le dire. »

Quand les Bourbons rentrèrent en France, Louis XVIII, qui cependant aimait peu Chateaubriand, fut obligé de le récompenser pour sa brochure, *Bonaparte et les Bourbons*, brochure publiée à un moment où il fallait un certain courage pour se déclarer royaliste. Il fut nommé pair de France et ambassadeur à Stockolm ; en le désignant pour ce poste honorable, mais lointain, le roi n'était peut-être pas fâché de se débarrasser de lui : « Ces gens-là, disait-il, en parlant des poètes, ne sont bons à rien. »

Au moment où le nouvel ambassadeur allait se rendre à son poste, Napoléon quittait l'île d'Elbe ; il ne pouvait donc plus être question de départ.

En 1816, nous retrouvons Mme de Chateaubriand à la Vallée-au-Loup ; son mari ne fait que d'être nommé ministre et déjà se presse autour de lui un cortège de solliciteurs, dont un certain nombre sont des compatriotes. La vicomtesse raconte plaisamment à ses amis de Villeneuve l'envahissement de sa demeure.

« ... Je vous dirai, pour décharger ma rage, que depuis un mois nous sommes assiégés des Bretons les plus bretonnants. Il nous en est arrivé deux avant-hier pour dîner : c'étaient le père et le fils; le père est en enfance depuis dix ans, et le fils fou depuis qu'il est au monde. Aussi il n'y a sorte de gentillesses qu'ils n'aient faites ici tout le jour : le père courait les champs nu-tête, par une pluie horrible ; le fils courait après le père, et le cherchait en l'appelant comme on appelle les chiens à la chasse, et quand il l'avait trouvé, il se perdait à son tour ; enfin, à l'heure du dîner, ils étaient perdus tous les deux, et on les chercha vainement jusqu'à sept heures du soir, qu'on les trouva gambadant dans le potager, après s'être remplis de vin comme des paniers de vendange... »

Vers cette époque, M. de Chateaubriand, dont l'esprit ne pouvait rester en repos, publie, à l'occasion d'une nouvelle loi électorale, un ouvrage qui fut saisi par l'ordre du duc Decazes ; l'auteur, récemment nommé ministre d'État, perd non seulement cette dignité que l'on croyait inamovible, mais la pension qui y était attachée. Cette disgrâce, jointe à d'autres revers, ne lui permet plus de garder la Vallée-au-Loup, et il lui faut chercher à Paris une demeure assez modeste.

Quoique Mme de Chateaubriand doive souffrir de ce nouvel état de choses, elle plaisante avec beaucoup de verve sur les difficultés de son installation. « ... Voilà le plaintif Lemoine qui m'écrit pour me dire qu'il ne peut nous trouver de maison à moins de trois ou quatre mille francs. S'il faut en prendre une à ce prix et payer la voiture du pair, du reste, nous irons dîner chez nos amis, et pour le vêtement nous ferons ce qu'un honnête Breton recommandait à sa fille qui lui demandait des chemises : nous nous parerons de notre modestie et de notre innocence... »

« ... Vous nous trouverez rue du Bac, écrit-elle à M. Joubert, dans un hôtel de belle apparence et dans un appartement loué par Lemoine, où il ne manquait, lors de notre arrivée, qu'une cuisine, une cave, des chambres de domestiques, une remise et une des portes d'entrée. Nous avons obtenu quelques-unes de ces bagatelles... »

A la fin de cette année 1817, elle fait une grave maladie : catarrhe, rougeole, etc.; dès qu'elle est un peu mieux, elle s'empresse de rassurer les excellents Joubert. Remarquons dans cette lettre la façon touchante dont elle parle de son mari et combien l'affection la rend aveugle :

« ... Le bon chat est à la messe ! j'ai peur quelquefois de le voir s'envoler vers le ciel, car, en vérité, il est trop parfait pour habiter cette mauvaise terre, et trop pur pour être atteint par la mort. Quels soins il m'a prodigués pendant ma maladie ! Quelle patience ! Quelle douceur ! Moi seule je ne suis bonne à rien dans ce monde. Cependant, quand on ne vaut rien du tout, on n'a pas des amis comme ceux que j'ai... »

Dans les années qui suivirent, les fluctuations de la politique et les changements de ministère envoyèrent M. de Chateaubriand, comme ambassadeur, d'abord à Berlin, puis à Londres. Sa femme ne le suivit point dans ces résidences lointaines, d'autant plus que la mer lui causait une horreur invincible. En 1828, quand il fut nommé près le Saint-Siège, elle l'accompagna. Ce fut avec un serrement de cœur profond que nos voyageurs traversèrent Villeneuve où leur ami n'était plus pour les recevoir.

« Depuis quatre ans, il avait plu à Dieu, selon l'expression de M. de Chateaubriand lui-même, d'ouvrir à M. Joubert une Rome céleste, mieux appropriée encore à son âme platonicienne devenue chrétienne. Je ne le rencontrerai plus ici-bas. Je m'en irai vers lui, il ne viendra pas vers moi ! »

La vicomtesse jouit beaucoup de ce voyage et des beautés sans nombre de la Ville Éternelle ; les deux époux eurent même un instant la pensée d'y finir leurs jours, mais les circonstances ne permirent pas la réalisation de ce rêve. Le prince de Polignac étant rentré aux affaires, M. de Chateaubriand crut devoir donner sa démission ; sa femme ne put, sans de vifs regrets, renoncer au titre d'embassadrice, mais, ainsi qu'il l'écrit dans ses Mémoires, « elle ut toujours sacrifier sa volonté à toute question d'honneur ».

C'était presque toujours dans son lit que la vicomtesse écrivait ses lettres et ses billets si spirituels, car sa santé délicate exigeait beaucoup de ménagements. Elle avait entendu dire à son médecin Laënnec, inventeur de la méthode d'auscultation, que la diète était, en bien des cas, le meilleur des remèdes. Partant de ce principe excellent, mais dont il ne faut pas exagérer la pratique, elle vivait de rien : du potage, un peu de chocolat, quelquefois du thé et des sirops composaient sa nourriture : aussi était-elle d'une maigreur qui la rendait quasi diaphane, et elle semblait n'avoir que l'apparence d'un corps.

Elle s'était fait arranger une sorte de lit à quenouilles entourées de rideaux qui le rendait, alors que les rideaux étaient fermés, comme une petite logette. Elle se couchait de très bonne heure et se réveillait de grand matin : elle avait ses livres, ses journaux, car elle aimait fort à lire, surtout les livres de piété, son chapelet, des plumes, un pupitre ou quelque boîte en tenant lieu, alors revêtue d'un grand peignoir blanc qui l'enveloppait tout entière, elle se mettait sur son séant, puis lisait, écrivait, priait tour à tour.

« Je vous écris ce matin, à quatre heures, voyons-nous dans une de ses lettres à Joubert, n'ayant pas un moment à moi dans la journée. »

Ces habitudes matinales la suivaient partout, ainsi que nous le prouve la lettre suivante, datée de Verneuil, chez M. de Tocqueville. « ... Il faut que je vous quitte, parce que je vous écris avec un cure-dents et que cela n'est point du tout aisé. Il n'y a pas plus de plumes ici qu'à la Vallée ; je ne puis en aller chercher dans ce moment, car il n'est que six heures, et personne n'est levé que moi, qui me réveille avec l'alouette... »

Après que la vicomtesse avait pris son chocolat, la femme de chambre fermait soigneusement les rideaux du lit et se retirait pour faire place au valet de chambre, Alexis ; celui-ci balayait, frottait, époussetait ; de sa logette, la maîtresse dirigeait, surveillait cette grande opération du nettoyage, et admonestait fréquemment le serviteur. Alexis avait aussi l'intendance de la volière, ce qui n'était pas une sinécure. Avant de parler de cette volière, achevons la matinée de Mme de Chateaubriand ; vers neuf heures ou neuf heures et demie, c'était le grand lever ; elle se faisait habiller et, si sa santé le permettait, elle allait entendre la messe. Au retour, elle entrait souvent dans le cabinet de son mari.

« Comme j'étais sûr, rapporte M. Danielo, secrétaire du vicomte, qu'elle ne manquerait pas de nous dire quelque chose de gai, d'original, de spirituel, d'amusant, j'attendais ce moment avec impatience. On la voyait entr'ouvrir la porte et venir doucement comme une ombre, courbée quelque peu, regardant de côté, portant elle-même sa chaufferette ou une grande jatte de cuir bouilli, dans laquelle elle cachait du pain pour ses petits oiseaux... »

La vicomtesse aimait fort ces êtres ailés : « Vous ai-je dit, écrit-elle à M. Joubert, que j'avais des oiseaux chinois? C'est Clausel qui me les a fait donner par le préfet apostolique du Sénégal qui avait été en Chine. J'ai du même un petit monsieur du Sénégal qui est gris avec un collier rouge. Ils sont charmants et s'arrangent à merveille avec mes chats, aujourd'hui au nombre de quatre. Les matous se placent d'abord aux quatre coins de la cage, mourant d'envie de gober ces petits mandarins; mais ceux-ci se moquent d'eux, se mettent à chanter, ravissent les croqueurs et font la paix pour le reste de la journée... »

Elle avait fait construire pour ses hôtes emplumés une volière très originale, dont elle-même avait tracé le plan, car elle était douée du génie architectural. Une fenêtre de sa chambre, par un système ingénieux, servait de porte à cette volière. Une sapinette, plantée dans le sol du jardin sur lequel s'élevait cette petite construction, montait jusqu'au toit vitré et donnait aux chers captifs l'illusion de la liberté. Leur maîtresse tenait à ce qu'ils ne manquassent ni d'air, ni de soleil, ni de verdure. Il y avait jusqu'à un calorifère, afin qu'ils fussent préservés du froid : nés, pour la plupart, sous les feux du tropique, ils étaient des plus frileux. On dit que cette volière avait coûté à sa propriétaire, au moins 1.500 francs, somme énorme, car à cette époque la main-d'œuvre était bien moins chère qu'aujourd'hui.

N'oublions pas Cathau, perruche de la Floride qui était la préférée de l'illustre écrivain, quoiqu'elle eût de véritables quintes de cris aigus, déchirants, capables de rompre le tympan le plus solide ; ni Jako, perroquet savant et distingué. Ce dernier parlait à merveille et se faisait aimer de tous par son bon et jovial caractère.

Micetto, chat gris roux, à bandes noires transversales mérite également une mention spéciale ; c'était un chat de haute lignée, né au Vatican, et qui avait appartenu au pape Léon XII ; M. de Chateaubriand l'avait souvent admiré, quand il reposait dans un des pans de la robe du Saint-Père. Ce matou avait les faveurs, nous allions écrire les respects des bonnes dévotes.

Nous n'avons rien dit encore de l'œuvre par excellence à laquelle, durant trente ans, la charitable vicomtesse consacra son temps et ses soins, nous avons nommé l'infirmerie de Marie-Thérèse. Cette maison fut fondée pour servir d'asile, en premier lieu, aux ecclésiastiques pauvres qui, dans leur vieillesse et leurs infirmités, ne savaient où se retirer, puis aux femmes du grand monde qui, ruinées par la révolution, se laissaient mourir de misère plutôt que d'entrer dans les hospices ordinaires. Mme de Chateaubriand, dont l'âme compatissante avait été frappée de cette double infortune, conçut le projet d'y apporter remède. Elle en parla devant quelques amis et sut faire passer dans leurs cœurs les sentiments de pitié généreuse qui animaient le sien. Une quête fut improvisée, et ces premiers fonds servirent à poser les assises de l'œuvre. Madame la Dauphine accepta d'être la marraine de cet asile qui dès lors porta son nom ; la duchesse d'Angoulême y apporta son concours dévoué, et l'archevêque de Paris, Mgr de Talleyrand-Périgord, donna son approbation.

En 1819, trois sœurs de Saint-Vincent-de-Paul furent chargées de la direction de l'Infirmerie, et, afin d'augmenter les ressources de l'œuvre, la vicomtesse eut l'heureuse pensée d'y annexer une fabrique de chocolat, ladite fabrique en forma bientôt le principal revenu.

Mme de Chateaubriand se multipliait, se dépensait avec un dévouement absolu pour ses chers pensionnaires ; de tous côtés, elle sollicitait des fonds, allait chez les marchands de bric à brac choisir des meubles, des tentures, écrivait lettres sur lettres, rédigeait des prospectus, organisait des quêtes, des sermons de charité ; à l'une des fêtes patronales, la quête s'éleva à neuf mille francs. Pendant les sept premières années, l'œuvre reçut deux cent quarante mille francs ; devant ce chiffre, on reste saisi d'admiration, surtout quand on songe que la promotrice de ce mouvement charitable était une femme malade et souvent alitée. Un des articles du règlement, qui montre la largeur et l'élévation de son esprit, portait que l'on admettrait indistinctement à l'infirmerie Marie-Thérèse les personnes de toutes les religions.

A propos de la Sainte-Thérèse, le vicomtesse écrit : « ... Notre cérémonie a été très belle, il n'y manquait que Madame (la Dauphine) qui au surplus a témoigné, de la manière la plus aimable, le chagrin qu'elle a eu de ne pouvoir y venir : mais elle est réellement malade d'une souffrance pénible, causée par un aphte qu'elle a dans la gorge. Madame la duchesse de Berry s'est un peu ennuyée au sermon, mais beaucoup divertie à parcourir l'infirmerie. Elle a trouvé toutes les malades de la grande salle jeunes et gentilles, quoiqu'elles aient toutes ou à peu près quatre-vingts printemps. Le dortoir des Sœurs l'a charmée, et la pharmacie !... »

Ses lettres aux bons Joubert sont remplies de détails concernant son œuvre favorite ; elle a aussi recours de temps en temps à leur générosité ; elle s'entendait à merveille à utiliser, à tirer parti des moindres choses.

« ... Je me recommande à vos bontés pour un bon paquet de vieux draps et de vieilles chemises. L'Infirmerie a grand besoin d'un renfort de linge. La lingerie, qui est maintenant grande comme celle des Invalides, n'est pas pleine malgré nos successions qui, cependant, ne sont pas trop mauvaises... »

La bonne dame, ainsi la nommait-on à Marie-Thérèse, avait fait disposer les chambres des pensionnaires avec un soin particulier ; on sentait, dans l'aménagement de toute la maison, le goût sûr et délicat de la patricienne. De petites voitures étaient réservées aux infirmes incapables de marcher ; on les promenait dans les jardins, afin qu'ils pussent respirer le grand air et jouir du soleil.

Tombeau de Chateaubriand sur l'îlot du Grand-Bé, Baie de Saint-Malo.

Pour embellir ces jardins que la vicomtesse voulait agréables, elle avait fait transplanter quelques arbres de la Vallée-au-Loup ; on voit encore un cèdre placé presque à l'entrée. Car l'infirmerie *Marie-Thérèse* n'a pas cessé d'exister, mais elle ne reçoit plus de femmes et est exclusivement réservée aux prêtres âgés ou infirmes du diocèse de Paris. Ceux qui ont quelques ressources paient une petite pension ; ceux qui sont pauvres y sont reçus gratuitement. Les uns et les autres trouvent dans cet asile des soins dévoués, une vie douce et paisible qui, trop souvent, fait défaut aux vétérans du sacerdoce.

Le 9 février 1847, la pieuse fondatrice rendit son âme à Dieu. Suivant le désir qu'elle en avait exprimé, elle fut inhumée au pied de la belle sainte Thérèse de Gérard. Derrière l'autel, sur une tablette de marbre noir, est gravée l'inscription suivante : « Ci-gît dame Céleste Buisson, vicomtesse de Chateaubriand. Distinguée par l'exercice des bonnes œuvres qu'inspire la religion, elle a voulu faire bénir sa mémoire par la pieuse fondation de l'infirmerie *Marie-Thérèse*, faite de concert avec son époux. »

MADAME DE BAROLO

1785-1864

MADAME DE BAROLO

Si, par son mariage, qui la fixait à Turin, la marquise de Barolo se regardait comme italienne, elle n'en est pas moins une de nos compatriotes, non seulement par sa naissance, mais aussi par les qualités morales et intellectuelles qui la distinguaient. Son esprit vif, alerte, primesautier, son humeur franche et parfois emportée, même la grâce piquante de sa physionomie, tout cela était français, bien français, et lui assigna dans la société piémontaise une place à part qu'elle conserva toujours.

Juliette de Colbert de Maulévrier naquit en 1785, sur cette terre vendéenne qui devait, quelques années plus tard, être le théâtre de tant d'héroïsme et de grandeur. Elle avait sept ans à peine quand son aïeule, sa tante et plusieurs autres membres de sa famille, payèrent de la vie l'attachement qu'ils conservaient à leur roi. Afin d'éviter une semblable destinée, le Marquis de Maulévrier qui était veuf, prit, avec ses trois enfants, le chemin de l'exil. Juliette passa donc la plus grande partie de sa jeunesse à l'Étranger, soit en Allemagne, soit en Hollande.

Son père lui fit donner une éducation très complète, solide et brillante tout à la fois, qui la mettait à même de paraître partout avec avantage. Bien que vivant dans des contrées où le protestantisme est en honneur, rien ne fut négligé pour que la jeune fille reçut une instruction profondément religieuse, et, sous ce rapport, elle répondit également aux soins dont elle était l'objet. Quand elle entendait raconter les outrages et les supplices que l'on faisait subir, en France, aux prêtres et à tous ceux qui voulaient continuer à servir Dieu, elle sentait se fortifier en son cœur et l'amour qu'elle portait à cette foi persécutée au nom de la liberté et les traditions d'honneur chevaleresque que lui avaient légué ses aïeux.

Lorsque la France fut délivrée du joug de la Terreur, que Napoléon en eut permis l'entrée aux émigrés, Juliette revint en Vendée, avec son père. Le château familial était brûlé, les propriétés dévastées et toute la contrée plongée dans le deuil et la misère.

En 1807, sans beaucoup de regrets peut-être, elle quittait ces lieux profanés, et suivait à Turin son époux, le marquis Faletti de Barolo. Sa nouvelle patrie l'accueillit avec l'empressement le plus flatteur et le plus distingué. La jeune femme possédait non seulement la grâce et la beauté, apanage de son sexe, mais elle était douée d'un esprit ferme, étendu, que les plus hautes questions ne rebutaient pas, et sa conversation avait un charme incomparable. Les succès mondains qu'elle obtint ne la trouvèrent point insensible, toutefois, en les savourant, elle sentait au fond de son être qu'il est quelque chose d'infiniment plus précieux : la bénédiction du pauvre. Elle le savait si bien que, d'accord avec son époux dont l'âme, sinon l'intelligence, était au niveau de la sienne, ses premières visites de noce furent pour les malheureux.

Le soir, vêtue magnifiquement, parée du triple éclat que donnent la beauté, la naissance, la fortune, elle recevait, dans les salons aristocratiques de Turin, les hommages d'une société d'élite ; le matin, habillée avec une extrême simplicité, le visage empreint d'une douceur humble, presque timide, qu'elle ne trouvait qu'auprès des pauvres, elle faisait l'office d'une Sœur de

Charité ; consolant celui-ci, encourageant celui-là, répandant sur tous, ce qui est d'un plus haut prix que l'aumône matérielle, une compassion délicate et une profonde sympathie.

Sept ans après son mariage, durant l'Octave de Pâques, la marquise traversait une des rues de Turin au moment où défilait la procession accompagnant le saint Viatique que l'on portait aux malades ; aussitôt elle s'arrêta et se mit à genoux. Tout à coup, non loin d'elle, une voix rauque et avinée s'écria : « Ce n'est pas le viatique qu'il nous faut, c'est de la soupe. »

Cette voix était celle d'un détenu dont on apercevait le visage à travers les grilles de la prison du Sénat.

Émue et troublée d'une telle exclamation, la jeune femme, suivie d'un domestique, se fit ouvrir la porte de la prison. Dans un réduit sombre et infect étaient entassés des êtres plus semblables à la brute qu'à l'homme ; en voyant cette femme jeune et belle qui ne craignait pas de les visiter, les prisonniers cessèrent leurs blasphèmes et leurs cris. Ils reçurent avec un respect attendri l'aumône qu'elle leur distribua. Elle voulut ensuite pénétrer dans la prison des femmes ; le spectacle qui l'y attendait la remplit de tristesse et d'horreur ; une âme moins fortement trempée que la sienne en eût été terrifiée. Les hommes l'avaient entourée avec une sorte de vénération, les femmes, en l'apercevant, poussèrent des clameurs sauvages et se disputèrent comme des bêtes affamées les secours qu'elle leur donna.

Mme de Barolo rentra chez elle, troublée, atteinte jusqu'aux profondeurs de son être, se disant avec angoisse que ses malheureuses si dégradées, si corrompues qu'on pût les supposer, avaient une âme immortelle rachetée d'un prix divin, et que personne ne songeait à ces âmes... Alors, dans l'élan de sa foi et de sa charité, elle promit à Dieu de se consacrer au salut et à la régénération de ces infortunées.

A cette époque, et surtout en Italie, les prisons n'étaient pas, à beaucoup près, ce qu'elles sont devenues, grâce à de sages réformes et à l'idée moralisatrice qui actuellement préside à leur direction ; il y régnait d'une part des abus sans nombre et une corruption inouïe ; de l'autre, un relâchement coupable ou une sévérité sans contrôle.

Quand la Marquise fit connaître son désir de visiter les prisons, ce fut autour d'elle un *tolle* général ; son mari lui-même qui, à l'ordinaire, prenait part à toutes ses bonnes œuvres, quelles qu'elles fussent, lui refusa son assentiment. De tous côtés, on lui adressait des représentations sur ce qu'on nommait son extravagance et sa folie ; on allait jusqu'à lui faire entendre qu'à son âge et dans sa situation elle n'avait pour mobile que le désir de se singulariser et de sortir des voies communes. Mme de Barolo, sans perdre de vue son dessein, se sentait inquiète et ébranlée ; elle consulta son confesseur qui lui recommanda de prier et de se conformer à la volonté de son mari. Effectivement, elle se soumit ; quant à renoncer pour toujours à sa généreuse entreprise, c'était autre chose. Cette âme forte et magnanime ne pouvait, alors qu'une bonne œuvre lui semblait clairement indiquée, l'abandonner pour des raisons mesquines et sans valeur.

Il avait existé jadis, et il existait encore à Turin, une confrérie ayant pour but le soulagement des prisonniers ; peu à peu les statuts et les règlements en étaient tombés en désuétude ; les confrères se bornaient à réciter certaines prières, à faire quelques processions et à distribuer, chaque semaine, des vivres à la porte intérieure de la prison. Ils avaient conservé toutefois les anciens privilèges, entre autres le droit d'entrer dans les prisons.

La jeune femme était instruite de tous ces détails, aussi se hâta-t-elle de se faire recevoir membre de la confrérie de la Miséricorde. Son confesseur l'autorisa à faire quelques visites, sous l'expresse réserve qu'elle y renoncerait si elle rencontrait de nouveau, dans sa famille, l'opposition manifestée tout d'abord. Très joyeuse, elle fit la distribution de vivres avec le zèle qu'elle apportait à tout ce qu'elle entreprenait ; mais son intelligence d'accord avec son cœur lui démontra bientôt qu'elle ne pourrait acquérir un peu d'influence sur les pauvres détenues qu'en les approchant de plus près et en conversant avec elles. Les règlements s'opposaient à ce que les étrangers fussent laissés seuls avec les prisonnières ; cet obstacle, qui eût paru insurmontable à beaucoup d'autres, ne rebuta point la marquise ; par ses largesses, elle gagna la bienveillance du geôlier et les portes des cachots s'ouvrirent enfin devant elle. A sa vue, les malheureuses demeurèrent interdites un instant, puis leur hardiesse habituelle reprenant le dessus, elles commencèrent chacune, de son côté, le récit de leurs infortunes et protestèrent à qui mieux mieux de leur parfaite innocence. Mme de Barolo ne les laissa point achever. « Si je suis ici, dit-elle, ce n'est pas pour reviser votre procès, mais pour compatir à vos douleurs et essayer de les soulager. »

Et avec cette éloquence naturelle qui était son partage et que rendait plus persuasive encore l'ardente foi qui la transfigurait, elle leur parla de Dieu, de ses miséricordes inlassables, de cette seconde innocence que donne un repentir sincère, aussi belle et plus méritoire assurément que la première.

« En voilà une qui vient nous prêcher ! » s'écrièrent quelques-unes de ces malheureuses, et elles se retirèrent à l'écart, en affectant de rire et de chanter très haut. La pieuse visiteuse ne se découragea pas de cet échec apparent ; elle continua ses exhortations et plusieurs des fugitives, fatiguées sans doute d'avoir crié, revinrent et se tinrent tranquilles.

Les visites suivantes se passèrent sans trouble et sans tumulte. Mme de Barolo se tenait ordinairement à l'infirmerie et elle parlait doucement afin de ne pas gêner les malades ; à son exemple, les prisonnières réprimèrent leurs grands éclats de voix ; on n'entendit plus les chants cyniques, les vociférations et les blasphèmes qui jadis retentissaient dans ces sombres demeures. Habituellement, la charitable dame consacrait trois ou quatre heures à ses protégées, parfois même elle restait davantage. Ni le mauvais air de ces salles humides, ni la fatigue qui résultait de ces stations prolongées, rien ne refroidissait son zèle. La pensée que ses paroles pouvaient faire pénétrer une lueur d'amour ou d'immortelle espérance, dans ces intelligences obscurcies et dévoyées, un bon sentiment dans ces cœurs souillés, était plus que suffisante pour l'indemniser des incommodités qu'elle avait à souffrir.

Sur ces entrefaites, elle demanda à son mari si, depuis quelques temps, il avait remarqué qu'elle fût souffrante ou mélancolique; il l'assura qu'il n'avait rien remarqué de semblable, alors elle lui avoua l'emploi qu'elle faisait de ses matinées, et elle eut l'extrême consolation d'obtenir la permission de continuer. Dès ce moment, elle s'occupa, plus sérieusement que par le passé, de différentes réformes qu'elle méditait et de certaines améliorations qui lui tenaient au cœur. Les prisonnières n'accomplissaient aucun devoir religieux ; elles n'entendaient jamais la messe, pas même aux grandes fêtes ; une fois par an seulement, au temps de Pâques, elles recevaient la visite d'un prêtre; pour se couvrir, elles n'avaient que de sordides haillons d'une saleté repoussante. Leurs journées s'écoulaient dans l'oisiveté la plus complète, et, afin de se distraire, elles avaient recours à l'usage où plutôt à l'abus des liqueurs fortes.

Mme de Barolo commença par acheter du linge et des vêtements qu'elle distribua à ces pauvres abandonnés ; elle leur remit aussi quelque argent car, disait-elle fort judicieusement, les secours matériels sont un engrais qu'il faut répandre dans les champs pour faire germer plus facilement la bonne semence.

Grâce au rang élevé que la famille de son mari occupait dans le Piémont, à l'influence qu'elle-même avait su conquérir, la marquise put conférer avec les ministres et avec les administrateurs ; et, par son initiative, certaines réformes eurent lieu. Elle obtint également pour ses protégées des grâces et des réductions de peine. Les prisonnières, sachant que c'était à la marquise qu'elles devaient les heureuses modifications apportées à leur régime ordinaire, étaient mieux disposées pour l'écouter et profiter de ses conseils.

L'héroïque chrétienne, s'apercevant qu'elle gagnait du terrain, essaya de porter un peu la lumière dans ces intelligences obscurcies, elle se fit maîtresse d'école, et débuta par leur enseigner à prier; quelques-unes de ces malheureuses n'avaient jamais su aucune prière, beaucoup avaient oublié même leur *Pater*. Le catéchisme vint en second lieu; il était très difficile de leur faire apprendre les définitions du saint livre, car elles ne savaient pas lire. Mme de Barolo entreprit de leur enseigner la lecture, et, quand les plus intelligentes de ces pauvres créatures furent arrivées à connaître les premières notions, elle s'en servit comme de monitrices, et elles montrèrent à leurs compagnes. Elle fit aussi distribuer du travail, et il fut convenu que les deux tiers du salaire seraient payés immédiatement à l'ouvrière et que le dernier tiers, mis en réserve, lui serait donné au moment de sa libération, afin de lui fournir le moyen de vivre en attendant une occupation quelconque.

Ce n'était pas sans difficultés et sans contradiction de tout genre que Mme de Barolo avait réalisé ces progrès; à l'extérieur, elle avait eu à lutter contre l'obstination, le mauvais vouloir, l'indifférence et la routine; à l'intérieur, de la part des infortunées qu'elle s'efforçait de régénérer, elle eut à souffrir la résistance, les injures et même les coups. Néanmoins elle persévérait, car elle savait accomplir la volonté divine, et son courage se ranimait au souvenir de cette parole du saint Évangile : *J'ai été en prison et vous m'avez visité!* D'ailleurs, pour discipliner les esprits récalcitrants, pour amollir le cœur de ces pauvres créatures, elle possédait un moyen infaillible, un sûr talisman : elle les aimait.

Plusieurs dames, stimulées par le noble exemple qu'elles avaient sous les yeux, offrirent leurs services à la marquise, et devinrent ses aides et ses auxiliaires. Mais celle-ci, au bout de quelques années, constatant quelle vigilance, quelle activité, quel dévouement il lui fallait déployer chaque jour pour maintenir la discipline et empêcher le relâchement, résolut de confier cette grande œuvre à un ordre religieux et par là d'en assurer la perpétuité ; les Sœurs de Saint-Joseph, qu'elle consulta, consentirent à se charger de cette difficile mission.

La vraie charité, qui a sa source et puise la vie dans l'amour de Dieu, n'est jamais satisfaite du peu de bien qu'elle opère ; à mesure qu'un progrès s'accomplit, elle en veut un autre ; à côté d'une plaie qu'elle vient de cicatriser, elle en découvre de nouvelles, et elle essaie d'y porter remède. Après s'être occupée des détenues, Mme de Barolo songea, non sans angoisse, à toutes ces infortunées, filles ou femmes qui, après être tombées dans le vice et la dépravation, souhaitaient se relever de leurs chutes et mener une vie honnête. La plupart du temps leurs bonnes intentions étaient méconnues par la société, qui, dans son injuste sévérité, confond la victime avec la coupable et la repoussait de son sein ; il fallait donc que la charité leur vînt en aide et leur tendît une main miséricordieuse.

Pour ces repenties, la marquise créa une maison de refuge, sorte de couvent, moins la clôture et les vœux, dont les Sœurs de Saint-Joseph eurent la direction. Leur temps était partagé entre la prière et le travail, et, quand elles avaient passé deux ou trois ans dans cette maison de *convalescence*, ainsi que la nomme si bien M. de Melun, elles avaient contracté l'habitude d'une vie régulière et laborieuse, et il était bien rare qu'elles vinssent à s'écarter du droit chemin. Plusieurs de ces malheureuses moururent pendant leur séjour au Refuge, et elles montrèrent de si vifs sentiments de repentir et d'amour de Dieu que leur bienfaitrice enviait presque leurs heureuses dispositions.

Un certain nombre de ces femmes, touchées d'une grâce particulière en craignant des chutes nouvelles, témoignèrent le désir de se consacrer entièrement à Dieu et de vouer à son service les jours qui leur restaient à vivre. Mme de Barolo ne put rester insensible à ces pieux élans, et bientôt, à côté du Refuge, s'éleva le couvent *des Madeleines*, placé sous le patronage de la sainte dont l'admirable repentir lui valut d'être la compagne de Marie, la Vierge immaculée. Après qu'elle se fut assurée de la vocation et de l'aptitude de ces nouvelles religieuses, elle leur confia le soin de ramener au bien les pauvres petites filles auxquelles une précoce dépravation ou des exemples pernicieux ont ravi l'innocence : les *Maddalelines* (petites Madeleines) reçurent, dans une maison spéciale, une éducation chrétienne propre à redresser leurs inclinations perverses et à assurer leur retour à la vertu. Enfin, pour les pénitentes qui, en quittant le Refuge, n'avaient point la vocation religieuse et éprouvaient cependant une vive répugnance à rentrer dans le monde, la marquise institua une sorte de tiers-ordre, sous le nom *d'Oblates de Sainte-Marie-Madeleine ;* les membres de cette dernière fondation se consacraient particulièrement au service des malades, dans les hôpitaux.

Ces nombreux établissements, pour lesquels il fallut des sommes immenses, exigeaient de Mme de Barolo beaucoup de soins, de démarches, entraînaient à leur suite des difficultés de tout genre et ne s'achevaient pas toujours sans lui faire éprouver quelque mécompte. Rien n'était capable de refroidir son zèle ; sa grande âme ne connaissait ni le découragement ni la lassitude dans le bien.

« Le désir de remédier au mal, l'impossibilité d'y réussir, produisent une sorte de tourment et d'angoisse, écrivait-elle ; mais ne sommes-nous pas envoyées en ce monde pour travailler et pour souffrir ? Si nous ne travaillons pas pour le bien, il nous faudra travailler pour la satisfaction de notre amour-propre, maître plus exigeant et plus impérieux que Dieu. A l'œuvre donc pendant notre vie ! nous aurons assez de temps pour nous reposer dans l'éternité. »

Si dévouée d'esprit et de cœur qu'elle fût à ses œuvres, elle n'en restait pas moins la femme du monde, dans la meilleure acception de ce mot ; ses salons hospitaliers s'ouvraient largement à toutes les aristocraties, soit du génie, du talent ou de la naissance. *Santa Rosa, César Balbo, Camille de Cavour*, et d'autres hommes d'État éminent, y cotoyaient les de *Maistre*, les *Barante, Lamartine*, etc. Les palais et les villas Barolo étaient remplis de tableaux, de statues, d'œuvres d'art exquises qui témoignaient plus encore du goût épuré des propriétaires que de leur immense fortune.

La marquise se tenait toujours au courant des nouveautés littéraires qui se publiaient soit en France, soit en Italie ; elle aimait beaucoup la lecture et apportait à ce délassement, qui n'est pour bon nombre de femmes qu'un passe temps frivole ou dangereux, les qualités sérieuses de son esprit profond et observateur ; elle en retirait même, pour les œuvres charitables qui remplissaient sa vie, d'utiles enseignements et de fécondes leçons.

En 1835, une calamité publique, le choléra, qui fit, en Italie, de nombreuses victimes, donna à Mme de Barolo l'occasion de déployer tout son héroïsme et son admirable dévouement. Elle était avec son mari dans la villa *Moncalieri*, quand le terrible fléau, circonscrit jusqu'alors dans les contrées voisines éclata à Turin. Au lieu de suivre l'exemple de beaucoup de personnes qui, dans cette circonstance, abandonnèrent la ville en toute hâte, les deux époux, comme si c'eût été la chose la plus naturelle du monde, y rentrèrent aussitôt.

« Je reste à Turin, au lieu d'aller à Rome, non par courage, mais par prudence, convaincue qu'on peut bien plus compter sur la protection divine en faisant son devoir qu'en fuyant le choléra ; après tout, rien ne peut arriver que ce que Dieu veut, et assurément ce qu'il veut est pour nous le meilleur. »

Le marquis connaissait mieux qu'un autre le zèle ardent de sa femme, aussi, tout en l'autorisant à répandre de nombreuses aumônes, lui interdit-il de se mettre en contact avec les cholériques. Il lui fallut des efforts inouïs pour ne pas enfreindre cette défense, mais un jour, elle n'y tint plus, emportée par sa charité, elle donna ses soins à un malheureux atteint du redoutable fléau. En la voyant sortir saine et sauve de cette première épreuve, M. de Barolo n'eut pas le courage de blâmer la désobéissance de sa femme, et il lui permit de suivre les inspirations de son cœur. Jusqu'à la fin de l'épidémie on la vit sans cesse au chevet des mourants, bravant l'affreux spectacle de leurs souffrances et de leurs convulsions, et ne paraissant prendre aucun souci des miasmes empoisonnés qui s'échappaient de ces foyers de destruction. Lorsqu'elle s'apercevait que tout secours humain était impuissant, elle parlait aux moribonds de la miséricorde divine et des récompenses éternelles ; afin de consoler leur agonie, elle leur promettait de veiller sur leurs femmes et sur leurs enfants.

Pour prix de sa belle conduite durant ses jours néfastes, la municipalité lui décerna une médaille d'or, et tous les habitants de Turin applaudirent à cette récompense si bien méritée.

« J'adore d'être aimée », disait cette noble femme, et elle eut la joie de voir se grouper autour d'elle de fortes et saintes affections qui ne défaillirent jamais. Son esprit, parfois un peu tranchant et impérieux, lui valut certaines inimitiés ; mais ceux qui la connaissaient davantage et pouvaient apprécier l'élévation de son âme et la délicate sensibilité de son cœur lui vouaient sans retour une respectueuse admiration et un véritable attachement.

Un peu exigeante dans ses amitiés comme tous ceux qui aiment fortement, elle était très sensible à l'indifférence où à l'oubli.

« C'est une grande souffrance de faire tout ce que l'on peut pour quelqu'un et de ne trouver que de l'ingratitude en retour ; un tel coup ne détruit pas l'affection, mais il fait une large blessure au cœur, et, s'il a été porté par quelqu'un que vous aimez profondément, aucune consolation humaine ne saurait le guérir... »

Elle vécut assez âgée pour avoir à pleurer la mort de bien des êtres chéris ; elle perdit d'abord sa sœur qu'elle aimait tendrement et qu'elle alla soigner en France, son père, un neveu de dix-sept ans ; mais la perte qui l'atteignit jusque dans les fibres les plus intimes de son être fut celle de son mari.

M. de Barolo était déjà souffrant quand il partit avec elle pour le Tyrol ; il ne put aller que jusqu'à Vérone ; là, son état s'aggrava de telle sorte qu'il reçut les derniers sacrements. Un peu après, se sentant moins mal, il témoigna le désir de rentrer à Turin. Vers Chiari, la marquise lui adressa plusieurs fois la parole sans recevoir de réponse ; elle n'en conçut d'abord aucune alarme, le croyant assoupi ; hélas ! c'était l'agonie qui commençait... La voiture s'arrêta devant la porte du curé ; celui-ci donna au mourant une dernière absolution ; quelques instants plus tard, tout était fini.

Mme de Barolo voulut que l'étroite union qui avait toujours existé entre elle et son mari continuât par-delà le tombeau ; durant les vingt-six années qu'elle lui survécut, elle l'associa et le mit pour ainsi dire de moitié dans toutes ses œuvres charitables, heureuse de penser au milieu de son affliction que, dans le bien qu'elle offrait à Dieu, une part de mérite était appliquée à l'âme chérie qui l'avait précédée dans l'éternité !

Pour les âmes vraiment pieuses, la charité est comme la science pour le savant : un vaste champ dont les limites reculent à mesure qu'on avance et d'où l'on découvre des horizons nouveaux qu'on n'avait pas soupçonnés ; la marquise ne pouvait voir une misère physique ou morale sans essayer d'y apporter un remède ou un palliatif. En visitant les pauvres, elle s'était souvent attendrie sur le sort des enfants laissés au logis, privés de surveillance et exposés à mille dangers. Elle voulut établir une salle d'asile, on dit aujourd'hui une classe enfantine, semblable à celle qu'elle avait admirée, lors de son séjour en France ; tout d'abord, cette institution si utile, si bienfaisante, ne fut ni goûtée, ni comprise.

Afin de la faire réussir, Mme de Barolo se vit obligée d'installer un de ces asiles dans son propre palais. Au commencement, les enfants vinrent en petit nombre, puis on remarqua que ceux qui fréquentaient assidûment cette petite classe étaient plus gais, plus dociles, mieux portants. Certains parents, hostiles dans le principe, se décidèrent alors à envoyer leurs enfants, et, après quelques années difficiles, pour les organisateurs, l'œuvre prospéra, s'étendit et obtint par delà les Alpes le même succès qu'en France.

Mme de Barolo fonda aussi bon nombre d'écoles primaires, spécialement pour les filles ; elle trouvait, non sans raison, que c'est la mère qui exerce sur l'âme de ses fils l'influence la plus directe et la plus grande, et que, par conséquent, éclairer l'intelligence des jeunes filles, fortifier leur raison et surtout leur inspirer l'amour du devoir, c'est préparer des mères vraiment dignes de leur mission. Aussi, à l'inverse de ce qui se fait actuellement chez nous, elle choisissait de préférence des congrégations religieuses pour être à la tête de ces écoles, estimant que le dévouement, l'esprit de sacrifice, doivent être pesés dans la balance, au moins autant que le savoir et les diplômes.

Jamais elle n'avait connu les joies de la maternité, et peut-être, à cause de cette privation, elle se sentait invinciblement attirée vers l'enfance ; souvent elle avait gémi sur le sort de ces pauvres petits êtres infirmes ou estropiés que l'on rencontre en nombre considérable dans les cités populeuses, et qui, faute de soins convenables, voient leurs maux s'aggraver avec l'âge et passent leur vie entière à charge à eux-mêmes et aux autres. Elle fonda, en leur faveur, une hospice où elle réunit tout ce que la science et le progrès moderne a inventé pour amener la guérison et hâter la convalescence. Les petits malades étaient reçus à Sainte-Philomène dès l'âge de trois ans, et ils pouvaient en sortir à douze.

Si, dans ses préoccupations, les pauvres avaient la place d'honneur, elle n'oubliait pas non plus les riches. A son arrivée à Turin, elle avait remarqué, non sans déplaisir, que les femmes de la société étaient pour la plupart coquettes, frivoles, avides de plaisir, et que la philosophie irréligieuse du siècle précédent, en se glissant parmi l'aristocratie, n'avait pas seulement affaibli la foi, mais altéré la pureté des mœurs. Elle obtint du roi l'autorisation d'appeler en Piémont les dames du Sacré-Cœur, et son mari mit à la disposition de ces dernières une villa magnifique aux portes de Turin. Ces dames firent en Italie un bien immense ; l'instruction qu'elles donnaient à leurs élèves ne laissait rien à désirer aux esprits les plus exigeants, et les jeunes filles qui leur étaient confiées, outre les sciences humaines, apprenaient à aimer Dieu et à pratiquer la vertu.

A voir la prodigieuse activité d'esprit et de corps que Mme de Barolo dépensait pour ses fondations, on serait porté à croire qu'elle possédait une complexion robuste et un tempérament exceptionnel ; loin de là : elle avait au contraire une santé délicate qui la prédisposait à de graves maladies et la tenait dans un malaise presque continuel. Plusieurs fois elle se trouva mal durant ses visites charitables, mais elle ne voulait tenir aucun compte de ses indispositions, et, par l'énergie de sa volonté, elle essayait de vaincre la souffrance qui la torturait. Lorsque, sous prétexte de la distraire, on tentait de l'arracher à ses chères œuvres :

« Je souffre, répliquait-elle, mais je n'ai nulle envie de me plaindre ; je souffre, mais je suis parfaitement calme, parfaitement tranquille. Je suis ce que Dieu veut, et qui peut m'aimer plus et mieux que lui ?... »

Durant une saison qu'elle passait à Roaro, près Venise, elle fut invitée par la municipalité à une fête publique. Pour gagner le balcon d'honneur, on lui fit traverser une des salles de l'hôtel de ville ; elle y vit entassés des outils, des ustensiles de ménage, etc. Surprise, elle demanda ce que cela signifiait ; on lui répondit que ces divers objets provenaient d'une saisie opérée chez des familles indigentes qui n'avaient pu acquitter leurs impôts. La pensée que ces pauvres gens, loin de prendre part à l'allégresse publique, se lamentaient sur la perte de leurs outils et de leur chétif mobilier, assombrit pour elle le spectacle magnifique qui se déroulait devant ses yeux. Dès le jour même, elle fit venir le secrétaire de la municipalité et lui solda les contributions arriérées ; elle obtint que chacun recevrait aussitôt, avec la quittance des impôts, ce qui lui avait été enlevé ! Quand ces malheureux, ivres de joie, voulurent remercier leur généreuse bienfaitrice, celle-ci avait déjà quitté le pays.

En 1847, elle fit une grave maladie qui la mit aux portes du tombeau ; son palais était assiégé par une foule de gens de tout âge et de toute condition qui venaient prendre de ses nouvelles. L'anxiété, la consternation étaient générales dans Turin, et plusieurs personnes offrirent leur vie pour sauver celle de la marquise. A la suite d'un long évanouissement, le bruit de sa mort se répandit en ville et causa une émotion indescriptible ; on se portait en foule dans les églises et les chapelles afin d'y prier pour celle qu'on pensait ne plus revoir. Ce fut une joie délirante lorsqu'on sut qu'elle était vivante, et le peuple auquel le merveilleux plaît toujours fut convaincu qu'un miracle s'était opéré, et que l'âme de Mme Barolo, sortie de son corps, y était rentrée presque aussitôt, à cause des vœux et des supplications adressées au Seigneur.

Après avoir lu le livre immortel de *Mes Prisons*, de Silvio Pellico, elle voulut connaître l'auteur ; elle vit qu'il s'était peint dans ses écrits et qu'il avait l'âme aussi douce, aussi pieuse, aussi ennemie de toute intrigue et de toute bassesse que le révèlent ses ouvrages ; elle lui offrit une généreuse hospitalité, et le poète de *Francesça de Rimini* devint l'hôte et le commensal du palais Barolo. La marquise n'eut peut-être pas, dans sa longue carrière, d'ami plus tendre et plus dévoué ! Il mourut en 1854 ; sa bienfaitrice et son amie le pleura sincèrement ; elle lui fit élever dans le campo santo de Milan une colonne de marbre blanc, avec l'inscription suivante qu'elle même composa :

« Sous le poids de la croix, il apprit le chemin du Ciel, chrétiens, priez pour lui et suivez-le. »

Quoique la fortune de Mme de Barolo fût, ainsi que nous l'avons dit, très considérable, il était nécessaire cependant qu'on l'administrât avec ordre et prudence, afin de suffire aux dépenses sans cesse renouvelées que tant d'œuvres et de fondations entraînaient. La marquise avait des intendants, des régisseurs, des secrétaires, mais chaque jour ceux-ci lui présentaient leur comptabilité, et aucune transaction, aucun achat, aucune vente ne se faisait sans son ordre.

Une dernière épreuve, épreuve qui la trouva mal préparée, devait l'atteindre ; ce fut la révolution qui, en ébranlant les institutions sociales jusque dans leurs fondements, eut son contre-coup dans toutes les classes. Suivant la coutume invariable, un des premiers actes du mouvement révolutionnaire fut la proscription des ordres religieux et en particulier des Jésuites, qui toujours ont l'insigne honneur d'inspirer une terreur profonde aux ennemis du catholicisme. Mme de Barolo était une chrétienne fervente et militante que la fureur populaire ne devait pas épargner ; les bienfaits sans nombre qu'elle avait répandus ne pouvaient, dans cet affolement des foules, lui être une sauvegarde suffisante. A plusieurs reprises, elle vit son palais assiégé par une multitude en délire qui menaçait d'y mettre le feu.

Le gouvernement lui-même se faisant l'écho d'infâmes calomnies qu'il eût dû mépriser, ordonna une enquête et des visites domiciliaires dans les communautés et les orphelinats fondés par la marquise ; on l'accusait d'y retenir de force les enfants et les jeunes filles, et de leur faire subir les traitements les plus barbares. Quelques amis lui conseillaient de fuir cette terre ingrate qui la méconnaissait ainsi ; elle ne voulut point y consentir : « Quoi qu'il arrive, dit-elle, je ne quitterai pas Turin. » Lorsqu'on lui eut interdit l'entrée des prisons, elle ne se plaignit pas de cette mesure arbitraire ; elle se contenta de visiter plus fréquemment ses orphelinats et ses écoles.

Vers cette époque, écrivant à une de ses amies de France, Mme de Barolo, en lui recommandant une neuvaine à saint François de Sales, disait :

« Nous avons grand besoin que cet aimable saint s'occupe de ramener à Dieu et à l'Église tant de pauvres âmes égarées qui se perdent et entraînent les autres dans la perdition. Je tâche de réunir beaucoup de conspirateurs ; mais que ta prudence ne s'en effraie pas, tous ces conspirateurs sont des chrétiens fidèles qui demandent à Dieu que sa volonté soit faite sur la terre comme dans le Ciel. Jusqu'à présent, ajoute-t-elle, il y a encore une petite différence... »

Au fur et à mesure qu'elle avançait en âge, les aspérités de son humeur s'adoucissaient ; elle devenait moins entière dans ses volontés, moins âpre dans la discussion, et elle montrait plus d'indulgence dans les jugements qu'elle portait sur les autres, aussi voyait-elle s'accroître les sympathies autour d'elle.

Des infirmités de toute nature l'accablaient, et parfois ses souffrances étaient très vives ; elle supportait ses maux avec une parfaite résignation, et quand elle se voyait, elle si active, si agissante, obligée de garder le lit : « Patience ! Patience ! répétait-elle. C'est un fait assez indifférent de faire la volonté de Dieu horizontalement dans son lit ou perpendiculairement sur ses pieds. »

La dernière œuvre qui l'occupa fut la fondation d'une église dont un des faubourgs de Turin avait le plus pressant besoin. Cette église fut placée sous le vocable de sainte Julia, sa patronne. La première pierre en fut posée solennellement le 22 mai 1863. L'humilité de Mme Barolo l'empêcha d'assister à cette belle cérémonie, mais l'évêque de Ptolémaïde, qui présidait, n'eut que plus de liberté pour faire l'éloge des vertus et des grandes qualités de la fondatrice.

Elle n'eut pas la joie de voir cet édifice achevé ; peu de mois après, la maladie fit de tels progrès qu'aucun espoir ne put être conservé. La mourante elle-même comprit la gravité de son état ; depuis longtemps les dispositions testamentaires, réglant l'emploi de son immense fortune, étaient faites ; elle reçut les derniers sacrements, fit ses adieux à ses amis, à ses serviteurs, aux Sœurs qui l'assistaient, puis elle demanda qu'on la laissât un peu seule. Elle sentait la mort venir, et elle voulait que personne ne troublât son tête-à-tête avec la sinistre visiteuse, et fût témoin de la lutte suprême.

Tandis qu'on priait et pleurait dans les chambres voisines, l'agonisante, les yeux fixés sur son crucifix, tenant dans ses mains défaillantes une petite image envoyée par le curé d'Ars, attendait paisiblement que Dieu voulût l'appeler à Lui. Elle expira le 21 janvier 1864, dans sa quatre-vingt-huitième année.

Les dernières paroles qu'on lui avait entendu prononcer étaient celles-ci : « Que la volonté de Dieu soit faite en moi et pour moi, dans le temps et dans l'Éternité ! »

LA MÈRE DE DOM BOSCO

AVRIL 1788-NOVEMBRE 1856

LA MÈRE DE DOM BOSCO

Un philosophe chrétien, Joseph de Maistre, écrivait à sa fille : « Les femmes n'ont jamais fait aucun chef-d'œuvre ; elles n'ont inventé ni les télescopes ni les pompes à feu ; mais elles font quelque chose de plus grand que tout cela : c'est sur leurs genoux que se forme ce qu'il y a de plus excellent : *Un honnête homme.* »

En effet, on ne saurait le nier, l'influence de la mère sur l'enfant est presque sans bornes, et, à côté de tout homme vraiment supérieur, presque toujours apparaît sa mère, femme supérieure également qui, avec la vie du corps, lui a insufflé la vie de l'intelligence, la vie de l'âme. Quand on nomme saint Augustin, saint Louis, qui ne songe aussitôt à sainte Monique, à Blanche de Castille, ces mères incomparables ?...

Près du berceau d'un des plus saints prêtres de notre époque, d'un homme dont l'ardente charité a réalisé des prodiges. Dieu mit aussi une mère admirable, qui façonnait son âme d'enfant par ses leçons, ses exemples, sa vigilance jamais endormie, et en faisait le grand chrétien que l'on connaît.

Marguerite Occhiena vint au monde le 1er avril 1788, à Capriglio, commune d'Asti ; le même jour, elle fut régénérée dans les eaux du baptême. Ses parents avaient déjà deux enfants et ils en eurent trois autres après elle. De bonne heure, la petite Marguerite montra une tendre piété et les meilleures dispositions. Elle se plaisait à se rendre à l'église, soit pour les offices publics, soit pour prier seule ; elle assistait avec un grand recueillement à la sainte messe et à toutes les cérémonies religieuses ; ceux qui la voyaient, touchés de tant de dévotion dans un âge aussi tendre, s'en édifiaient grandement. Plus âgée, elle conserva dans son maintien, dans sa toilette, dans tout son extérieur, la réserve et la modestie dont ne devrait jamais se départir une chrétienne.

Parfois, le dimanche, les jeunes filles du village venaient la chercher et lui demander de les accompagner dans leurs promenades ; elle les remerciait gracieusement, mais n'acceptait jamais. Elle savait que, dans ces parties de plaisir où ne figurent point les parents, on était exposé souvent à des rencontres suspectes, et elle préférait ne pas s'éloigner de la maison paternelle. Lorsqu'on lui faisait observer qu'après avoir travaillé six jours aux labeurs fatigants de la campagne, il était bien permis de prendre un peu de récréation, elle répliquait que, pour elle, il lui suffisait d'aller à l'église, dont sa maison était à une assez grande distance, et qu'elle n'avait pas besoin d'une autre promenade.

Elle avait encore de plus rudes assauts à subir, au moment des fêtes qui avaient lieu dans les villages environnants, fêtes toujours suivies de danses se prolongeant fort avant dans la nuit. Les jeunes paysannes parées avec soin, et peut-être aux dépens de la décence, passaient et repassaient devant la maison d'Occhiena.

« Viens, Marguerite, disaient-elles, viens avec nous. »

La jeune fille les regardait un instant, et, après une ou deux exclamations admiratives :

« Où voulez-vous me conduire ? demandait-elle.

— Mais au bal, il y aura beaucoup de monde et une jolie musique, viens, nous passerons la soirée si joyeusement ! »

Alors Marguerite jetait sur ses amies un coup d'œil un peu sévère et disait :

« Qui veut s'amuser avec le diable renonce à jouir avec Notre-Seigneur Jésus-Christ. »

En écoutant cette sentence, les jeunes filles étaient un peu confuses, et même il arrivait quelquefois qu'une ou deux, prises de remords, au lieu d'aller à la danse, regagnaient leurs chaumières.

Le dimanche, la pauvre Marguerite avait une autre source d'ennuis : en allant à l'église, elle trouvait sur son passage des jeunes gens qui s'offraient à l'accompagner ; il était difficile de les éconduire poliment, et, tout en marchant, elle se demandait par quel moyen elle pourrait les évincer la semaine suivante.

Elle priait une voisine d'âge respectable de l'attendre pour partir à l'église ; mais celle-ci était parfois obligée d'aller à une messe matinale ; alors Marguerite, sans s'occuper de ses compagnons, marchait très rapidement ; les jeunes gens hâtaient le pas, puis au bout d'un instant :

« Nous n'allons pas nous rompre les jambes pour rester à ses côtés ! »

Heureuse d'être débarrassée de son escorte, la jeune fille reprenait une allure plus modérée, et pour revenir elle choisissait quelque paysanne laide et décrépite, dont le seul aspect mettait en fuite les gais compagnons du matin.

En 1804, durant que Napoléon mettait l'Europe en feu, un détachement de cavaliers allemands lâcha ses chevaux dans un champ de maïs appartenant à la famille Occhiena. En voyant cette invasion subite, la jeune fille s'élança et, frappant dans ses mains, elle essaya de faire fuir les chevaux ; mais les bêtes affamées n'eurent souci de cet avertissement et se gardèrent d'abandonner leur plantureux festin. Alors Marguerite se tourna vers les soldats qui, un peu à l'écart, riaient de ses cris et de ses efforts infructueux, et elle les pria de bien vouloir emmener les maraudeurs. Ses paroles ne furent pas comprises, car les Allemands ne savaient pas l'italien, mais sa mimique était suffisamment intelligible ; ils continuèrent de s'amuser de son courroux et se bornèrent à répéter sur tous les tons : *ia, ia*. L'impatience commençait à gagner la jeune paysanne :

« Vous vous moquez de moi, s'écria-t-elle, peu vous importe que notre récolte soit dévorée et que nous mourrions de faim cet hiver ; voulez-vous faire retirer vos bêtes ?

— *Ia, ia*, redisaient-ils au milieu de leurs éclats de rire.

— *Bo, bo* (monosyllabe affirmatif dans le dialecte piémontais, employé seulement par moquerie). »

Les *ia, ia* et les *bo, bo*, se succédèrent pendant quelques instants, ce qui permit aux chevaux de poursuivre leurs déprédations. Un regard jeté sur le champ ravagé redoubla le courroux de Marguerite.

« *Bo* et *ia*, cela fait *boia* (bourreau), s'écria-t elle, c'est bien là, en effet, le nom qui vous convient, puisque vous dévastez nos champs et laissez piller nos récoltes ! »

Saisissant une fourche de fer, elle se servit du manche pour en porter plusieurs coups aux chevaux qui, insoucieux de ce qui se passait, continuaient de paître et se dédommageaient d'une abstinence prolongée. Ils ne bougèrent nullement et les cavaliers se mirent à rire de plus belle ; décidée à user de tous les moyens pour sauvegarder son maïs, la jeune fille avec les pointes de fer frappa les chevaux aux flancs et aux naseaux ; sous la douleur, ils se cabrèrent et partirent au galop. Les soldats ne riaient plus ; ils n'osèrent néanmoins se prendre de querelle avec une fillette de seize ans ; ils rejoignirent leurs montures et les conduisirent dans un champ éloigné.

Marguerite Occhiena était citée comme une des meilleures travailleuses du village ; active, diligente, on la voyait la première à l'ouvrage, et elle était une des dernières à l'abandonner. Son unique délassement était de changer d'occupation et de passer du rude labeur des champs aux soins domestiques. Ses habitudes laborieuses, sa manière de vivre simple et frugale lui maintenaient la santé excellente et l'humeur joyeuse. Elle ne connaissait ni ces vagues rêveries, ni ces mélancoliques retours sur soi-même, fruits d'une civilisation à outrance et d'une nervosité maladive ; seulement elle subissait inconsciemment le charme de la nature splendide qui, chaque jour, se déroulait à ses regards ; ses yeux comme son âme apprenaient à goûter la beauté réelle et s'imprégnaient à son insu d'une poésie un peu austère ; aussi, plus tard, quand elle habita les villes, jamais elle ne sut en apprécier les charmes convenus et tout factices.

Au sein de cette paisible existence si bien remplie, les années s'écoulaient; Marguerite atteignait vingt-trois ans, et, heureuse du présent, elle ne songeait point à fixer son avenir. Ses amies, ses voisines, quelques-unes plus jeunes qu'elle, s'étaient mariées sous ses yeux, sans lui donner aucun désir de changer de position. Pour cette nature grave et réfléchie, le mariage était autre chose qu'une fête joyeuse où l'on revêt de brillants atours pour se trouver, le lendemain, maîtresse de maison et affranchie du joug maternel : c'était un engagement solennel où elle entrevoyait de grands devoirs, de lourdes responsabilités. En dépit de son ardente piété que l'âge n'avait fait que grandir et aviver, elle ne se sentait nulle disposition pour le cloître, elle ne souhaitait qu'une chose : rester auprès de ses parents, afin de consoler leur vieillesse. Ceux-ci, qui aimaient tendrement leur fille, se préoccupaient de son établissement et cherchaient parmi les jeunes gens du pays qui serait digne de posséder leur trésor.

Ils jetèrent les yeux sur un cultivateur d'une bourgade voisine, Francesco Bosco, et le présentèrent à Marguerite. Le premier mouvement de la jeune paysanne fut de refuser, car la pensée de s'éloigner de ses parents lui déchirait le cœur. Son père, auquel ce projet d'union agréait beaucoup, lui en démontra les avantages et la pressa d'accepter.

Francesco était un vrai chrétien, un honnête homme très estimé dans le village qu'il habitait ; il possédait un petit bien qu'il faisait valoir lui-même, suffisant pour lui permettre d'élever une famille. Ce projet de mariage offrait donc toutes les garanties de bonheur ; cependant, comme toutes les choses humaines où le bien et le mal s'allient toujours, il avait ses inconvénients : Francesco, marié fort jeune, était resté veuf avec un fils âgé de neuf ans, dont Marguerite devait prendre soin ; en outre, elle allait demeurer avec sa belle-mère, bonne et respectable matrone, il est vrai, mais habituée à diriger son intérieur, et qui verrait peut-être avec déplaisir une jeune femme.

Les devoirs nouveaux qu'elle avait en perspective n'effrayèrent point Marguerite : avec l'aide de Dieu, elle se sentait capable de ne les remplir. Ce fut avec une bon volonté parfaite, une sérieuse confiance dans l'avenir que, le 8 juin 1812, elle reçut la bénédiction nuptiale et prononça les serments qui l'enchaînaient sans retour.

Durant cinq années, la jeune femme vécut aussi heureuse que possible, aimée et respectée de son mari, très bien vue par sa belle-mère qui appréciait fort ses grandes qualités, chérie du petit Antonio qui la regardait comme sa mère, estimée de ses voisins et jouissant d'une modeste aisance qui lui permettait de soulager quelques misères. La naissance de deux fils mit le comble à son bonheur : l'aîné reçut le nom de Giuseppe ; le second, né deux ans plus tard, le 15 août 1815, fut appelé Jean, ou, comme on disait dans le pays, *Giovanni*.

Ce dernier n'avait pas encore tout à fait deux ans, lorsqu'il devint orphelin. C'était au mois de mai ; Francesco revenait des champs, il était couvert de sueur ; sans réfléchir, il descendit à la cave afin d'y faire quelque travail. Le froid le saisit et arrêta la transpiration aussitôt. Une fièvre violente se déclara dans la nuit, et, après quelques jours de lutte et de souffrance, il rendait le dernier soupir. Il avait à peine trente-quatre ans, et sa forte complexion, sa santé vigoureuse faisaient prévoir une longue vie.

Dans les derniers jours de son existence, Giovanni, devenu Dom Bosco, se ressouvenait encore de l'accent inoubliable avec lequel sa mère, l'entraînant hors de la chambre mortuaire, s'était écriée :

« Pauvre petit, tu n'as plus de père ! »

La malheureuse veuve perdait non seulement celui qu'elle aimait tendrement, mais elle se trouvait seule pour diriger la maison et élever ses trois fils. Cette année-là — 1817 — fut désastreuse en Italie : par suite de l'extrême sécheresse, les céréales ne vinrent point à maturité, et la misère la plus profonde régna dans la contrée. Il n'était pas rare de voir de pauvres gens, épuisés de faim, tomber morts sur les chemins. Des familles habituées à l'aisance furent réduites au strict nécessaire ; même à prix d'argent, on ne réussissait pas à se procurer des aliments. Au milieu de ces calamités, Marguerite ne perdit point courage ; elle continuait de travailler et tenait son ménage avec une sévère économie. Dans les moments critiques où tout secours humain faisait défaut, elle recourait au bon Dieu, à ce Père qui ne refuse jamais à ses enfants le pain quotidien. Pendant cette période calamiteuse, où la courageuse femme dut s'imposer de rudes privations, elle eut la consolation de fournir toujours à ses enfants et à sa belle-mère ce qu'il fallait pour leur subsistance.

A l'égard de ses fils, car elle les unissait tous trois dans une même tendresse, elle se montrait mère aussi tendre qu'éclairée : dès l'éveil de leur raison, elle leur apprit à aimer Dieu, à pratiquer l'obéissance, la seule vertu de l'enfant, mais qui, en germe, renferme toutes les autres et le dispose à les pratiquer plus tard. Elle n'aimait point à les laisser oisifs et savait les occuper à de petits travaux en rapport avec leur âge et propres à développer et à exercer leurs forces ; ils appréciaient ainsi bien plus la récréation qui suivait.

Outre les prières du matin et du soir qu'ils surent de très bonne heure, elle se plaisait à leur enseigner les vérités principales de la foi ; car elle n'ignorait pas l'importance de ces premières leçons et comme elles se gravent en traits indélébiles dans de jeunes intelligences. La pieuse paysanne n'avait qu'une instruction très bornée, mais elle connaissait à fond l'Histoire sainte, elle avait lu et relu l'Évangile et la Vie des saints ; elle savait aussi beaucoup de traits édifiants qu'elle citait à propos. Elle racontait à ses enfants l'histoire de Joseph vendu par ses frères, celle de Moïse sauvé des eaux, du jeune Tobie miraculeusement escorté par un ange ; elle leur parlait des jeunes martyrs qui mouraient le sourire aux lèvres en prononçant le nom de Jésus. Parfois, elle commentait l'Évangile, elle rappelait l'Enfant-Dieu soumis à sa mère, aidant saint Joseph dans le pauvre atelier de Nazareth ; elle expliquait les paraboles ou les passages les plus touchants de la vie du Sauveur, et les jeunes auditeurs, suspendus aux lèvres maternelles, recueillaient ces enseignements avec une religieuse attention et un pieux attendrissement.

Elle était la conscience de ses fils, qui l'écoutaient comme ils eussent écouté Dieu lui-même ; devenus de grands jeunes gens, ils conservèrent cette confiante docilité et, plus tard, lorsque Giovanni quittait le séminaire et venait passer ses vacances à Murialdo, elle s'informait s'il récitait exactement ses prières. Loin de se plaindre de cette ingérence, son fils en était heureux, et il leur semblait à l'un et à l'autre que leurs âmes n'en étaient que plus étroitement unies.

Chaque semaine, l'active paysanne se rendait au bourg voisin pour vendre ses denrées ; il était rare qu'elle se fît accompagner de ses fils. Avant de partir et de les laisser à eux-mêmes pendant une longue journée, elle leur faisait ses recommandations et distribuait à chacun la tâche qu'il avait à remplir ; puis elle priait sa belle-mère de veiller sur eux. Les infirmités de cette dernière la retenaient au logis, mais elle avait conservé toute sa présence d'esprit, et, autant que ses forces le lui permettaient, elle s'occupait du ménage.

« Maman, maman, criaient les garçons, si nous sommes sages, tu nous rapporteras un pain bénit.

— Nous verrons cela, » répondait la mère.

Le soir, à l'heure du retour, comme une joyeuse volée d'oiseaux, les enfants prenaient le chemin de la colline afin de guetter l'arrivée de leur mère ; dès qu'ils l'apercevaient, ils se précipitaient à sa rencontre, les yeux brillants, les joues en feu.

« Mère, disaient-ils tous à la fois, le pain bénit, le pain bénit ! »

La bonne Marguerite essayait de calmer cette impatience :

« Attendez au moins que nous soyons à la maison, et laissez-moi respirer. »

Quand le pain bénit était retiré du panier, six petites mains s'avançaient.

« A moi, maman, à moi !

— Ne nous pressons pas tant, il faut que je sache si vous méritez une récompense ; racontez-moi comment vous avez passé la journée. »

Alors les enfants, s'interrompant les uns les autres, redisaient, sans essayer de rien dissimuler, les menus événements de la journée et la façon dont ils s'étaient acquittés de leur travail. Marguerite, de temps en temps, disait son mot, soit pour approuver, soit pour reprendre, montrant à celui-ci qu'il avait agi avec trop d'impatience et de vivacité, à celui-là qu'il avait manqué de douceur et de charité. Presque toujours, elle concluait ainsi :

« Je suis contente de vous, et si vous continuez à être dociles, à fuir le mensonge et l'oisiveté, le bon Dieu vous récompensera. »

Puis elle partageait le pain bénit, qui, durant l'entretien, avait été l'objet de plus d'un regard de convoitise, et il était bientôt dévoré avec autant d'appétit que de dévotion.

La bonne mère savait que la rigueur, les menaces, la crainte du châtiment, tout en retenant les enfants dans les sentiers du devoir, en font trop souvent des fourbes et des hypocrites ; elle préférait les faire agir par des motifs d'un ordre supérieur. *Dieu vous voit !* répétait-elle souvent. Ce simple mot les maintenait dans l'obéissance et les arrêtait sur la pente du mal. Lorsqu'au milieu d'une explication embarrassée elle s'apercevait qu'un de ses fils était sur le point de proférer un mensonge :

« *Dieu te voit*, disait-elle, et souviens-toi qu'il voit même tes pensées les plus secrètes. »

Les beautés de la nature, le spectacle varié et toujours plein de charmes qu'offre la campagne, lui fournissaient également l'occasion d'élever l'âme de ses fils et de faire remonter jusqu'à Dieu, l'auteur de tout bien, l'admiration qu'ils éprouvaient et qu'elle aimait à exciter en eux. Le soir, à cette heure où en Italie l'air est si pur, le ciel si beau, où tout est calme, douceur et paix, elle leur montrait les étoiles scintillantes.

« Voyez la splendeur de ces astres innombrables, mes enfants ! Si Dieu a créé le firmament si beau, que sera le paradis !... »

Elle leur faisait aussi contempler la magnificence des couchers du soleil, la délicatesse des fleurs, leurs couleurs, leurs formes si diverses et toujours si gracieuses :

« Combien le Seigneur est bon ! s'écriait-elle. Remercions-le d'avoir fait pour nous des choses aussi magnifiques. »

Quand, par un jour d'orage, les enfants se pressaient autour d'elle, épouvantés :

« Que Dieu est puissant ! disait-elle. Qui pourrait lui résister ! Soyons donc bien attentifs pour ne point l'offenser. »

Elle ne montrait jamais ni aigreur ni impatience vis-à-vis de ses enfants ; elle se prêtait avec une bonne grâce parfaite à leurs jeux et répondait, sans paraître se lasser, à leurs questions multipliées ; elle savait que c'est l'unique moyen de s'attirer la confiance de ces jeunes natures qui ont besoin d'expansion, et qu'un accueil sévère rebute parfois sans retour. Lorsqu'ils avaient commis quelque faute, si elle se voyait obligée de sévir, et elle ne le faisait qu'après que l'émotion était apaisée ; aussi ses réprimandes et ses corrections étaient-elles empreintes de calme et exemptes d'irritation. Afin de bien montrer à ses fils qu'elle avait le droit de les châtier, une verge était placée dans un coin de la cuisine ; il est vrai que cette verge ne servit jamais, néanmoins on ne pourrait dire qu'elle fût inutile.

Un jour d'été, après une promenade, Giuseppe et Giovanni, très altérés, demandèrent à boire ; Marguerite prit un verre et le présenta d'abord à Giuseppe qui était l'aîné ; le petit Giovanni, froissé, sans doute, de n'avoir pas été servi le premier, repoussa le verre. Sans rien dire, la mère le remit en place. Un peu après, l'enfant appela :

« Maman, je voudrais boire !

— Je croyais que tu n'avais pas soif.

— J'ai bien soif... Pardon, maman !

— Ah ! voilà qui est bien ; sans que j'aie besoin de rien te dire, tu vois que tu as mal agi tout à l'heure. »

Et en souriant, elle lui donna ce qu'il réclamait.

Naturellement propre et soigneuse, la jeune paysanne tenait qu'autour d'elle tout fût net et en bon ordre ; elle veillait également sur la tenue de ses enfants et les habituait à prendre soin de leur extérieur. Le dimanche, pour les conduire à la messe, elle arrangeait leurs cheveux laissés un peu à l'abandon durant la semaine et les revêtait de leurs habits de fête ; ainsi parés, avec leur physionomie gaie et avenante, ils se faisaient remarquer de tous, et plus d'une mère s'écriait :

« Oh ! les jolis enfants ! ils ressemblent à de petits anges. »

En écoutant ces paroles flatteuses, le cœur de la mère battait de joie, mais elle faisait en sorte que ses fils, qui parfois entendaient ces compliments, n'en eussent point de vanité.

« Vous aimez à ce qu'on vous trouve bien ? leur demandait-elle.

— Oh ! oui, certainement, répliquaient-ils.

— Eh bien, écoutez-moi. Savez-vous pourquoi je vous mets ces beaux habits ? Parce que c'est aujourd'hui dimanche et qu'il est juste que nous témoignions, même par notre extérieur, l'allégresse que nous cause le jour du Seigneur. La netteté de vos vêtements doit être aussi la figure de la pureté de vos âmes : à quoi serviraient les ajustements les plus magnifiques, si l'âme était souillée par le péché ? Faites donc attention à mériter l'approbation de Dieu, et non les louanges des hommes ; car ces dernières, la plupart du temps, ne servent qu'à nous enfler d'orgueil. »

Les enfants écoutaient attentifs et un peu confus ; elle poursuivait :

« On vous a dit que vous aviez l'air de petits anges ; rappelez-vous que les anges sont toujours en adoration ; puisque nous allons à l'église, imitez-les en restant à genoux bien dévotement, sans tourner la tête ni à droite ni à gauche et en joignant les mains pour prier. Le bon Jésus sera content de vous voir prosternés ainsi devant son tabernacle, et il vous bénira. »

A l'égard de sa belle-mère, la jeune femme était un modèle de respect et de piété filiale ; elle prenait ses conseils, non seulement dans les affaires sérieuses, mais dans les choses du ménage, et s'il arrivait que leur manière de voir fût différente, Marguerite, sans témoigner le moindre déplaisir, renonçait à son opinion. Quand elle allait à la ville, elle lui rapportait toujours un petit présent : un gâteau, un fruit, du pain blanc. La vieille paysanne était souvent malade, sa belle-fille n'épargnait alors ni veilles ni soins pour la soulager ; lorsque son ménage était terminé, elle prenait sa couture et s'installait au chevet de l'infirme, l'entretenant des sujets qui pouvaient l'intéresser davantage.

En 1826, cette bonne vieille, qui avait atteint ses quatre-vingts ans, prit le lit pour ne plus se relever : la vie se retirait de ce corps usé par le travail et les années, rien ne pouvait la sauver. Les remèdes qu'on lui administra d'après les ordonnances du médecin ne produisirent aucun effet : alors les égoïstes, les gens intéressés, et il s'en rencontre partout, dirent à Marguerite :

« A quoi bon donner tant d'argent aux médecins et aux apothicaires ? Pensez à vos enfants qui grandissent, votre belle-mère ne guérira jamais, toutes ces dépenses de médicaments sont inutiles. »

Sans s'offenser d'un tel langage, la jeune veuve répliquait doucement :

« J'ai promis à mon pauvre Francesco mourant d'aimer sa mère comme si elle était la mienne, je veux tenir parole. Si, par mes soins, par tout ce que j'essaie, je puis prolonger son existence, ne fût-ce que d'une minute, je serai trop heureuse. »

La mourante reçut avec piété les derniers secours de la religion, puis elle demanda ses petits-enfants ; elle leur recommanda d'être toujours bons et respectueux envers leur mère :

« Puissiez-vous, ajouta-t-elle, lui donner autant de satisfaction qu'elle m'en a donné elle-même, car, depuis que nous sommes ensemble, jamais elle ne m'a causé le plus petit déplaisir. »

Le 11 février, elle se sentit plus faible que de coutume :

« Je vais mourir, dit-elle, priez pour ma pauvre âme... Ma bonne Marguerite, soyez bénie pour tout ce que vous avez fait pour moi. » Elle lui donna un baiser : « Adieu... c'est la dernière fois que je vous embrasse ici-bas, mais un jour, je l'espère, nous serons tous réunis dans le paradis. »

Dans le cours de cette même année, Giovanni, qui atteignait ses onze ans, eut le bonheur de faire sa première communion. Il est inutile de dire avec quelle sollicitude sa pieuse mère le disposa à ce grand acte de la vie chrétienne, et quelle joie inonda son cœur quand elle vit son jeune fils s'approcher de la table sainte pour la première fois !

Dans l'éducation de ses fils, elle évita toujours ce qui, de près ou de loin, ressemblait à la mollesse, à la sensualité ; jamais, pour le goûter et le déjeuner matinal, les enfants ne recevaient autre chose qu'un morceau de pain sec, quoiqu'à la maison il y eût du lait et des fruits en abondance. Ils couchaient sur la dure et se levaient de grand matin.

« Notre existence, disait cette grande chrétienne, est si courte, pourquoi en consumer une partie dans un repos inutile ? Chaque minute que nous dérobons au sommeil est en quelque sorte une prolongation de vie : que d'actions méritoires nous pouvons faire pendant que d'autres se livrent au repos ! »

Nul doute que Dom Bosco n'aurait pas accompli les œuvres que nous admirons, si, dès son jeune âge, il n'eût été habitué à se vaincre et à n'accorder à son corps que le strict nécessaire !

Marguerite avait une piété trop vraie et trop ardente pour ne pas aimer et secourir les pauvres, les meilleurs amis de Dieu ici-bas. Parfois, sa charité et sa compassion semblaient dépasser les limites de la prudence humaine ; mais Celui qui nous a fait un précepte rigoureux de venir en aide à nos frères ne dit nulle part que nous devons être méfiants et soupçonneux : s'il arrive que nous nous trompons et que nous faisons largesse à qui ne le mérite pas, qu'importe ! de telles erreurs sont bénies par le Ciel...

La charité de la pieuse veuve possédait toutes les qualités que l'apôtre saint Paul désigne dans son Épitre. Un de ses biographes a sur elle un mot d'une simplicité sublime.

« Jamais elle n'eut occasion de pardonner, parce que jamais elle ne se jugea offensée. »

Ses voisins la trouvaient constamment disposée à leur fournir ce dont ils avaient besoin : huile, froment, maïs, etc., vin pour les malades, elle distribuait tout avec une générosité sans égale.

Son habitation était un peu isolée et située non loin d'un bois. A la nuit tombante, il arrivait souvent qu'un appel plaintif et discret lui était adressé : elle sortait aussitôt.

« Que voulez-vous ? » interrogeait-elle.

Alors elle voyait surgir du taillis des hommes au visage exténué, à la démarche chancelante.

« Maîtresse, imploraient-ils, donnez-nous quelque chose à manger. »

Elle savait que ceux qui la priaient de la sorte étaient des voleurs poursuivis par la justice humaine ; peu importe ! elle ne s'arrogeait pas le droit de les juger, elle les faisait entrer dans sa demeure et s'empressait de leur servir à manger.

« Merci, merci, bonne mère, disaient-ils après avoir pris leur repas à la hâte, mais nous sommes extrêmement las.

— Eh bien, voilà de la paille, je n'ai pas mieux à vous offrir. »

Dans leur reconnaissance un peu démonstrative, ces pauvres gens, peut-être des égarés plus que des coupables, essayaient de lui baiser la main.

« Non, non, pas cela: si vous tenez à me faire plaisir, récitez une petite prière avant de vous endormir.

— Oui, bonne mère, nous la dirons, bien sûr. »

Et ils restaient paisiblement couchés jusqu'au lendemain, comme des agneaux, sans déranger quoi que ce soit, et jamais la charitable paysanne n'eut à se repentir d'une semblable hospitalité, qui eût paru dangereuse à tant d'autres.

Il arriva plus d'une fois, et c'était assez piquant, que des hôtes d'un tout autre genre pénétraient dans la maisonnette pendant que les malfaiteurs mangeaient ou se livraient au repos : c'étaient les gendarmes qui avaient choisi cet endroit comme halte ; une légère cloison seulement les séparait de ceux qu'ils devaient arrêter, et ces derniers, retenant jusqu'à leur souffle, entendaient tout ce qui se disait et en faisaient leur profit.

Marguerite recevait aussi fréquemment la visite de marchands ambulants: elle les accueillait aussi bien que possible, et, s'ils voulaient la dédommager de la dépense qu'ils avaient causée, elle s'y refusait énergiquement.

« Ma maison, disait-elle, n'est pas une auberge. »

Toujours préoccupée de la gloire de Dieu et du bien des âmes, elle s'arrangeait de manière à visiter la balle de ses hôtes d'un jour, et, quand elle y découvrait des gravures peu convenables, elle en demandait la destruction, pour prix de son hospitalité, et sa prière n'était jamais refusée.

Mais c'était au chevet des infirmes, des mourants, que la veuve de Francesco déployait toute sa délicate compassion et la tendresse de son cœur ; aucune sœur garde-malade n'eût pu se montrer ni plus adroite ni plus dévouée. Tant qu'il restait quelque espoir, elle prodiguait aux malades ses soins assidus, paraissant insensible à la fatigue et à la privation de sommeil ; si elle reconnaissait qu'ils allaient mourir, elle les préparait doucement aux derniers sacrements ; au moment de l'agonie, elle leur suggérait de pieuses aspirations, qui, non seulement consolaient le moribond, mais édifiaient grandement les assistants ; enfin, quand ils avaient rendu le dernier soupir, elle veillait près de leur dépouille mortelle et priait pour le repos de leurs âmes.

Ses fils grandissaient, il était temps de s'occuper de leur avenir. Giuseppe, d'un caractère très pacifique, mais habile et industrieux à tirer parti de toute chose, se plaisait aux travaux des champs ; quant à Giovanni, vif, impétueux, ayant l'intelligence éveillée et un peu curieuse, la vie monotone de la campagne n'avait aucun attrait pour lui. Après maintes luttes et maintes contradictions, il put faire ses études ; lorsqu'elles furent terminées, il eut la velléité d'entrer chez les Franciscains, afin de se livrer tout entier à la prière et à l'étude.

Un prêtre vint alors prévenir Marguerite des projets du jeune homme et l'engagea fortement à s'y opposer : il lui représenta que, si Giovanni entrait dans le ministère paroissial, il pourrait plus tard venir en aide aux siens et secourir sa mère dans la vieillesse, tandis qu'une fois dans le cloître elle n'avait plus rien à espérer.

Des considérations de ce genre n'étaient pas faites pour toucher cette grande chrétienne, et quand elle parla à son fils, elle lui dit simplement qu'il devait la compter pour rien et ne consulter que la gloire de Dieu ; puis elle ajouta :

« Je suis née pauvre, j'ai vécu pauvre, je veux mourir pauvre : s'il arrivait un jour que, par hasard, tu sois riche, je ne franchirais pas le seuil de ton presbytère, souviens-toi de cela ! »

En prononçant ces paroles, expression fidèle de ses sentiments, la voix de la paysanne vibrait avec une telle énergie, son visage respirait une résolution si ferme que Giovanni fut ému jusqu'aux larmes.

Il reçut les saints ordres, le 5 juin 1841, et, le jour de la Fête-

Dieu, il officia solennellement à Castelnuovo : on devine avec quelle pieuse et reconnaissante émotion sa mère le vit monter à l'autel.

Chacun sait que Dom Bosco consacra sa vie entière à moraliser les enfants pauvres, recueillant tous ceux qu'il rencontrait et leur apprenant d'abord à connaître Dieu, puis à gagner leur vie honnêtement. La marquise de Barolo avait offert un asile au saint prêtre et à ses protégés ; elle lui allouait en outre une petite somme comme chapelain ; mais, au bout de deux ou trois années, la noble dame se lassa de ses bruyants locataires, dont le nombre croissait de jour en jour, et elle les congédia. C'était en 1846.

Après bon nombre d'échecs, de refus, Dom Bosco découvrit pour sa jeune colonie un hangar situé dans un quartier assez mal famé : il le fit approprier, et, lorsqu'il fut à peu près logeable, il reconnut qu'un auxiliaire lui était devenu presque indispensable. Mais qui serait assez dévoué pour l'aider dans sa tâche difficile et ardue, pour le suppléer durant ses absences ?... Un ami, auquel il faisait part de ses perplexités, répondit : « N'avez-vous pas votre mère ? »

Il hésita quelque peu : car, s'il trouvait tout naturel de s'immoler, lui, pour ses chers enfants, il en coûtait à ce fils aimant de condamner sa mère à une vie de privations et de sacrifices. Cependant il lui fit connaître son désir. Marguerite demeura un instant silencieuse, peut-être priait-elle intérieurement ; ensuite elle répliqua :

« Tu ne peux t'imaginer, mon fils, combien il me sera pénible d'abandonner cette maison, ce pays qui me rappelle tant de souvenirs, et ton frère Giuseppe et mes chers petits-enfants ; toutefois, si c'est la volonté de Dieu, je suis prête à t'accompagner. »

Il fut convenu que le départ aurait lieu après les fêtes de la Toussaint. Ah! s'il se fût agi de suivre son fils pour mener une existence facile, aisée, exempte de travail, nul doute que cette âme vraiment grande n'eût refusé : mais elle allait au-devant de la pauvreté, d'un pénible labeur ; elle savait que de malheureux orphelins avaient besoin de ses soins, de sa sollicitude : pouvait-elle hésiter ?...

Il lui restait à subir un dernier assaut, plus cruel que les autres ; elle en sortit victorieuse : ce fut quand ses petits-fils, l'enlaçant de leurs bras et la couvrant de leurs caresses, la conjurèrent de ne pas s'éloigner. Elle s'arracha de leur douce étreinte et prit le chemin du Valdocco sans jeter un coup d'œil à la riante campagne qu'elle abandonnait.

Le peu de provisions apporté de Becchi fut promptement épuisé ; la bonne humeur et la sérénité de la pieuse veuve n'en subirent aucune altération ; Dom Bosco était accoutumé à pareille aventure, et il n'en conçut aucune inquiétude. Le fils et la mère avaient une foi inébranlable dans la Providence, qui donne aux oiseaux la nourriture convenable et revêt d'une riche parure la fleur des champs.

Un peu après son installation, Marguerite se fit envoyer son trousseau, dont une grande partie n'avait jamais servi : linge, vêtements, bijoux modestes dont chacun rappelait un doux souvenir, elle sacrifia tout. Ses plus belles robes, sous les mains adroites d'une dame qui consacrait tout son temps à l'Oratoire, devinrent des chasubles ; son linge fin fut également employé pour la chapelle et converti en aubes, rochets, etc. Le prix d'un collier d'or servit à payer les galons et les autres fournitures nécessaires à la confection des ornements sacerdotaux. Quoique depuis de longues années la pieuse paysanne eût renoncé à toute parure et qu'elle pratiquât un grand détachement, ce ne fut pas sans un inexprimable serrement de cœur qu'elle se dépouilla de tout ce qui lui appartenait.

« Quand je tenais un de ces objets dans mes mains, disait-elle, et que je savais que c'était pour la dernière fois, il m'était difficile de retenir un soupir de regret ; puis je disais : Va, va, tu vas être employé à nourrir et à vêtir de pauvres enfants abandonnés ou à parer l'épouse du Christ dans la personne de ses ministres, et ces paroles étaient à peine achevées que j'aurais voulu posséder cent choses plus belles afin de m'en priver. »

Ce sacrifice n'était pas le seul que la bonne veuve eût à offrir à Dieu. Depuis que ses fils n'étaient plus des enfants, elle menait une vie calme qu'aucun incident ne venait troubler, et maintenant, au lieu des soirées paisibles passées en famille, c'était, surtout le dimanche et les jours de fête, un tumulte indescriptible, un tapage inouï : plus de cinq cents enfants se livraient, dès les premières lueurs de l'aube jusqu'au soir, sauf les heures consacrées à la prière, à des jeux bruyants, entrecoupés de clameurs joyeuses et d'éclats de rire retentissants. Et, pendant douze ans, elle souffrit sans se plaindre, heureuse de seconder Dom Bosco dans son œuvre de régénération.

Comment décrire la bonté, l'indulgence de celle qui, à l'Oratoire, n'était désignée que sous le nom de *maman Marguerite ?* Elle avait de merveilleuses paroles pour consoler les affligés, reprendre les coupables, toucher les endurcis, encourager les bons ; ses morales, assaisonnées qu'elles étaient de proverbes populaires, de paraboles familières, avaient un tour pittoresque inimitable.

Son amour pour la pauvreté semblait croître avec les années, ses dépenses personnelles étaient insignifiantes, et en voyant de combien de choses les enfants avaient besoin, elle se trouvait toujours trop bien. La table de Dom Bosco, recevant des prêtres et des jeunes gens destinés à l'état ecclésiastique, était un peu moins frugale que dans les commencements de l'œuvre. Il y avait deux plats, et la bonne veuve les accommodait avec soin, mais elle n'y touchait jamais, se contentant de *polenta* froide, et accompagnant son morceau de pain d'un oignon ou de quelques radis. Sa toilette ne variait pas : c'était toujours son même costume de paysanne que rehaussait seul une exquise propreté.

Souvent, à cause de son fils, dont la réputation de sainteté grandissait de jour en jour, elle recevait la visite de personnages éminents : évêques, ministres, etc., toutes ces grandeurs n'embarrassaient nullement sa modestie ; elle accueillait ces sommités avec une simplicité parfaite qui n'était pas exempte de dignité, et tous la quittaient émerveillés de sa piété et de son jugement droit et sain.

Un jour, Dom Bosco lui fit remarquer que le vêtement qu'elle portait à l'ordinaire était devenu hors d'usage, et qu'il était temps de le remplacer ; à cet effet, il lui remit vingt francs. Une semaine, deux semaines, un mois se passèrent, et la sainte femme revêtait toujours le même manteau. Son fils intervint de nouveau et lui reprocha doucement de n'avoir pas fait ce qu'il lui avait demandé.

« Tu as bien raison, mon fils, mais comment acheter quelque chose sans argent ?

— Vous n'avez pas d'argent ! Et les vingt francs ?

— Les vingt francs ! ah ! il y a longtemps qu'il n'en reste rien. J'ai payé l'épicier auquel on devait différentes fournitures, ensuite plusieurs de nos enfants manquaient de chaussures, je leur en ai acheté. Ah ! l'argent va vite.

— Vous avez bien fait, mère ; toutefois, je vous le répète, vous ne pouvez continuer à mettre ce vêtement ; il y va de mon honneur.

— Oh ! alors, il ne faut pas balancer à en acheter un autre ; mais comment faire ?

— Eh bien, voilà vingt francs, et j'entends que cette fois ils ne soient pas employés à autre chose qu'à l'achat de votre manteau. Souvenez-vous, ma mère, que je désire vous voir habillée convenablement.

— Cela suffit, sois tranquille. »

Et la pièce de vingt francs, comme la précédente, servait aux enfants de l'Oratoire, qui toujours manquaient d'une chose ou d'une autre.

Dans les dernières années de *maman Marguerite*, l'œuvre de Dom Bosco avait pris de grandes proportions, le grain de sénevé était devenu un arbre ; on avait dû s'agrandir, et des bâtiments vastes et commodes s'étaient élevés :

« C'est trop beau pour une vieille femme comme moi, ces grands corridors, » disait l'humble paysanne.

En effet, elle ne devait jamais prendre possession de la nouvelle chambre qui lui était destinée. Dans les premiers jours de novembre 1856, elle tomba malade et bientôt une fluxion de poitrine se déclarait. Malgré les soins dévoués qui lui furent prodigués, l'état de la malade s'aggrava rapidement, et le danger devint imminent. La pieuse femme reconnut elle-même qu'elle ne guérirait point, et elle fit à ses enfants, car Giuseppe était accouru dès la première annonce de la maladie, les plus tendres et les plus sages recommandations.

Entre autres choses, elle dit à Dom Bosco :

« Ne recherche ni la richesse ni l'élégance dans tes fondations, aie seulement en vue la gloire de Dieu. Que la pauvreté, mais une pauvreté réelle, effective, soit le fondement et la base de toutes tes entreprises. Beaucoup estiment la pauvreté dans les autres, et peu la goûtent pour eux-mêmes... Que ta famille spirituelle se conserve pauvre, et elle sera bénie de Dieu. »

A Giuseppe, elle dit :

« Je souhaite que mes petits-enfants, à moins qu'ils ne montrent des aptitudes particulières, restent cultivateurs et, ainsi que toi, gagnent honnêtement leur vie : il y a souvent péril à vouloir changer de position... Continue toujours de faire pour l'Oratoire ce qui sera en ton pouvoir, la sainte Vierge t'en récompensera, et, même sur terre, tu auras d'heureux jours. »

Dom Bosco eut la consolation de lui administrer les derniers secours de la religion ; la mourante en fut très émue.

« Il fut un temps, lui dit-elle, où c'était moi qui t'aidais à recevoir les sacrements ; aujourd'hui les rôles sont changés, c'est toi, mon fils, qui assistes ta mère. Tu réciteras les prières à haute voix, car cela me fatigue extrêmement de parler ; je suivrai tes paroles, et, si ma bouche est incapable de les proférer, mon cœur au moins les répétera tout bas. »

Pendant la dernière journée qu'elle devait passer ici-bas, ses deux fils en proie à une vive douleur ne la quittèrent pas un instant.

« J'ai la conscience tranquille, murmura la mourante, et, si parfois j'ai paru agir avec rigueur et sévérité, c'est que le devoir m'y contraignait... Dieu seul, mon fils, ajouta-t-elle en se retournant vers Dom Bosco, peut savoir combien je t'ai aimé ; j'espère, dans la bienheureuse éternité, t'aimer encore davantage... Dis à nos chers enfants de l'Oratoire que pour eux j'ai toujours eu un cœur de mère ; je réclame leurs prières et une de leurs communions pour le repos de mon âme. Adieu, mon Giovanni, reçois mon dernier baiser. Souviens-toi que la vie n'est que souffrances, et que le vrai bonheur est seulement au ciel... Adieu, retire-toi dans ta chambre. »

Brisé de douleur, Dom Bosco hésitait à s'éloigner ; un regard de sa mère, regard empreint tout à la fois d'autorité et de prière, le décida à obéir. Vers minuit, n'y tenant plus, il revint près du lit de l'agonisante ; aussitôt elle s'aperçut de sa présence, et de nouveau elle lui fit signe de s'éloigner. Il répliqua :

« Un fils affectionné doit-il donc abandonner sa mère dans un semblable moment ? »

Marguerite répondit :

« Giovanni, c'est la dernière chose que je te demanderai jamais, ne me la refuse pas. Tu le vois, je suis suffisamment entourée ; retire-toi, je souffre doublement en te voyant souffrir. Adieu ! »

Dom Bosco n'osa pas résister plus longtemps à cette voix aimée ; il rentra dans sa chambre, priant et pleurant dans une inexprimable angoisse... Vers trois heures du matin, le 25 novembre, Giuseppe vint lui annoncer que leur mère était au ciel...

Les obsèques de cette grande chrétienne furent célébrées sans pompe et sans éclat, mais plus de quinze cents enfants suivirent, recueillis et affligés, le cercueil de celle que, si justement, ils appelaient leur mère, et tous ceux qui virent cette imposante manifestation en furent grandement émus.

Le nom de cette pieuse femme est désormais inséparable de celui de Dom Bosco ; dans les *Annales salésiennes*, il est placé à côté de celui du saint fondateur, et l'un et l'autre ne sauraient tomber dans l'oubli.

MADAME DE LAMARTINE

Vue de Saint-Point.

MADAME DE LAMARTINE

Bénitier composé et exécuté par
Mme de Lamartine pour l'église
Saint-Germain-l'Auxerrois.

A la fin de l'été 1819, Alphonse de Lamartine revenait en Savoie, sur les bords du lac de Bourget, ce lac qu'il a chanté dans des strophes harmonieuses et impérissables ; il y revenait courbé sous le poids d'un deuil de cœur profond, sans prévoir que Dieu lui ménageait la rencontre de celle qui devait être sa compagne, et allait enfin fixer sa destinée.

Non loin de Chambéry, s'élève le château de Caramagne, par la famille de La Pierre ; une des sœurs d'Alphonse, celle qu'il préférait, Césarine, mariée à un gentilhomme savoyard, allait souvent visiter Mesdames de La Pierre ; là, elle vit et se lia bientôt avec une de leurs amies anglaises, Miss Marianne Birch. Celle-ci n'était plus une toute jeune fille, elle avait dépassé la vingt-cinquième année ; ce n'était pas une beauté, mais sa physionomie intelligente et sérieuse possédait un grand charme. Elle avait reçu une éducation des plus brillantes, parlait et écrivait élégamment plusieurs langues, était bonne musicienne et, comme peintre et sculpteur, avait un talent vraiment artistique. Elle aimait la poésie et goûtait beaucoup les *Méditations* d'Alphonse de Lamartine que Louis de Vignet, ami du poète, venait lire chaque soir, avec un enthousiasme sincère qui en faisait mieux ressortir toutes les beautés.

Louis de Vignet ne restait pas dans son simple rôle de lecteur ; avec l'ardeur de la jeunesse, il exaltait son ami, le comparait à lord Byron, le plaçant même au-dessus de ce dernier dont la plupart des poèmes sont profondément irréligieux ; puis, à demi-mots, il laissait entrevoir, sans l'expliquer entièrement, que le jeune poète était en proie à une douleur intime qui le consumait.

Mesdames de La Pierre, pas plus que leur amie anglaise, ne connaissaient Alphonse de Lamartine, aussi fut-ce presque un événement quand le jeune homme fut présenté à la société de Caramagne. Il n'avait pas encore vingt-quatre ans et était dans tout le rayonnement de sa virile beauté : l'ombre mélancolique répandue sur son front ne faisait que lui prêter un attrait de plus. Miss Birch, dont l'imagination avait été très surexcitée et qui, sous des dehors un peu froids, cachait une âme de feu, se sentit profondément troublée par cette entrevue. Alphonse ne put être insensible à une sympathie qui, sans se trahir, se laissait deviner, et la jeune anglaise comprit bientôt qu'elle était aimée.

Lorsque le mariage fut sérieusement discuté dans ces deux familles, plusieurs objections s'élevèrent. Alphonse ne possédait qu'une fortune médiocre et il n'avait aucune situation dans le monde : en mère prudente, Mme Birch hésitait à donner son consentement. D'autre part, Miss Marianne professait la religion protestante, et la famille de Lamartine tenait au catholicisme par toutes les fibres de l'âme. Au bout de plusieurs mois, après que les jeunes gens, se voyant davantage, étaient attachés l'un à l'autre, une rupture complète eut lieu, et, afin de distraire sa fille, Mme Birch la fit voyager avec elle.

L'année suivante paraît le livre des *Méditations*, qui excite un enthousiasme général : c'est le point de départ et comme le premier chaînon d'événements heureux qui se lient les uns aux autres. Après le succès inouï du livre, la nomination au poste de secrétaire d'ambassade à Naples et bientôt les préparatifs de son mariage.

Cette époque eut pour le jeune homme des rayonnements incomparables : l'amour, la gloire, la fortune, tout lui souriait à la fois. Pour sa fiancée, ce fut aussi une période de félicité ; l'attente d'un bonheur qui ne peut fuir a un charme exquis que la réalité n'atteint presque jamais. Ainsi que l'a chanté un autre poète, Victor Hugo :

> On sourit de ce qu'on rêve,
> Mais ce qu'on a fait pleurer.

Miss Birch devait l'expérimenter ; n'anticipons pas sur les événements.

La bénédiction nuptiale est donnée aux deux fiancés dans la chapelle du gouverneur de Chambéry ; une assistance choisie les entoure ; une place est vide cependant, celle de Mme Birch : la rigide protestante n'a pas voulu paraître à une cérémonie catholique. Le lendemain, à Genève, le mariage fut célébré suivant les rites protestants, en présence de l'austère Anglaise qui ignorait encore que sa fille n'appartenait plus à la religion réformée ; le respect un peu craintif que celle-ci éprouvait à l'égard de sa mère l'avait seul empêchée de déclarer plus tôt sa résolution.

Peu après, les jeunes époux partirent pour Naples, où l'ambassadeur, M. de Narbonne, attendait son secrétaire. Ils voyageaient lentement, afin de mieux savourer, en quelque sorte, leur bonheur et les merveilles que l'Italie prodigue à chaque pas. Tous deux cependant connaissaient déjà cette terre privilégiée de la nature et des arts, mais il leur semblait la voir pour la première fois, ou, du moins, ils lui trouvaient des aspects nouveaux ; car le bonheur et l'amour sont d'habiles magiciens qui transfigurent tout ce qu'ils touchent.

A Rome, Mme de Lamartine, dont la santé exigeait des ménagements, dut prendre du repos; sa mère resta près d'elle durant que M. de Lamartine continuait son voyage.

Ce dernier, écrivant alors à une vieille amie de sa mère, la marquise de Raigecourt, lui disait :

« ... Je trouve ma femme la plus parfaite des femmes pour moi; c'est aussi vous dire que j'espère être pour elle un bon mari... »

Un peu plus tard, il revient chercher sa femme pour l'installer à Naples. On était en pleine révolution dans cette ville, et les salons se trouvaient fermés ; les jeunes époux ne semblent nullement regretter les réceptions dont ils sont privés. Ils se suffisent à eux-mêmes et passent la meilleure partie de leur temps à la campagne, et la campagne de Naples, c'est un paradis pour les yeux. Le fragment suivant écrit par le poète à Louis de Vignet va nous initier au genre de vie que mène le secrétaire d'ambassade et sa femme.

« ... Je passe mon temps à rêvasser dans les champs ou sur la mer, avec Marianne. Nous rentrons, nous dînons, nous dormons. Quatre ânes, frémissant d'une noble ardeur, nous attendent dans la cour. Mme Birch et son écuyer Monkey ouvrent la marche, Marianne et moi nous la fermons, et, dans ce grotesque équipage, le seul connu du pays, nous gravissons les sommets volcaniques, nous nous égarons dans les bois, nous culbutons dans les ravins. Mme Birch pleure, Monkey roule en silence, Marianne s'impatiente, et moi je ris. La nuit tombe, nous redescendons harassés de fatigue, enchantés des découvertes vraiment ravissantes que nous avons faites ; nous lisons, nous faisons de la musique, nous écrivons, nous nous couchons pour recommencer le lendemain. Ajoute à cela que, dès que nous touchons l'île (Ischia) des pieds, nous sommes guéris de tous nos maux. Il y a, en outre, soixante espèces d'eaux minérales que nous prenons par passe-temps... »

Un peu plus tard, on trouve dans une lettre à son ami de Virieu cette phrase caractéristique. « Je suis toujours de plus en plus heureux de celle que la Providence me ménageait dans sa bonté ! Je tâche de la rendre contente et heureuse aussi. Je me dépouille du plus d'égoïsme possible, car les longs et bons attachements se nourrissent de mutuels sacrifices ; mais ils les paient bien. »

Le dépouillement ne fut qu'imparfait et partiel ; dans la suite, nous le retrouverons cet égoïsme dans son complet épanouissement, et les sacrifices seront tous faits par l'héroïque épouse qui ne les comptera plus.

Au mois de février suivant, 1821, dans la Ville Éternelle, Mme de Lamartine met au monde un fils qu'on nomme Alphonse, comme son père. Il est baptisé à Saint-Pierre de Rome, en grande pompe. « Je viens de le mener baptiser à Saint-Pierre de Rome, écrit l'heureux père, c'est un beau début dans le monde, ce sera un beau souvenir. »

La mère voulait le nourrir elle-même et lui donner tous les soins, mais sa santé délicate la força bientôt de renoncer à ce doux labeur. L'enfant comptait à peine quelques mois qu'il était déjà d'une beauté remarquable et promettait de ressembler à la mère du poète. L'année suivante, la famille revint en Bourgogne, et, au mois de mai, le petit Alphonse eut une sœur qui annonçait devoir être aussi charmante que lui. Elle reçut au baptême le nom de Julie, mais on l'appela Julia.

> Pour que son nom sonnât plus doux dans la maison,
> D'un nom mélodieux nous l'avions baptisée.

Il y eut là pour les deux époux quelques mois de paisible félicité. Sans rien perdre de sa beauté et de sa grâce première, Alphonse se fortifiait de jour en jour ; à la campagne, on l'avait habitué à monter sur une chèvre dressée à ce jeu : père, mère, aïeul et tante admiraient ce bel enfant qui, tout fier de sa monture, se tenait comme sur un cheval et trottait gaiement dans les cours et les jardins. La famille passa la fin de l'été en Angleterre, la jeune mère était heureuse de faire connaître ses ravissants babys à sa nombreuse parenté.

Alphonse était élevé à l'anglaise, au grand air, jambes et bras nus, mais ce régime fortifiant ne convenait pas à sa poitrine délicate, surtout dans les pays du Nord, lui qui avait vu le jour sous le ciel brûlant de l'Italie. Les brouillards de la Tamise eurent sur son organisation l'effet le plus désastreux. Quand on s'en aperçut, il était trop tard ; une fièvre lente consumait l'enfant et, au bout de quelques semaines, tarit en lui les sources de la vie. Dans les derniers jours de l'année, avant qu'il eût accompli son deuxième printemps, Dieu le rappela au milieu de ses anges.

La douleur de la pauvre mère fut profonde et silencieuse ; sa nature ne la portait point à l'expansion ; joies ou tristesses, tout se concentrait et gardait ainsi, dans le silence du cœur, son acuité première. Sincèrement chrétienne, elle se résigna — peut-être crut-on qu'elle oubliait — et se prit à chérir doublement l'enfant qui lui restait.

En 1825, M. de Lamartine est envoyé à Florence en qualité de secrétaire d'ambassade ; sa femme est ravie de cette résidence, car, de toutes les villes d'Italie, Florence est celle qui lui plaît davantage. Les circonstances ne sont plus les mêmes qu'à Naples, quelques années auparavant, et leur vie très mondaine est celle qui convient à leur situation.

Le grand-duc de Toscane devint vite l'ami du poète qu'il admirait, et, dédaigneux de l'étiquette, il vient souvent à la villa de Lamartine oublier les ennuis et les assujettissements du pouvoir. Mme de Lamartine, inspirée par les chefs-d'œuvre qui l'entourent, s'est remise à la peinture avec une ardeur toute juvénile, et elle exécute alors plusieurs portraits de sa fille Julia.

L'été se passait à Livourne, au bord de la mer ; avec une grâce souriante qui ne se démentait jamais, les deux époux accueillaient soit à la campagne, soit à Florence, les Français qui, attirés par le doux climat de la Péninsule, venaient y chercher la santé ou la joie. Et peut-être cette large hospitalité commença-t-elle la gêne que le voyage d'Orient devait achever.

Le 20 août 1828, ils quittent Florence, et, pendant que M. de Lamartine se dirige vers Paris pour rendre compte de sa mission, sa femme rentre à Saint-Point, où toute la famille est à peu près réunie.

Un peu plus d'une année s'écoule sans apporter aucun changement notable dans l'existence de Mme de Lamartine ; de nouveaux volumes de poésie de son mari, ce qui la préoccupe toujours beaucoup, un triomphe pour celui-ci dans une réunion littéraire à Mâcon, sa candidature à l'Académie, voilà les événements les plus saillants de cette période. Comme toutes les femmes de l'aristocratie anglaise, Marianne s'entendait à merveille à diriger un cheval, et sa plus chère distraction en voyage ou lorsqu'elle se trouvait à la campagne était de faire de longues promenades sur *Gazelle*, sa jument favorite.

Au mois de novembre (1829), pendant que M. de Lamartine était à Paris pour son élection, laissant sa femme en famille, à Mâcon, arriva le funeste accident qui devait coûter la vie à sa mère. Celle-ci était à prendre seule, suivant sa coutume, un bain à l'établissement de la Charité. Elle voulut tourner un des robinets qui fonctionnait difficilement, l'eau jaillit tout à coup et lui inonda la poitrine de jets bouillants ; les Sœurs entendant des gémissements étouffés accoururent et firent transporter la blessée à son domicile. Trois jours plus tard elle expirait dans les bras de sa belle-fille qui s'était tenue à son chevet et lui avait prodigué les soins d'une tendresse vraiment filiale.

La jeune femme n'ignorait pas l'amour tendre et profond que M. de Lamartine portait à sa mère ; comment lui annoncer le coup qui venait de le frapper à l'improviste !... Toutes les angoisses qu'elle éprouve se font jour dans une lettre adressée à M. de Virieu et dont nous reproduisons quelques fragments :

« Lisez seul. J'ai recours à votre amitié pour Alphonse dans la terrible circonstance où je me trouve. Il n'y a que vous qui puissiez préparer mon pauvre Alphonse à accoutumer sa pensée à l'idée affreuse que sa mère, qu'il adore, est tombée, en un instant, de l'état de la plus parfaite santé à celui où elle est malheureusement à présent. — Elle fait le récit de l'accident, puis continue : — Toute la douleur d'Alphonse me tombe sur le cœur, et je ne sais comment la supporter. Je n'ai d'espoir qu'en vous pour lui adoucir cette terrible nouvelle... Mon pauvre Alphonse va être désespéré, c'est lui surtout qu'il faut soigner. Enfin tout espoir n'est pas perdu... Fasse le Ciel que j'aie quelque chose de mieux à vous mander... »

Le lendemain, elle trace à la hâte les lignes suivantes : « Tout est fini. C'est un ange qui est déjà au ciel. Mais Alphonse, que deviendra-t-il? Oh! ménagez-le, de grâce! Je tremble. Mon inquiétude est à son comble... Appelez Dieu à son secours comme je le fais jour et nuit. Quel retour pour Alphonse !... Je n'ose penser à ce terrible voyage. Consolez mon Alphonse par la béatitude de sa mère. Elle le représente même dans sa dépouille mortelle... »

Cette mort était aussi une peine réelle pour Marianne ; depuis sa conversion au catholicisme, ses rapports avec sa propre mère s'étaient modifiés, peut-être la sympathie n'avait-elle jamais été bien complète. Le changement de religion avait creusé un abîme entre leurs âmes, et la jeune femme s'était tournée du côté de Mme de Lamartine qui la confondait dans son cœur avec ses filles tant aimées.

Au mois d'avril de l'année suivante, Lamartine fut reçu membre de l'Académie ; sa femme assistait à la séance, toute heureuse et toute émue en écoutant la parole vibrante du poète, et en recueillant les applaudissements de l'auditoire charmé.

La révolution de 1830, qui brisa la carrière politique de Lamartine, lui laissa plus de loisirs et fortifia une résolution qu'il nourrissait depuis longtemps de visiter les lieux saints et une partie de l'Orient. Il espérait aussi que le beau ciel d'Asie guérirait la poitrine de sa fille qui inspirait quelques inquiétudes.

Le 14 juin 1832, les voyageurs partirent pour Marseille où une cordiale hospitalité les retint un mois. Avant de se diriger vers la Syrie, ils voulurent visiter la Grèce. Julia, malgré son jeune âge, — elle comptait dix ans à peine, — s'intéressait vivement à tout ce qui passait sous ses yeux charmés ; son intelligence très développée lui permettait de comprendre les souvenirs historiques que sa mère lui commentait.

Le 5 septembre, les cimes du Liban apparurent, se détachant sur le sombre azur du ciel ; on arrivait à Beyrouth où la famille devait prendre une installation de quelques mois. Cette traversée de soixante jours, qui avait été pour le poète et pour sa femme, grande admiratrice de la mer, une fête des yeux et un enchantement de l'esprit, avait beaucoup fatigué la jeune fille et hâté le progrès du mal dont elle souffrait.

Dieu qui dans sa miséricordieuse bonté, jette un voile sur les choses de l'avenir, permit que les parents ne vissent pas le danger et eussent encore quelques semaines de sécurité et de joie. La maison où ils s'abritèrent était située au milieu d'un fouillis délicieux d'aloès, de nopals, de figuiers, etc., et avait vue sur les deux merveilles du pays, les montagnes du Liban et la mer de Syrie.

M. de Lamartine ne resta pas longtemps à Beyrouth. Il alla plus avant, dans le pays des Druses, visiter lady Esther Stanhope et plusieurs chefs arabes auxquels il était recommandé. Pendant cette excursion, Mme de Lamartine peignit à la fresque les murs de son habitation, et sa fille l'aidait dans ce travail délicat. Le poète revint plein d'enthousiasme pour le pays qu'il venait de parcourir ;

après avoir donné quelques jours à sa femme et à sa fille, il repartit accomplir son pèlerinage à Jérusalem. Cette fois Mme de Lamartine le vit s'éloigner avec un serrement de cœur; sa tendresse maternelle l'avertissait du danger de sa Julia, et elle craignait en outre, pour son mari, les périls du voyage. Au bout d'un mois, elle lui écrivit de rentrer et de ne pas s'aventurer en Égypte, ainsi qu'il en avait témoigné l'intention.

Le 3 novembre, le voyageur embrassait sa femme et sa fille; celle-ci, animée par la joie de revoir son père qu'elle idolâtrait, paraissait gaie et bien portante. Quelques jours plus tard, elle accompagnait à cheval M. de Lamartine qui montait *Liban*, son coursier favori, et tous deux gravirent la colline de San-Dimitri. Ils déjeunèrent à l'ombre des palmiers, respirant avec délices l'air chargé d'aromes parfumés; la température était d'une merveilleuse douceur, et, de quelque côté que les yeux se tournassent, ils apercevaient des sites ravissants. Ils visitèrent un monastère de prêtres maronites, puis, comme antithèse sans doute, tombèrent au milieu d'un campement Kurde.

La jeune fille animée et souriante s'écriait : » N'est-ce pas, Père, que j'ai fait la plus belle promenade qu'il soit possible de faire au monde? Oh! que Dieu est grand et qu'il est bon pour moi de m'avoir choisie pour me faire contempler si jeune de si belles choses! » Le soleil allait disparaître à l'horizon quand ils traversèrent, pour regagner Beyrouth, une forêt de sapins dont la grande voix sonore fut leur chant du soir. Cette promenade remplie d'enchantements était la dernière ivresse paternelle que M. de Lamartine dût goûter et comme l'adieu suprême de la jeune fille aux splendeurs de la nature.

Le surlendemain, des symptômes alarmants se déclarèrent, et la crise finale parut imminente. Mme de Lamartine veilla nuit et jour près de son enfant adorée, passant par ces cruelles alternatives de crainte et d'espoir que connaissent tous ceux qui ont tremblé pour un être aimé. Le 6 décembre, à deux heures du matin, Julia retournait vers Dieu, laissant ses parents écrasés sous une douleur qu'aucune langue humaine ne saurait retracer... Cette enfant était presque une perfection : sa beauté avait quelque chose d'idéal, et les dons de son intelligence vraiment supérieure étaient encore surpassés par l'amabilité de son caractère et les qualités de son cœur.

Pendant plusieurs mois, la pauvre mère demeura comme insensible à tout ce qui se passait autour d'elle, ne trouvant un peu de soulagement que dans la tendresse de son mari qui, à ce moment, fut admirable à son égard. Quelque chose d'elle-même s'en était allé avec sa bien-aimée Julia, et se sentant si différente de ce qu'elle était autrefois, elle s'étonnait de vivre encore. Sa foi lui donna la résignation et une sorte de calme apparent, mais son cœur pleura toujours. Trente ans après ce funeste événement, elle écrivait à un ami intime ces lignes touchantes :

« J'ai senti tressaillir deux fois mes entrailles de la plénitude du bonheur maternel. Dieu ne m'a pas jugée digne de jouir longtemps de ce bonheur, mais jamais rien ne le remplacera. Je vois toujours mes anges tels qu'ils m'ont laissée, au ciel comme sur la terre, avec leur tendresse infinie, leurs caresses innocentes, leurs paroles gravées au fond du cœur, comme s'ils étaient présents... »

Cédant aux conseils de M. de Lamartine qui essayait de la tirer de sa torpeur, elle consentit enfin à visiter les lieux saints. A une halte, elle rencontra, venant de Jérusalem, une litière contenant un enfant malade qu'escortaient des parents en pleurs ; son émotion fut grande.

« Hélas, écrivait-elle, en racontant cet incident, moi aussi je pleurais ; j'avais espéré et prié comme eux, mais plus malheureuse encore, je n'avais plus même l'incertitude sur l'étendue de mon malheur. »

Qui pourrait dire les sentiments de tendresse et de douleur qui se partagèrent son âme, quand elle parcourait la voie douloureuse que, dix-huit siècles auparavant, une autre mère avait suivie le cœur broyé !...

« S'il est des lieux dans le monde, lisons-nous dans ses souvenirs, qui ont la douloureuse puissance d'éveiller tout ce qu'il y a de tristesse et de deuil dans le cœur humain et de répondre à la douleur intérieure par une douleur pour ainsi dire matérielle, ce sont ceux où j'étais. Chaque pas qu'on y fait retentit jusqu'au fond de l'âme comme la voix des lamentations, et chaque regard tombe sur un monument de sainte tristesse qui absorbe nos tristesses individuelles dans ces misères ineffables qui furent souffertes, expiées et consacrées ici... »

M. et Mme de Lamartine ne voulurent pas revenir en France sur le bâtiment qui ramenait le corps de leur fille; on fréta un autre brick, *la Sophie*, dont ils prirent possession. Cette fois les paysages enchanteurs qu'ils côtoyèrent n'eurent pas le don d'attirer leur attention : ils voyaient tout à travers leurs larmes, et rien ne les pouvait séduire.

En quittant Constantinople, ils prirent la route de terre. Marianne n'avait pas encore, dans ce lamentable voyage, gravi tous les degrés de son calvaire : dans un pauvre village de Bulgarie, M. de Lamartine tomba gravement malade, et, durant dix-huit jours, il fut en danger de mort. Les angoisses de sa courageuse femme, seule, loin de tous les siens, au chevet d'un mourant, sont indescriptibles. Dieu lui épargna une nouvelle épreuve; contre toute attente, le malade se rétablit.

Nos voyageurs entrèrent de nuit à Mâcon, père, tantes, sœurs les attendaient et s'efforcèrent de les consoler, mais ils ne surent que pleurer avec eux. Ah ! dans ce revoir douloureux, Marianne dut regretter l'absence de sa belle-mère qui, plus qu'une autre, aurait compati à ses déchirements ; mais Dieu avait épargné à celle-ci la suprême douleur de perdre la petite fille qui était sa vivante image : l'aïeule et l'enfant étaient réunies là où on ne se sépare plus...

La vie reprit son cours ordinaire ; Lamartine venait d'être nommé député ; il se plongea dans la politique et laissa souvent sa femme seule, à Saint-Point, pour aller affronter à Paris les luttes de la tribune qui le passionnaient énormément.

En 1836, parut *Jocelyn :* au premier feuillet du livre, le poète avait inscrit ces vers empreints d'un amour pur et élevé :

A Maria-Anna Elisa

> Doux nom de mon bonheur, si je pouvais inscrire
> Un chiffre ineffaçable au socle de ma lyre,
> C'est le tien que mon cœur écrirait avant moi,
> Ce nom où vit ma vie et qui double mon âme !
> Mais, pour lui conserver sa chaste ombre de femme,
>   Je ne l'écrirais que pour toi.
>
> Lit d'ombrage et de fleurs, où l'onde de ma vie
> Coule secrètement, coule à demi-tarie,
> Dont les bords trop souvent sont attristés par moi,
> Si quelque pan du ciel un moment s'y dévoile,
> Si quelque flot y chante en roulant une étoile,
>   Que ce murmure monte à toi !
>
> Abri dans la tourmente, où l'arbre du poète
> Sous un ciel déjà sombre obscurément végète,
> Et dont la sève monte et coule encore en moi,
> Si quelque vert débris de ma pâle couronne,
> Refleurit aux rameaux et tombe au vent d'automne,
>   Que ces feuilles tombent sur toi !

Cet hommage toucha profondément celle qui en était l'objet et lui alla droit au cœur. A peu près, vers le même temps, une fièvre pernicieuse lui enleva sa femme de chambre anglaise qui les avait accompagnés en Orient et avait vu mourir Julia. Ce n'était pas une domestique ordinaire ; on la considérait comme faisant partie de la famille ; aussi les restes de cette humble amie furent-ils déposés dans le caveau de Saint-Point, près de l'enfant à qui elle avait prodigué tant de soins.

Dans l'appartement que les époux occupaient à Paris, Mme de Lamartine avait fait disposer une pièce pour lui servir d'atelier. C'était là qu'elle se plaisait davantage et qu'elle recevait ses intimes. On y voyait, entre autres choses, plusieurs portraits de sa main, et une gracieuse pendule de marbre blanc qu'elle s'était plu à sculpter ; douze enfants ailés comme des chérubins représentaient les heures.

Un jour, le curé de Saint-Germain-l'Auxerrois fut introduit près d'elle. — Madame, dit-il, je me présente à vous en suppliant. Mon église vient d'être restaurée, rien n'y manque, sauf un baptistère. Je voudrais un baptistère digne de ma belle église ; les modèles que j'ai vus ne me satisfont pas et je ne suis point assez riche pour m'adresser aux artistes en renom. On m'a dit que vous aviez fait un charmant modèle, et j'ai pensé, peut-être trop témérairement, que vous seriez assez bonne de me le donner.

— Ce que j'ai fait, Monsieur le curé, n'est qu'un simple bénitier, bien indigne de l'honneur que vous voulez lui réserver ; et en même temps, Mme de Lamartine lui désignait, dans un coin de l'atelier, trois enfants en adoration et enlacés autour d'une croix.

— Mais, Madame, s'écria le prêtre ravi, c'est admirable, et tout en me disant que ce groupe ferait merveille dans mon église, je n'ose plus, maintenant que je l'ai vu, rien demander.

— N'est-ce que cela, Monsieur le curé, répliqua-t-elle avec un grave et doux sourire, ce modèle est à vous, je regrette seulement une chose, c'est qu'il ne soit pas plus beau.

Ce baptistère est toujours à Saint-Germain-l'Auxerrois dans le transept de droite.

Mme de Lamartine aimait les pauvres, et, malgré ses occupations nombreuses et les assujettissements de ses devoirs mondains, elle ne craignait pas de les visiter elle-même. Pour ses courses charitables, elle mettait une toilette fort simple qui lui permettait de passer inaperçue et allait à pied sans se faire accompagner. Afin de mieux cacher ses bienfaits, elle taisait son véritable nom, et n'était connue, parmi ceux qu'elle secourait, que sous le nom de madame Dumont.

Un jour elle pénétra dans un galetas où un homme agonisait ; ce malheureux, éloigné depuis longtemps de toute pratique religieuse, était en proie à une surexcitation effrayante. Elle essaya de le calmer, de lui parler de Dieu, de ses miséricordes sans limites et des immortelles espérances de l'autre vie ; pour toute réponse elle ne reçut que des injures et des blasphèmes. Ce premier échec, tout en l'affligeant, ne la découragea point ; elle s'occupa de procurer à l'infortuné, dont elle voulait sauver l'âme, tous les soulagements physiques que son état réclamait. Elle continua ses exhortations et ses pieux conseils ; au bout de quelques jours, elle eut la suprême consolation de le voir mourir repentant et consolé.

Durant ses longs séjours à la campagne, elle avait remarqué et déploré l'ignorance des enfants concernant les choses de Dieu, quoique dans ce temps l'enseignement religieux ne fût pas proscrit de l'école, et elle chercha les moyens de faciliter à ces jeunes âmes l'intelligence des principales vérités de la religion. Sa conversion au catholicisme n'avait point été un acte spontané, irréfléchi, mais le résultat de patientes études, de sérieuses recherches dans lesquelles elle avait apporté cette persévérance calme qui est dans le caractère du peuple anglais, et elle se sentait d'autant plus attachée à la vraie foi qu'elle avait lutté et souffert avant de l'embrasser.

Elle composa, pour les enfants de l'école de Saint-Point, un petit livre : *Explications familières des vérités de la religion*, afin de faire mieux connaître et, par conséquent, aimer davantage aux enfants la religion dans laquelle ils avaient eu le bonheur de naître. Quelques années plus tard, elle donna une suite à cet opuscule, sous le titre de : *Explications familières des devoirs du dimanche*.

Nous lisons, au début de ce petit livre, ces humbles paroles : « Prions ensemble, afin que vous ayez le goût des choses de Dieu, et que moi j'aie la grâce de la persuasion, et qu'ayant cherché à vous instruire, je ne sois pas rejetée de Dieu comme indigne de parler de ces profonds mystères. »

Si l'esprit de cette noble femme se plaisait à éclairer les ignorants, à leur rendre plus aisée la voie qui mène à Dieu, et son cœur à soulager les misères physiques et morales, c'est que son âme s'illuminait à la source même de la lumière et allait puiser la force et le zèle au pied des saints autels.

Elle mettait en pratique cette parole de *l'Imitation* : « Je sens que deux choses me sont ici-bas souverainement nécessaires, et que sans elles je ne pourrais porter le poids de cette misérable vie... c'est pourquoi vous avez donné à ce pauvre infirme votre chair sacrée pour être la nourriture de son âme et de son corps, et votre parole pour luire comme une lampe devant ses pas. »

Les lignes suivantes, empruntées à une lettre intime, nous montrent combien sa dévotion était sincère et profonde : « J'aime à aller le matin, dès avant le jour, à l'église, avec ma femme de chambre et ma cuisinière, et nous agenouiller ensemble au même autel, au milieu de tout le petit peuple du quartier. C'est une fraternité devant Dieu et devant les hommes qui me plaît... »

Il est curieux et touchant de rapprocher ce fragment du passage suivant extrait du journal de sa belle-mère : « J'ai pris cette année l'habitude d'aller à l'église dès le matin, avant le jour, entendre la messe, il me semble qu'il faut d'abord dérober ces prémices de la journée aux tracas et aux plaisirs du monde, et rendre d'abord à Dieu ce qui est à Dieu, puis au monde ce qui est au monde... »

C'est le même élan intérieur, le même amour pour Dieu qui anime ces deux belles âmes et les fait marcher dans une voie semblable, mais chez la seconde, la note personnelle se fait sentir davantage, elle s'occupe surtout de sa propre sanctification, tandis que Marianne envisage avant tout l'union, la charité fraternelle, qui rend toute créature, quel que soit son rang social, égale devant Dieu.

A la suite des grands événements de 1848, M. de Lamartine abandonna la politique et se retira à la campagne, soit à Saint-Point, soit à Monceaux ; les journées sont consacrées au travail, coupées seulement par des promenades ou par quelques visites d'amis. L'hiver on retourne, à Paris où la vie mondaine reprend son cours. Toute la journée, les visiteurs se succèdent et, le soir, il y a toujours réception ; pour Mme de Lamartine, ces réunions sont parfois douloureuses; pendant qu'on fait de la musique ou que l'on cause autour d'elle, son cœur pleure en secret. Le poète pose un peu en idole, en charmeur dans son salon, et bon nombre de femmes jeunes et jolies, pleines d'une admiration enthousiaste, lui font une sorte de cour, reléguant l'épouse dans l'ombre. Jamais une plainte ni un reproche ne sort de ses lèvres, mais Dieu seul connut ses combats et ses luttes.

Une nouvelle excursion en Orient se prépare ; cette fois, nos voyageurs laisseront de côté la Syrie, le Liban aux funèbres souvenirs et se dirigeront vers l'Asie-Mineure.

« Juin 1850. Nous nous embarquons, écrit Mme de Lamartine, pour lever l'ancre demain, au petit jour. Je viens de visiter notre navire, il est très beau, très propre, très commode et, dit-on, très bon marcheur. Nous y avons des arrangements parfaits. S'il plaît à Dieu, la traversée sera bonne. Mais M. de Lamartine est parti si malade, sans pourtant être en danger, comme se plaisent à le dire *les Débats*, que j'ai eu mille tourments en route... »

Au retour, une fièvre contagieuse sévissant sur les côtes de la Grèce, on ne descendit pas à terre. En dépit des précautions prises, la maladie parvint à se glisser à bord, et Mme de Lamartine fut assez sérieusement atteinte. Un ami qui les avait accompagnés tomba mortellement frappé. Les voyages en Orient étaient funestes aux deux époux, et chaque fois la mort fauchait dans leur entourage ; au premier, ils perdaient leur fille, au second, ils voyaient mourir un ami très cher.

Dès l'année 1852, les embarras financiers qui devaient assombrir les dernières années du poète et de sa compagne dévouée, commençaient à se faire sentir. Mme de Lamartine redoublait d'efforts pour conjurer ou du moins retarder la catastrophe qu'elle devinait menaçante ; elle servait de secrétaire à son mari, corrigeait des épreuves et collaborait au *Civilisateur*. Sa santé, déjà fort ébranlée par les peines intérieures, s'épuisait à tous ces labeurs, mais elle ne s'en préoccupait guère et restait sur la brèche. Il fallut quitter le bel hôtel de la rue de l'Université, et elle habituée, comme toute anglaise de haute race, à un grand confort, dut souffrir en se renfermant dans un nid aussi étroit que la maison de la rue Ville-l'Evêque. A un de ses plus chers amis, elle écrivait :

« ... Je ne lui en veux pas de ma souffrance, car M. de Lamartine s'y trouve si bien qu'il regrette les années passées dans l'autre maison ! Je ne vais pas jusque-là. J'ai passé des temps, je ne dirai pas heureux, car mon bonheur était déjà brisé, mais enfin des temps aussi bons qu'il est accordé de les avoir ici-bas. J'y ai peint à mon aise dans un large atelier, j'y ai fait faire d'admirable musique, deux choses interdites ici faute d'espace, et j'y ai vu des amis qui ne sont plus !... Du reste la vie ici est agréable ; quelques personnes tous les soirs et une conversation intéressante... »

Les préoccupations de toutes sortes qui l'assiègent ne lui font négliger aucun des devoirs de l'amitié ; ainsi qu'elle le dit elle-même, elle va d'abord à ceux qui souffrent.

Le 2 janvier 1855, elle adressait les lignes suivantes à M. Alexandre, qui avait été secrétaire de M. de Lamartine et était resté l'ami dévoué des deux époux :

« Croyez que je n'ai pas commencé l'année sans penser à vous et sans faire tous les vœux possibles pour vous et les vôtres ; mais vous êtes de ces amis heureux qui n'ont pas besoin de moi : c'est moi qui ai besoin de vous. Aussi tout en pensant constamment à vous, je m'occupe d'abord d'écrire à ceux qui souffrent et qui ont besoin que ma pensée et ma parole leur viennent en aide. Je suis encore loin d'avoir répondu à ceux qui m'ont écrit ; mais je suis poussée invinciblement vers vous et les vôtres dans le commencement de l'année, et je veux, quoique brièvement, vous offrir tous mes meilleurs souhaits et regrets de ne pas passer ce jour de l'an à portée de vous serrer affectueusement la main... »

Elle ne voulait pas qu'une ombre de blâme planât sur son mari, et, avec une touchante abnégation, elle disait que le génie devait avoir des prérogatives particulières.

« Il faut payer ses qualités : l'optimisme, l'idéal, le génie sont de grands dons entraînant de grandes peines. La réalité disparaît sous des perspectives idéales, et lorsque la vraie situation se révèle, c'est un éclair qui précède à peine la foudre... Pour moi je n'ai aucun besoin de luxe, et en aurais-je par nature, il y a longtemps qu'il serait réfréné par raison... Le génie comporte un laisser-aller, mais en même temps une générosité, une charité sans bornes qui sera, je l'espère, reçue en balance par Dieu et même par les hommes qui le connaissent et qui l'aiment... »

Voilà comme la noble femme, qui en était victime, expliquait et excusait les prodigalités et les dépenses folles du poète.

Avec toute l'énergie qui était dans sa nature, elle s'efforçait de réagir contre la mauvaise fortune, et de sauver au moins quelques épaves ; hélas ! c'était la tâche de Sisyphe ; le fardeau qu'elle soulevait retombait incessamment.

« Je vois bien, écrivait-elle, que c'est Saint-Point — sa résidence de prédilection — qui sera offert en holocauste un peu plus tard...

C'est de ce cher Saint-Point qu'elle trace les lignes suivantes, empreintes de tant de grâce et de suavité : « ... Hélas ! quel triste retour à notre pauvre Saint-Point ! Alphonse tombe malade le lendemain de l'arrivée... Plus de promenades, pas même autour du jardin, plus de causeries sous les arbres, couchés sur le gazon. Mes yeux suivent, douze heures de suite, les sentiers de la montagne, les bois, les avoines tardives qu'on récolte, le regain qu'on fauche sur la prairie et dont les senteurs arrivent à cette grande fenêtre ouverte sur le balcon, qui seule me rappelle que je ne suis plus dans une ville. Il est vrai que le passage du soleil sur les flancs de nos belles collines produit des lumières et des ombres admirables qui font rêver. Mais rêver pour moi, c'est souffrir ; rêver à ce qui n'est plus, qui a été, qui ne sera plus ! Comparez la vie avec ce qu'elle pourrait être !... Cependant ne croyez pas que je me plaigne... Oh ! non, seulement je regrette... »

Ah ! oui, la couronne du génie est souvent une couronne d'épines, et ce diadème n'est pas seulement douloureux à celui qui en est ceint, mais il blesse et ensanglante tous ceux qui l'approchent, Mme de Lamartine le savait ! Jamais cependant, chez elle, aucune préoccupation égoïste, elle s'oublie et s'efface constamment, ainsi que le témoignent les lignes suivantes :

« Si jamais il était possible d'arriver à un viager comme D... l'avait pensé, je veux qu'il ne soit jamais question de deux têtes, mais de la sienne seulement. Pour moi, je n'en ai aucun besoin, et c'est bien plus facile d'y arriver sur une tête. Et ne pensez pas que je ferai ainsi un sacrifice : pas du tout. Si M. de Lamartine vit, j'en aurai toujours assez avec lui, et si, contre toutes les prévisions humaines, par quelque accident, je venais à lui survivre, vous comprenez que j'aurai besoin de peu, et de ce peu pas longtemps... »

Il lui fallait dissimuler ses tourments, ses angoisses pour soutenir M. de Lamartine qui, au milieu de tout ce tracas d'argent, de tous ces soucis d'affaires, souffrait horriblement et avait parfois de vraies crises de désespoir.

La souscription nationale fut organisée ; au début, on montra un peu d'enthousiasme, puis on n'y songea plus. Cependant les créanciers adressaient leurs demandes, les billets étaient présentés à leur échéance ; des réformes sérieuses furent tentées. Il y avait longtemps que, par elle-même, Mme de Lamartine connaissait la gêne et les privations ; elle fit un nouveau sacrifice qui lui fut très sensible : elle vendit sa belle jument de selle, Gazelle, qu'elle aimait, et qui lui était devenue presque nécessaire, puisque sa santé ne lui permettait guère les promenades à pied.

Sa ferveur religieuse augmente de jour en jour ; elle sent que les appuis humains lui manquent, et son âme meurtrie se tourne plus que jamais vers l'Ami qui ne manque pas.

« Nous sommes dans une crise bien cruelle, mon mari en souffre bien affreusement. Moi plus ou aussi vivement, mais n'y pouvant rien, je prie Dieu de toute mon âme... »

Et ce cri si plein de résignation : « ... Enfin nous sommes dans les mains de Celui qui seul sait ce qui est bon pour nous. Mais je crains qu'il ne soit toujours *bon* de souffrir. »

Plusieurs lettres de cette époque se terminent par une prière : « Laissez-moi finir par deux phrases d'une prière catholique que je répète et sur laquelle, je crois, il n'y a pas d'objections à faire : Jésus, divin Rédempteur, soyez miséricordieux pour moi et pour le monde entier ! Amen. Dieu saint ! Dieu fort ! Dieu immortel ! ayez pitié de nous et de tout le monde entier ! »

Ses défaillances de santé étaient bien plus fréquentes qu'autrefois, et souvent elle était obligée de garder le lit plusieurs jours ; mais, dès qu'elle se sentait utile à son entourage, la réaction se produisait et elle se retrouvait debout.

« Loin d'être guérie, je suis descendue plus bas, après avoir peut-être trop voulu lutter, et hier je ne me suis relevée que parce que Valentine — la nièce de M. de Lamartine — était couchée avec frissons et accès de fièvre. J'ai pu, tout en toussant, tenir compagnie à M. de Lamartine, à son déjeuner et à Valentine... »

Du reste, elle acceptait sans plainte et sans murmure ses longues stations au lit, et toutes les privations qui en découlaient, se laissant docilement façonner par cette austère éducatrice qu'on nomme la souffrance.

« Oh ! je sais bien pourquoi Dieu m'a envoyé ces épreuves, je sais le bien que j'en dois tirer, si j'en ai le courage et la persévérance. Les longues heures de méditation m'ont fait envisager bien des choses sous un autre point de vue, et me font vaincre des égoïsmes de cœur dont je souffre depuis bien longtemps. J'ai compris que Dieu savait mieux que mon aveugle égoïsme d'affection, ce qui était pour le mieux en tout. J'ai envisagé la brièveté de vie et l'approche de son terme. J'ai senti qu'à ce moment-là, il n'y avait que des actes d'abnégation et de dévouement qui pourraient compter. Il est bon que je sois préparée et que je m'occupe plus du terme de mon voyage de la vie, que de la courte route qu'il me reste à parcourir... Ne pensez pas que toutes ces réflexions rendent triste. Au contraire, plus on arrive à mourir à soi-même, plus on vit pour les autres, avec plus de calme et de joie intérieure. Lorsqu'on laisse passer les petits mécomptes sans les sentir ou en ayant su en vaincre les mauvais effets sur les nerfs, sur le cœur, sur l'équilibre général, on est bien plus aimable... »

Comment on sent que cette âme se dégage peu à peu de ses liens terrestres, et voit déjà les choses du temps à la vraie lumière de l'éternité !

Il ne faudrait pas croire que Mme de Lamartine restât oisive sur son lit de douleurs ; elle relevait les épreuves que son mari lui confiait, y faisait les corrections nécessaires, et elle écrivait à sa famille et à ses amis. Quand sa santé lui accordait un peu de repos, elle travaillait avec une activité fébrile ; elle décora le cabinet de son mari, à Saint-Point. Elle avait entrepris cette peinture secrètement, afin de préparer une surprise à M. de Lamartine. Les figures des poètes anciens et modernes, depuis le vieil Homère jusqu'à nos gloires françaises, Corneille et Racine, s'échelonnaient dans cette belle composition où elle avait déposé son talent et son cœur.

Si elle savait aimer ses amis dans la joie, elle les aimait davantage encore dans le malheur ; à l'un d'eux qu'un deuil cruel venait de frapper, elle adressait les lignes suivantes :

« Hélas ! quel triste événement dans votre famille ! Que j'ai été occupée de vous, de vous tous, chacun pour sa part. Si vous saviez combien dans cette longue réclusion — elle était encore alitée — j'ai pensé à vous tous. Quand on souffre, on songe à ceux qui souffrent, et quand on ne peut les soulager, on prie pour eux que Dieu se charge de toute consolation... »

Au même, quelques semaines plus tard : « Vous savez, ami, que je suis plus en position de sympathiser avec les douleurs qu'avec les joies de ce monde. Aussi, je pense davantage à vous tous que lorsque je vous savais heureux... »

Une congestion pulmonaire enleva brusquement à l'affection des siens, Mme de Cessiat, la sœur aînée de Lamartine. Cette mort fut très sensible à sa belle-sœur qui perdait en elle une amie, et qui voyait ses nièces plongées dans une indicible affliction.

« Je suis comme une âme en peine, je vais de l'une à l'autre, non pour les consoler, ce qui n'est pas possible, mais pour m'occuper de savoir ce qu'elles ont à demander, et pour parler avec elles au milieu de leurs larmes. Je vous fais le tableau de ce que vous-même avez supporté, et je ne parle pas de ma propre peine ; cependant elle est poignante. Je l'aimais, cette mère, qu'elles ont bien le droit de pleurer. Je l'apprécie ce qu'elle valait : bonté, abnégation, tout pour les autres. Et cela avec cet aimable sourire qu'il semblait qu'elle faisait tout pour son propre plaisir. Et c'était vrai, elle trouvait son bonheur dans celui des autres, et compatissait tendrement à leurs peines... »

L'année suivante, M. de Lamartine eut une crise de rhumatisme aigu ; sans se préoccuper de sa faiblesse, de la toux incessante qui brisait sa poitrine, sa courageuse compagne lui faisait la lecture à haute voix...

« Il faut lire tout haut pour endormir les douleurs, et c'est une difficulté pour moi, à cause de ma toux et de ma membrane muqueuse de la gorge. Mais, Dieu merci, j'y suffis depuis six jours, et je l'endors chaque nuit sans trop veiller... »

Et comme elle le faisait toujours à chaque épreuve nouvelle, c'était en Dieu qu'elle cherchait force et consolation.

« C'est ce Dieu dont on ne veut plus, qui me soutient et me console. Certes, pour mon compte, il m'est indispensable, à moi et à la grande masse des esprits simples et faibles. Que les forts s'en passent, s'ils le veulent, cela ne me regarde pas ; et ce n'est pas parce qu'Il nous épargne, que je l'adore, car les épreuves douloureuses ne nous manquent pas. Mais, puisque la douleur est partout dans cette vallée de larmes, que les forts n'y échappent pas plus que les faibles d'esprit, quelle consolation de penser que toute douleur est comptée, appréciée par l'Être-Dieu, et profitera pour l'avenir... »

Cependant elle dépérissait de jour en jour, le mal impitoyable qui la minait, après avoir fait, durant plusieurs années, des progrès lents et presque insensibles, accélérait maintenant ses ravages. Ceux qui l'aimaient essayaient encore de lui donner une illusion consolante, et lui faisaient espérer que le printemps la ranimerait, mais elle n'espérait plus, et à un ami qui lui avait adressé quelques paroles d'encouragement, elle répondit :

« Oui, le printemps est beau, mais je ne suis pas en état d'en faire une jouissance. Quelquefois, lorsque je m'asseois solitairement dans le jardin du chalet, je me dis : Il fait beau ! mais mon cœur ajoute : hélas ! je ne puis pas en jouir. Rien ne m'est rien. J'ai passé par ces mêmes sensations dans les plus terribles événements de ma vie, mais il y avait lui — son mari — mais il ne souffre pas comme une mère. Il faut vivre pour qu'il ne soit pas accablé de mon fardeau joint au sien. Maintenant je ne puis plus rien, et lui est plus bas que je ne l'ai jamais vu. Enfin il voit tout en noir, et Valentine et moi nous en sommes le reflet.

Encore elle, elle peut le distraire, marcher avec lui lorsqu'il est indispensable de marcher un peu pour dégager la tête. Mais, moi, je ne suis bonne à rien... »

Quelques jours plus tard, au mois de mai, elle écrivait : « Trop de fatigue m'a mise à bas, et je suis, depuis deux jours, avec grand mal de tête, mal de gorge, jusqu'à cracher du sang, et des maux d'estomac terribles, courbature partout. Avant-hier Valentine est descendue, très bien, mais faible ; elle a pu prendre ma place de temps en temps, pendant que je me jetais sur mon lit... »

L'héroïque femme était à son dernier effort, elle reprit le lit, mais pour ne plus l'échanger que pour son cercueil. Dans une autre chambre séparée par un palier, M. de Lamartine gisait également sur un lit de douleur. On eût pu croire que Mme de Lamartine, qui avait toujours été délicate et qui, depuis tant d'années était affaiblie par la souffrance, se fût éteinte doucement; il n'en fut rien. Durant huit jours et huit nuits, elle eut un délire épouvantable, puis elle tomba dans une cruelle agonie qui dura vingt-quatre heures. Heureusement, nous le voyons plus haut, l'idée de la mort était familière à son esprit sérieux, et nul doute que, plus d'une fois, elle n'eût offert à Dieu le sacrifice de sa vie.

L'abbé Deguerry, celui qui devait être martyr en 1870, lui administra l'extrême-onction. Si une lueur de connaissance lui revint pendant ces neuf jours de terrible lutte, combien elle dut souffrir de ne pas apercevoir son mari à son chevet, mais Dieu à qui rien n'échappe lui tint compte de ce sacrifice suprême.

Son corps fut transporté à Saint-Point ; les enfants qu'elle avait tant aimés, les vieillards, les malades, qu'elle avait secourus et consolés, se pressaient en larmes, autour de son cercueil. Sainte Geneviève, la pieuse bergère, sainte Elisabeth, la reine si charitable et si pénitente dont elle avait retracé les suaves figures pour orner la pauvre église de Saint-Point, l'introduisirent sans doute dans les célestes parvis où des êtres bien-aimés l'avaient devancée depuis longtemps.

Tombeau de Mme de Lamartine à Saint-Point

LADY FULLERTON

LADY FULLERTON

Par sa haute naissance, le rang qu'elle occupait dans le monde, son gracieux talent littéraire, non moins apprécié chez nous qu'en Angleterre, les qualités attachantes de son cœur, la prédilection très marquée qu'en toute occasion elle témoignait pour la France, lady Fullerton s'impose à notre estime et à notre sympathie. Ces avantages tout extérieurs, ces dons éclatants ne sont pas cependant ce qui doit nous captiver davantage, et nous ne craignons pas d'affirmer que là n'est pas le côté le plus admirable et le plus intéressant de cette existence si bien remplie. Lady Fullerton ne fut pas seulement une grande dame, un écrivain d'un rare mérite; elle se révéla, dans la dernière moitié de sa vie principalement, une chrétienne parfaite, héroïque et, en voyant certaines de ses actions, en lisant les épanchements de sa sainte âme, qu'elle ne traçait que pour Dieu, on croit parcourir ces légendes touchantes et sublimes que nous ont léguées les siècles de foi.

Georgiana Charlotte Leveson Gower naquit à Fixall-Hall, dans le comté de Stafford, le 23 septembre 1812; elle y demeura jusqu'à l'âge de six ans. Toute petite, elle éprouvait un vif plaisir à parcourir les bruyères sauvages et mélancoliques du *Cannok-Chase*, vaste terrain inculte; son imagination ardente, jointe à un sentiment poétique confus, lui faisait goûter inconsciemment le charme mystérieux de ce lieu pittoresque que tant d'enfants voyaient avec indifférence, peut-être avec ennui.

Elle avait à peine trois ans, quand on lui donna ses premières leçons de lecture ; vers cette époque, elle se trouvait un jour dans le salon de ses parents, occupée à chercher, dans un grand volume in-folio un mot court, facile à reconnaître. Elle en découvrit un de trois lettres avec une majuscule, et toute joyeuse, elle s'écria : God, God (Dieu). Alors sa mère, qui la surveillait, s'approche et lui dit : « Mon enfant, ne prononcez jamais ce mot ainsi ; c'est une parole sacrée. » Son air était si sérieux, son ton si grave et plein d'autorité que la jeune enfant conserva toujours le souvenir de cette leçon. « Ce fut là, écrivait-elle plus tard, ma première impression religieuse. »

A l'âge de quatre ans, elle quitta la *nursery* et fut confiée à Mlle Ewart, une gouvernante suisse qui s'occupait déjà de Suzanne, sa sœur aînée. Mlle Ewart, personne recommandable sous tous les rapports, ne convenait nullement pour diriger une enfant aussi jeune et aussi impressionnable que la petite Georgiana ; on peut dire que, durant les premières années, malgré son intelligence et sa capacité, elle fit plus de mal que de bien à son élève.

« Jusqu'à une certaine époque de ma vie, lit-on dans le journal de cette dernière, je n'ai pas le souvenir d'une seule correction qui m'ait fait du bien ou d'une occasion où je m'y sois soumise sans résistance. »

La beauté remarquable de Suzanne, son caractère doux et facile, sa santé délicate qui exigeait de grands ménagements, l'avaient rendue la favorite de son institutrice, qui ne comprenait en rien la nature de sa plus jeune pupille ; et, quand elle s'occupait de celle-ci, ce n'était que pour la réprimander ou la punir. Georgiana était donc souvent livrée à elle-même, à l'ordinaire ; elle passait ses heures de solitude au jardin, vivant dans un monde imaginaire dont elle ne sortait qu'avec peine, et mille fois plus heureuse au milieu des rêveries, des tableaux variés qu'enfantait son imagination, que les enfants se livrant aux jeux bruyants de leur âge. Comme punition, on l'envoyait fréquemment seule dans une chambre : au fond elle en était ravie.

« Je suis sûre, écrivait-elle plus tard, que rien n'est plus mauvais que d'enfermer un enfant seul sans lui donner une occupation précise, laissant ainsi son esprit errer dans toutes les directions bonnes ou mauvaises. »

Cette réflexion est juste, et nous aurions mauvaise grâce à émettre un avis différent, toutefois nous savons que si cette solitude que les enfants doués d'une riche imagination peuplent si aisément, présente des inconvénients, elle a aussi ses avantages, et lady Georgiana elle-même est une preuve de ce que nous avançons. L'esprit livré à ses propres ressources acquiert, dès l'enfance, une étendue de compréhension, une puissance de réflexion, qu'on n'atteint pas toujours dans un âge plus avancé; le sentiment se développe dans les mêmes proportions et il s'aiguise d'autant plus que l'habitude d'être seul rend timide et peu expansif. Si, dans ses romans, la femme éminente qui nous occupe s'est montrée analyste profonde, psychologue délicate, c'est peut-être en grande partie aux rêveries solitaires de son enfance qu'elle le doit : ceux qui ont un peu étudié le cœur humain ne nous démentiront pas, croyons-nous.

A l'âge de dix ans — c'était bien tôt, il nous semble — on mit entre les mains de Georgiana un livre aujourd'hui démodé et dont notre jeunesse fin de siècle connaît à peine le nom : *le Génie du Christianisme*, qui venait de paraître et jouissait d'une vogue extrême. Son intelligence, bien au-dessus de son âge, lui permit de comprendre et de goûter bon nombre des beautés contenues dans cet ouvrage.

« Ce livre, dit-elle dans son journal, m'ouvrit un nouveau monde et, pour la première fois, me donna quelques notions de ce qu'était l'Église catholique. Je fus comme fascinée par ce style et ces idées poétiques, surtout dans les chapitres où figurent les saints et les anges... de tout cela je dus tirer quelques conséquences assez pratiques, car un jour je fâchai fort ma gouvernante, en lui disant que, puisque les apôtres avaient fondé la religion catholique, il me semblait qu'elle devait être la vraie... »

En 1824, lord Granville ayant été nommé ambassadeur à La Haye, toute sa famille le suivit à sa nouvelle résidence. Georgiana avait alors douze ans; son esprit très développé, très susceptible de réflexion, lui permit de s'intéresser aux mœurs, aux usages du pays qu'elle allait habiter. Elle jouit aussi plus qu'en Angleterre de la vie de famille dont, jusque-là, elle ignorait à peu près tous les charmes ; les deux sœurs, au lieu de rester toujours dans la salle d'étude en tête à tête avec Mlle Ewart, demeuraient au salon près de leur mère ; chaque jour aussi, elles faisaient de longues promenades en voiture et admiraient la campagne hollandaise si différente de la nôtre, mais possédant une étrange beauté !

Quels que fussent leurs plaisirs et leurs distractions à La Haye, elles apprirent avec joie que leur père était envoyé à Paris, et sans l'ombre d'un regret s'installèrent dans le splendide hôtel de l'ambassade. Une fois encore leur genre de vie fut modifié ; elles ne pouvaient plus, comme en Hollande, partager l'existence de leurs parents ; ceux-ci avaient des devoirs officiels à remplir, leur salon devint bientôt un des centres les plus recherchés de l'aristocratie anglaise et française, et les jeunes filles n'étaient pas encore d'âge à y figurer. Elles reprirent, sous la direction de Mlle Ewart, les études un instant interrompues et que vinrent couper seulement quelques promenades soit aux Tuileries, soit aux Champs-Élysées.

La duchesse d'Angoulême ayant témoigné à lady Granville le désir de connaître ses filles, celles-ci lui furent présentées. Georgiana trouva la princesse peu sympathique, et les paroles qu'elle dit à leur sujet, paroles qui voulaient être un compliment, blessèrent son patriotisme, ce patriotisme anglais si susceptible :

« Vos filles sont très gentilles, dit la duchesse à l'ambassadrice, *on les prendrait pour deux petites Françaises.* »

Le duc de Bordeaux et sa sœur qu'elles virent le même jour leur firent une meilleure impression ; ils n'étaient encore que des enfants, l'un de six ans, l'autre de quatre, mais des enfants gracieux et souriants.

La duchesse d'Orléans, qui devait être plus tard la reine Amélie, plut beaucoup à Georgiana, autant par la dignité de ses manières que par le grand air de bonté répandu sur toute sa personne. Un jour que lady Granville était allée en visite à Neuilly, la duchesse d'Orléans, qui avait près d'elle son fils Joinville, alors âgé de huit ans, essaya de lui faire lier connaissance avec les deux miss anglaises ; il s'y prêtait de si mauvaise grâce qu'afin d'opérer une diversion, sa mère lui remit une assiette de bonbons et lui dit d'en offrir ; mais le jeune prince, sans souci des règles de la bienséance la plus élémentaire, jeta l'assiette par terre et s'enfuit à toutes jambes.

A cette époque, les jeunes filles du grand monde surtout étaient nourries avec une simplicité, une frugalité même qu'on trouverait à peine aujourd'hui dans la classe indigente. Le déjeuner du matin se composait pour Suzanne et Georgiana d'une tasse de lait suivie d'un morceau de pain sec ; le souper était exactement semblable ; au dîner, on leur servait un peu de viande rôtie, un plat de légume et un pudding substantiel, mais ne pouvant en aucune manière flatter la sensualité. Jamais elles n'avaient ni bonbons, ni friandises en leur possession, et elles en ignoraient le goût et la forme. Un jour de l'an, Georgiana prit, dans une boîte qui avait été donnée à sa mère, une pastille de chocolat ; la saveur lui en parut si étrange et si peu agréable qu'un instant elle craignit de s'être empoisonnée.

Les bâtiments ayant eu besoin de réparations importantes, tout le personnel de l'ambassade émigra à l'hôtel d'Eckmul, proche les Invalides. Le temple protestant étant un peu éloigné, Mlle Ewart qui, sous le rapport religieux, professait un éclectisme assez large, trouva plus facile de conduire le dimanche ses pupilles à la messe célébrée dans la chapelle des Invalides. Georgiana regardait avec curiosité, avec intérêt même tout ce qui se passait sous ses yeux, mais sans chercher à rien comprendre et sans y attacher aucune idée religieuse ; toutefois, elle se sentait profondément émue quand, à l'Élévation, elle voyait porter les armes et entendait les tambours battre aux champs.

La lecture demeurait toujours son passe-temps favori, et, comme elle n'avait pas un grand nombre de livres à sa disposition, elle relisait les mêmes jusqu'à en savoir quelques-uns par cœur. Vers cette époque, ses parents ou sa gouvernante lui donnèrent un ouvrage très estimé parmi les dissidents: le Père Clément, ouvrage dans lequel l'auteur, protestant de l'école évangélique, s'est proposé, après avoir dépeint assez fidèlement les cérémonies du catholicisme, de réfuter ce qu'il nomme les erreurs de l'Église romaine et surtout les intrigues et les vues ambitieuses des Jésuites. Contre les prévisions de l'auteur et aussi certes contre l'attente des personnes qui lui avaient remis ce livre entre les mains, la jeune fille se sentit charmée et par la description des pompes de notre culte et par les discours qu'on prête au jésuite. Répondant à certaines objections que lui posent ses adversaires, relativement à la sainte Vierge, un des principaux personnages catholiques répond : « Puisque nous demandons à nos amis de prier pour nous sur terre, pourquoi ne demanderions-nous pas à la Mère de Jésus-Christ et aux saints de prier pour nous au ciel? »

Cet argument parut sans réplique à Georgiana, aussi se jeta-t-elle immédiatement à genoux dans une chambre attenante à la salle d'étude, et plusieurs fois elle répéta avec ferveur: *Bienheureuse Vierge Marie, priez pour moi!* Elle ne renouvela pas cette invocation, et la légèreté de l'âge aidant, peut-être l'oublia-t-elle momentanément, mais l'auguste Mère s'en souvint, et l'on peut présumer que la conversion et plus tard la sainteté de lady

Fullerton eurent leur point de départ dans ce recours à la Reine de Miséricorde.

Parmi les livres qu'autorisait Mlle Ewart, quelques-uns ne pouvaient être lus en entier par des jeunes filles ; aussi, avant de les remettre à ses élèves, prenait-elle le soin de coller avec des bandes de papier les feuillets contenant les passages suspects ; Georgiana, dont l'esprit avide et chercheur n'avait jamais assez d'aliment, eut bien vite découvert le moyen d'enlever et de replacer adroitement les bandes préservatrices.

« Cette faute-là assurément était très grave, et j'en éprouvais des remords, non à cause de ma désobéissance, mais parce que cela me semblait une sorte d'ingratitude envers Mlle Ewart. J'en pleurais quelquefois, mais lorsque la tentation revenait, je n'avais pas le courage d'y résister... Je n'avais de repentir de mes fautes qu'en tant qu'elles blessaient les autres ; je ne les regrettais pas en elles-mêmes, et je n'étais pas le moins du monde véridique... »

Au mois de septembre 1827, un changement de ministère rappela lord Granville à Londres ; à cause de la santé toujours délicate de Suzanne, les deux sœurs restèrent à Brighton sous la conduite de Mlle Ewart. Leur oncle, le duc de Devonshire, un des gentlemen les plus accomplis de l'Angleterre, vint les y visiter plusieurs fois ; elles faisaient avec lui de longues promenades, et au retour il les conduisait dans les magasins de Brighton brillamment assortis comme dans les stations balnéaires, rendez-vous du monde élégant, et elles choisissaient toutes les fantaisies qui pouvaient leur être agréables. Voici en quels termes Georgiana, dans son journal, parle de son oncle et de cette époque de sa vie.

« ... Le duc de Devonshire était un de ces hommes dont l'esprit vif et original pouvait être senti et apprécié, même par des enfants. Quoi qu'on ne pût s'empêcher de chercher à se montrer à lui sous son aspect le meilleur, on se sentait pourtant toujours à l'aise avec lui et satisfait de lui parler et de l'entendre. Depuis cette époque lointaine jusqu'au jour où nous eûmes la douleur de le perdre, le plaisir de quelques instants de conversation avec lui ne cessa jamais de compter parmi les plus grands de ma vie... »

L'année suivante, lord Granville fut envoyé de nouveau à Paris. Un changement très grand allait se produire dans l'existence de Georgiana : sa sœur Suzanne, qu'elle chérissait, était en âge d'être présentée dans le monde, et les jeunes filles furent séparées. Georgiana resta seule avec Mlle Ewart ; cette dernière, plongée dans une extrême affliction par le départ de son élève favorite, se montra d'abord profondément mélancolique, puis les qualités attachantes de sa plus jeune élève finirent par lui gagner le cœur, et elle lui voua une tendresse ardente et expansive qui contrastait fort avec sa froideur d'autrefois. L'année suivante, quand Georgiana, elle aussi, dut faire ses adieux définitifs à sa gouvernante, bien des larmes amères furent versées de part et d'autre.

Pour inaugurer sa vie mondaine, Georgiana passa quelque temps à Chatsworth, l'habitation du duc de Devonshire, une de ces habitations princières telles qu'on en trouve encore en Angleterre et dont nos demeures les plus somptueuses ne sauraient donner qu'une faible idée. Une société d'élite y était réunie ; on causait on faisait de la musique, on récitait des vers ; la jeune fille jouissait avec délices, non seulement des divertissements et des promenades, mais aussi des passe-temps plus sérieux que son esprit naturellement grave et observateur lui permettait d'apprécier.

Nous ne la suivrons pas dans différentes résidences où la conduisirent ses parents et qui toutes lui réservaient une partie des distractions qu'elle avait goûtées à Chatsworth ; nous nous arrêterons seulement à Castle-Howard, château habité par lord Carlisle dont la femme était la propre sœur de lady Granville. La famille était très nombreuse ; il y avait neuf enfants : six filles et trois garçons, et la plus parfaite union régnait entre eux. C'est à peine si Georgiana connaissait ses cousins et ses cousines, et ce fut, pour son cœur aimant, une joie fort douce que de vivre au milieu de cette jeunesse aimable et gaie qui l'accueillait avec la plus tendre sympathie.

Au mois de mai 1831, nous retrouvons Georgiana installée à Paris, non plus comme jadis, en fillette et en écolière, mais en fille d'ambassadeur et traitée en conséquence. Elle fut produite dans la plus haute société et jouit de tous les agréments que pouvait lui procurer et sa naissance et la dignité dont son père était revêtu. Cette période de vie dissipée dura deux ans environ. Tout en prenant part aux réunions mondaines qui absorbaient presque tout son temps, la jeune fille éprouvait de vagues remords ; elle sentait que, dans le tourbillon où elle était entraînée, elle ne pouvait trouver ni le but de l'existence ni le terme de ses aspirations.

Une partie de l'année 1833 s'écoula en Angleterre ; ce fut pendant ce temps qu'eurent lieu les fiançailles de Suzanne avec lord Rivers et les premières négociations du mariage de Georgiana. Celle-ci écrivait à Mlle Ewart, qui était devenue sa chère confidente :

« Oh! cette bien-aimée sœur! jamais je ne l'ai vue si belle que dans son costume de mariée!... elle tremblait... mais elle est demeurée parfaitement maîtresse d'elle-même, malgré sa grande émotion, quand il a fallu nous dire adieu à tous. A travers tout, il est vrai, on pouvait voir la joie de son cœur, car elle sait qu'elle est idolâtrée par celui qu'elle a préféré entre tous depuis le premier jour où elle l'a rencontré !... Mais, oh! ma chère Éda, ce qu'on éprouve lorsqu'on voit le sort de ceux qu'on a aimés jusque-là plus que tout au monde, se fixer ainsi, irrévocablement !... Je ne puis pas te dépeindre ensuite ce que cela a été pour moi hier au soir que de rentrer toute seule dans notre chambre. Non, je ne le puis. Je me suis quelquefois déjà dans ma vie sentie malheureuse, et je ne veux pas même dire maintenant je le suis réellement, mais c'est la première fois que j'éprouve la sensation d'une chose *finie pour ne jamais revenir !...* »

Certains obstacles s'opposaient au mariage de Georgiana avec lord Fullerton. Son oncle, le duc de Devonshire dont nous avons déjà parlé, usa de toute son influence pour faire réussir ce projet d'union qui lui plaisait, et il y parvint. Le 13 juillet 1833, le mariage fut célébré à Paris ; six mois plus tard, la jeune femme écrivait à son ancienne gouvernante :

« ... Je suis vraiment de toutes manières la plus heureuse personne du monde. Je suppose pourtant que mon mari n'est pas parfait, puisque personne ne l'est dans ce monde, mais certainement il est très près de l'être ; la douceur la plus inaltérable est unie en lui à beaucoup de fermeté et à la gaieté d'un enfant... Je ne croyais pas qu'il y eut sur la terre un bonheur pareil au mien. Je l'aime de cette manière qui fait trembler, car je sens trop qu'il m'est tout au monde !... »

Durant les premières années de son mariage, elle habita peu l'Angleterre ; le temps qu'elle ne passait pas à Paris, près de ses parents, était employé à faire des voyages, principalement en Italie. Dans ce pays, ses amis les plus intimes étaient catholiques, quelques-uns même très fervents catholiques, et Georgiana put apprécier, mieux qu'elle ne l'avait encore fait jusque-là, les beautés de l'Église romaine et les merveilles qu'elle a enfantées de tout temps. Elle était jeune, entourée d'une société brillante et choisie, avide de jouissances et de distractions, et évidemment les choses de Dieu n'occupaient pas seules son esprit ; mais il y avait, dans certaines maisons surtout, un courant d'idées, d'impressions religieuses qui devaient par degrés déraciner certains préjugés dus à l'éducation première, et l'incliner vers la vraie foi, qu'elle allait un peu plus tard embrasser avec tant d'ardeur. Dieu aussi opérait silencieusement dans cette âme qu'il s'était choisie et la préparait.

Un jour qu'à Turin elle se trouvait seule dans le salon de Mme de Bombelles, elle ouvrit distraitement un livre qu'elle prit sur une table, c'était l'*Introduction à la vie dévote de saint François de Sales*, et le chapitre que son bon ange sans doute fit tomber sous ses yeux portait ce titre : *Des doutes contre la foi.* Mme de Bombelles qui entra peu après, la voyant plongée dans sa lecture, la pria d'emporter l'ouvrage du bon saint François et de le garder comme souvenir.

Durant les longs séjours qu'elle faisait à Paris, elle assistait souvent aux instructions des prédicateurs en renom, surtout en carême ; elle entendit plusieurs fois l'abbé Cœur, l'abbé Ollivier, qui devint plus tard évêque d'Évreux, le Père de Ravignan qu'elle nomme l'abbé de Ravignan. Voyons comment elle les jugeait :

« ... Je suis retournée deux fois cette semaine à Saint-Roch pour entendre l'abbé Ollivier et l'abbé de Ravignan. Rien ne peut être plus différent que le talent de ces deux prédicateurs. Le premier est pratique, persuasif ; il entre dans tous les détails de la vie chrétienne, dans un langage familier qui est presque celui de la conversation, sans jamais l'être trop. Il me semble être la personnification de mon saint favori, saint François de Sales. J'aime à penser que je pourrai suivre le cours de ses prédications et aller l'entendre deux fois par semaine. Les sermons de M. de Ravignan sont tout à fait autre chose. Ce sont plutôt des discours sur les sujets les plus élevés. Son éloquence est incomparable ; c'est une parole qui enlève hors d'eux-mêmes ceux qui l'entendent et fait comprendre l'enthousiasme des auditeurs, qui les a entraînés un jour jusqu'à applaudir, ce qui lui fut horriblement pénible, a-t-il dit ensuite en parlant de ce transport déplacé que son regard indigné arrêta tout court... »

Elle s'occupait aussi beaucoup de son fils Granville qui annonçait les plus heureuses dispositions. Elle écrivait à sa sœur : « J'ai commencé, il y a environ trois mois, à tâcher de donner à mon Granville quelques notions religieuses, et, quoique j'aie d'abord trouvé cela fort difficile à cause de l'extrême enfantillage de ses idées, je crois qu'il ne faut pas se décourager. Cela me semble une grande erreur de s'attendre à autre chose qu'a des idées très enfantines dans l'esprit des enfants, sur ce sujet, comme sur tous les autres et, peut-être, lorsqu'elles nous semblent ridicules, ne le sont-elles pas aux yeux de Dieu plus que beaucoup des nôtres. J'ai pensé cela l'autre jour lorsque mon petit garçon m'a demandé si, lorsqu'il serait au ciel, il pourrait bêcher, le jardinage étant le plus grand de ses plaisirs. Je me disais qu'après tout sa notion de la béatitude éternelle n'était peut-être pas beaucoup plus éloignée de la réalité que ne le sont les nôtres... Tout ce que l'on peut exiger des enfants, c'est qu'ils ne traitent pas eux-mêmes sciemment les sujets religieux avec légèreté !... »

A fur et mesure que les idées religieuses prenaient plus d'empire sur l'esprit de lady Fullerton et s'accentuaient dans son âme, les pauvres la préoccupaient davantage ; elle recherchait surtout et secourait avec une extrême délicatesse ceux qu'on appelle « les pauvres honteux ». Dieu et son bon ange eurent seuls connaissance du bien qu'elle opéra à cette époque et qu'elle dérobait soigneusement à tous les yeux.

En 1841, lady Fullerton et son mari quittèrent pour ne plus jamais revenir l'habiter l'hôtel de l'Ambassade ; un peu plus tard nous les retrouvons à Nice. C'est de cette ville qu'elle adresse les lignes suivantes à Mlle Ewart :

« Mon fils a été bien malade... Depuis quelques mois, il avait perdu sa santé habituelle et paraissait faible et souffrant. Cela a augmenté, et, pendant quelques jours, il a eu une forte fièvre et le cerveau légèrement affecté. Il est, Dieu soit loué ! presque tout à fait rétabli maintenant, mais son état exigera pendant longtemps de grands soins... Je ne conçois pas comment je pourrais supporter la moindre anxiété au sujet d'un enfant si uniquement précieux, sans ma conviction profonde de la constante bonté de Dieu et de son pouvoir sans bornes qui peut préserver, selon sa volonté, la vie d'un enfant délicat et unique, comme aussi, il peut enlever, ainsi que tant de fois cela se voit, de nombreux enfants pour lesquels on n'avait jamais tremblé... »

Ce fut à peu près vers cette époque que Georgiana, sans

s'ouvrir à personne, commença d'écrire son premier roman qui devait obtenir un vif succès. Elle travaillait avec une remarquable facilité : en société, en voiture, à la promenade, n'importe où, possédant la faculté très rare de savoir s'isoler au milieu du monde pour s'absorber tout entière dans sa composition.

A la fin de l'année 1842, lady Fullerton était à Rome, non seulement avec son mari et son fils, mais avec sa mère, chacun employant son temps un peu à sa guise, et l'on se retrouvait seulement à certains moments de la journée. M. Fullerton, tourmenté lui aussi de doutes religieux, rencontra dans la Ville Éternelle un de ses anciens amis, le vicomte Théodore de Bussières, devenu fervent catholique. Il aida sans doute son ami à rompre les derniers liens qui le retenaient dans l'hérésie et lui facilita le pas décisif ; le 23 avril 1843, M. Fullerton prononça son abjuration. Quelques jours plus tard, il rejoignait à Florence sa femme qui l'y avait précédé et il lui annonçait l'important changement qui venait de s'opérer dans sa vie. Georgiana, qui songeait également à embrasser la vraie foi, eût dû se réjouir de voir son mari la devancer dans cette voie, il n'en fut cependant pas ainsi tout à fait ; presque décidée en son cœur, elle se sentait en proie à mille doutes et incertitudes qu'elle avait crus évanouis pour jamais. Elle eût voulu temporiser encore, et l'exemple de M. Fullerton semblait l'entraîner et la pousser en avant.

Quoi qu'il en soit, elle revint en Angleterre, sans avoir de détermination bien arrêtée. Elle était aussi très occupée de son livre, *Ellen Middleton*, qu'elle voulait, avant de le livrer à l'impression, soumettre à l'examen de personnes compétentes. Peu de mois après, le roman parut, la presse et le public l'accueillirent avec enthousiasme. A un dîner à la cour où assistait lady Fullerton, elle fut accablée d'éloges par la reine Victoria et le prince Albert.

A ce moment avait lieu en Angleterre un mouvement religieux : c'était l'époque des conversions des *Hope*, des *Newman*, des *Manning*, pour ne citer que les plus illustres. Plus que jamais la lumière de la vérité brillait aux yeux de lady Fullerton, mais ses incertitudes, ses perplexités étaient toujours aussi vives ; d'un autre côté, la santé de lord Granville lui inspirait de grandes inquiétudes, que l'événement ne vint que trop justifier ; et, dans une telle occurence, elle n'avait jamais osé aborder devant lui la question d'un changement de religion, qui lui eût causé peut-être une émotion préjudiciable et dangereuse. Le 7 janvier 1846, elle eut la douleur de perdre ce père qu'elle vénérait. Quelques mois plus tard, lady Fullerton embrassait la religion catholique, guidée par un saint religieux appartenant à la Compagnie de Jésus, le Père Brownbill. Citons ici la traduction de quelques vers écrits à l'époque de son abjuration et qui nous peignent bien l'état de son âme.

— « O Église mère ! Patrie de mon âme si longtemps cherchée et enfin trouvée !... — Maintenant, en sûreté dans tes bras, je songe au passé ! — Je songe aux jours de mon enfance où déjà j'apercevais ton ombre. — Je songe aux jours agités de ma jeunesse pendant lesquels elle m'apparut et me troubla. — Je songe aux jours où j'apercevais ta beauté, même dans les images que me présentaient tes adversaires. — Mon âme avait soif de ton amour et avait peur de ta foi. — Je brûlais de cueillir la fleur et je refusais de la faire éclore ! — Jadis, avant de sentir ta puissance, j'avais désiré que tu fusses la vérité. — Plus tard, quand vint l'heure décisive, j'aurais voulu que tu fusses l'erreur. — La lutte a été longue, le combat cruel... le gain merveilleux ! — Pas une épreuve, pas une souffrance n'a été vaine. — Chaque anneau de la longue chaîne qui a ramené mon âme à toi a été une grâce, une force, une miséricorde !... »

Quand éclata la Révolution de 1848, lady Fullerton en fut bouleversée jusqu'au plus intime de son être.

Les nouvelles alors ne se transmettaient pas avec la rapidité de nos jours, et c'était le cœur plein d'angoisse qu'elle attendait les lettres de France. Dans les premiers jours de mars, elle se rendit à *Claremont* offrir aux augustes exilés l'hommage de sa respectueuse sympathie. Le lendemain, en écrivant à sa mère, elle rend compte de cette visite dans les termes suivants :

« Chère maman, je suis revenue trop tard hier de Claremont pour avoir le temps de vous écrire. Je n'ai jamais rien éprouvé de plus déchirant, de plus navrant. La reine Marie-Amélie est vraiment un ange devant lequel j'aurais voulu m'agenouiller. Une piété intense! une si complète absence de murmure ou de plainte, une patience et un courage héroïques, mais quelle profonde souffrance!... « Je tâche de supporter, ma chère lady Georgiana, je veux avoir du courage, mais mes enfants! Mon Dieu! mes enfants et puis mes pauvres! Tant de souffrances pour tous ! Je succombe devant tout cela. » Ces paroles, avec cette angélique simplicité, cette bonté que nous lui connaissons... Chère maman, je pensais à elle et à vous ensemble, et je ne pouvais faire autre chose que pleurer... Rien ne peut être plus touchant ni plus saisissant. Cela m'a complètement bouleversée... Le roi vint nous rejoindre et demeura quelques temps avec nous. Il était silencieux et triste et n'a point la dignité de la reine, mais il y a en lui une absence totale de ressentiment et d'aigreur contre qui que ce soit, qui touche et a aussi sa grandeur. La reine m'a embrassée à plusieurs reprises, et j'ose vraiment penser que mon ardente sympathie lui a fait quelque bien... »

La conversion de Georgiana n'avait rien changé aux rapports très tendres qu'elle entretenait avec sa mère ; de part et d'autre l'affection, la confiance étaient restées les mêmes. Il n'en avait pas été tout à fait ainsi avec sa sœur lady Rivers ; leur mutuelle tendresse ne fut point altérée, mais il régna dans leurs relations une certaine gêne et un peu de tension : la famille de lady Rivers était nombreuse et elle ne voulait point que l'on traitât devant ses filles aucune question religieuse de nature à troubler leur conscience ; le bon jugement et la prudence de lady Fullerton étaient d'ailleurs contraires à toute manifestation de zèle outré. Quoi qu'il en fût, ses nièces aimaient beaucoup leur tante *Dody*, ainsi qu'elles la nommaient, et celle-ci les chérissait toutes ; mais les deux aînées, Suzanne et Fanny, lui étaient presque aussi chères que son propre fils.

Lady Fullerton passa quelques années paisibles et heureuses, observant avec une scrupuleuse fidélité les moindres prescriptions de la foi plus parfaite qu'elle avait embrassée, et se livrant à des travaux littéraires dont le produit servait à alimenter ses œuvres de charité.

Parlons ici, afin de n'avoir plus à y revenir, des divers romans qu'elle livra à la publicité ; car les dernières années de sa vie, consacrée uniquement à Dieu et aux pauvres, sont d'une beauté si élevée que les succès littéraires, quelque justifiés qu'on les suppose, s'évanouissent dans cette rayonnante clarté. Après *Ellen Middleton*, dont nous avons dit quelques mots, citons *le Manoir de Grantley*, qui fut accueilli en Angleterre avec une sympathie encore plus marquée que le premier. Il n'est connu en France que par des traductions fidèles peut-être, mais languissantes et qui ne rendent en rien le style brillant de l'auteur et ses dialogues plein de vie et d'animation. *L'Oiseau du bon Dieu* est de tous ses romans celui qui a été le plus goûté chez nous ; les sentiments ont une légère teinte d'exaltation, mais les caractères très variés sont admirablement peints ; et il y règne d'un bout à l'autre un tel souffle de distinction, de pureté, d'élévation morale, qu'on est subjugué. Nommons encore : *Plus vrai que vraisemblable*. — *Une vie orageuse*, où l'histoire s'allie heureusement avec la fiction ; *Constance Sherwood ; Vouloir c'est Pouvoir ;* nous ne savons si ces deux derniers ouvrages ont été traduits. Nous n'avons garde d'oublier deux nouvelles écrites dans notre langue, avec une propriété d'expression, une élégance de style, dont peu de plumes féminines françaises seraient capables : *La comtesse de Bonneval* et *Rose Leblanc*. Lady Fullerton écrivit aussi la biographie de personnages illustres, entre autres la vie de *sainte Françoise Romaine, de Louisa Carvajal*,

Ce dernier genre plaisait à son esprit naturellement sérieux, mais il lui rapportait moins que ses romans; et, nous l'avons dit plus haut, le produit de sa plume était employé à soutenir ses œuvres de charité, qui se multipliaient d'année en année.

Ses progrès dans la voie de la perfection étaient admirables; quelques fragments de son journal, qui n'est guère à cette époque, 1849-1850, qu'un examen de conscience, vont nous initier au travail intérieur de cette âme.

« J'ai eu une foule de pensées vaines aujourd'hui, une sorte de stupide satisfaction de moi-même, qui m'a obsédée toute la journée, et cela pour des choses qui n'étaient nullement méritoires. »

« Je n'ai pas écrit hier au soir, et j'ai fait mes prières mal et rapidement, par excès de fatigue. Combien je sais mal me vaincre !... Quel faible empire j'ai sur moi-même ! Ce matin, en communiant, j'ai ardemment prié Dieu de dissiper ces nuages qui voilent parfois mon intelligence et empêchent ma foi religieuse de réjouir et de consoler mon âme. J'ai senti que ma prière était entendue. »

« ... J'ai été horriblement inquiète et triste au sujet de ma mère. Une sorte de terreur m'a saisie à la pensée qu'elle avance en âge et qu'un jour je pourrai la perdre ! Il me semble toujours que, sans elle, je ne trouverais plus la vie supportable, et que sa perte bouleverserait tout, jusque dans mon âme ! Mais je sais que ce sont là des craintes imaginaires... Je désire ardemment devenir plus fervente et plus soumise. »

« ... En ce moment où je me prépare à la confession, je suis obsédée de pensées d'approbation de moi-même... Je crois que ce sont plutôt des tentations que des péchés. Mais il est bien probable pourtant que ce sont des tentations qui n'effleurent pas l'esprit des personnes réellement humbles. Si quelque chose peut m'aider à le devenir, c'est bien cette réflexion-là.

« ... Je me suis beaucoup animée, hier au soir, dans la conversation. Mon esprit est demeuré dissipé, et ce matin j'ai eu la plus grande peine à me recueillir... Plus tard, je me suis mise à considérer comment je pourrais, sans enfreindre mes résolutions, diminuer un peu les légers actes de renoncement que je m'impose... »

N'oublions pas de faire remarquer qu'en dépit de cette extrême vigilance sur elle-même, jamais lady Georgiana ne s'était montrée si aimable, si gaie, soit dans la société, soit dans ses relations de famille. Sa nièce Suzanne, en parlant de ces années, dit : « Elle semblait jouir pour elle-même de tout ce qui nous amusait. »

Après avoir fait, dans l'année 1851, un assez long séjour à Rome, lady Fullerton et son mari revinrent l'habiter en 1853; leur fils Granville, qui devait prochainement entrer dans l'armée, était avec eux, et ils goûtèrent tous ensemble ces joies ineffables de l'âme et de l'intelligence que la Rome d'alors prodiguait à ses serviteurs, sans qu'aucune ombre en vînt obscurcir la rayonnante beauté.

A leur retour, en Angleterre, ils s'installèrent dans une nouvelle demeure, en *Wilstshire*. « Vous désirez savoir sans doute comment je me plais dans ce lieu, écrit-elle à son frère, et s'il nous convient ? Voici ce que j'en pense : la maison est remplie de soleil, riante et confortable, la situation est très salubre, l'air est pur, embaumé de parfums fortifiants; il y a de l'ombre, l'aspect de tout ce qui nous entoure est très champêtre; le village qui touche à la grille de notre petit parc est joli, mais dans le jardin il y a une triste absence de fleurs, et tout y aurait besoin d'être grandement amélioré... »

Lorsque Granville fut sur le point de prendre un engagement dans l'armée, un médecin fut consulté ; après examen, il déclara que la santé du jeune homme ne lui permettait pas d'être soldat. Ce fut presque un soulagement pour la pauvre mère, car, en Angleterre comme en France, on faisait alors les derniers préparatifs de la guerre de Crimée ; d'autre part, les craintes qu'elle avait toujours eues au sujet de son fils se trouvaient ainsi justifiées.

Le 29 mai 1855, pendant qu'il était à *Rushmore*, chez son

oncle lord Rivers, ce fils unique si tendrement chéri s'éteignit tout d'un coup, loin de son père et de sa mère, sans que rien eût pu à l'avance faire pressentir une telle catastrophe.

La douleur de lady Fullerton fut silencieuse, et on n'en retrouve aucune trace dans ses papiers : Dieu seul eut le secret de ses premiers déchirements et vit couler les larmes amères qui jamais ne devaient tarir dans son cœur brisé...

Depuis sa conversion, elle aimait Dieu par dessus tout ; après la mort de son fils, elle l'aima encore davantage. Ce n'était pas une de ces âmes faibles ou ingrates que l'épreuve resserre ou fait murmurer, non, mais une âme douce et vaillante qui, affaissée un instant sous le poids de la croix, se releva pour se précipiter vers Dieu, le divin Ami, dont les apparentes rigueurs sont aussi adorables que les consolations. Pour elle, la coupe des joies terrestres était à jamais tarie, une seule chose pouvait encore répandre quelque charme sur son existence : l'exercice de la charité ; aussi la verrons-nous pendant de longues années se donner entièrement à Dieu, aux pauvres, et ne garder que le strict nécessaire.

Peu après la mort de son fils, elle fut reçue membre du tiers-ordre de Saint-François-d'Assise ; les lignes qui suivent nous apprendront dans quel admirable esprit de foi elle souscrivit les premiers engagements qui la liaient au séraphique enfant d'Assise.

« ... Je vais devenir fille de saint François d'Assise, l'apôtre de la pauvreté. Puisse sa vertu favorite devenir de plus en plus chère à mon cœur. O bienheureux Sauveur ! apprenez-moi à la pratiquer de toutes les manières que je pourrai, mais surtout en réprimant tout désir d'être estimée, considérée, tenue pour supérieure à d'autres. Donnez-moi ce désir de l'humiliation, cette joie de l'abaissement de soi-même qui caractérise les saints ! Faites que je m'accoutume à être blâmée dans les petites choses, à ne jamais me défendre ou me vanter, afin que, peu à peu, cet esprit croisse en moi... »

Un peu plus tard elle écrit : « ... Je me place en votre présence, ô mon très cher Sauveur ! je suis à vos pieds, je vous demande de me secourir... Faites que je devienne une pierre dans votre église, une pierre bien petite, bien mesquine, bien cachée, mais pourtant une pierre utile quelque part. »

Cette invocation nous en rappelle une autre plus humble et plus belle encore, il nous semble, d'un héros chrétien de nos jours, le général de Sonis : «... Que je sois à l'édifice, non comme la pierre travaillée et polie par la main de l'ouvrier, mais comme le grain de sable obscur dérobé à la poussière du chemin. »

Quand elle fut de retour à Londres, lady Fullerton s'adonna à la visite régulière des pauvres ; chaque jour, à moins que ses devoirs de famille ou de position vinssent y mettre obstacle, elle allait près des indigents, des malades ; il ne lui suffisait pas de distribuer de l'argent, des secours accompagnés de bonnes paroles, elle rendait encore à ses protégés les services les plus bas et ne dédaignait pas, de ses mains aristocratiques, d'allumer le feu ou de balayer une mansarde.

Elle reconnut bientôt qu'au milieu de tant de misères la charité individuelle était insuffisante ; aidée de plusieurs de ses amies ayant comme elle la sainte passion des bonnes œuvres, elle fit venir de Paris des religieuses de Saint-Vincent de Paul. Sous l'habile direction de ces dernières, une crèche, un orphelinat s'organisèrent. Lady Fullerton établit également des patronages, des réunions en faveur des mères de famille, une communauté pour recevoir de pauvres filles sans protection et sans abri.

Par un prodige vraiment inouï, elle parvenait à suffire à tout : son mari la trouvait toujours à ses côtés lorsqu'il avait besoin de ses soins ; sa famille, ses nièces principalement, qui la chérissaient comme une seconde mère, ne faisaient jamais appel en vain à son affection ; ses amies, — elle en eut de bien chères, — la voyaient constamment disposée à partager leurs peines ou leurs joies ; elle ne négligeait ni ses travaux littéraires ni sa volumineuse correspondance, et elle avait encore le loisir de prier et de méditer.

Pourtant, dans sa profonde humilité, elle ne se trouvait pas irréprochable sous ce rapport ; le passage suivant, extrait de ses résolutions durant une retraite faite au couvent du Sacré-Cœur de Rochampton, en est la preuve :

« ... Faire tous mes efforts pour être plus rangée, plus soigneuse, pour vaincre à cet égard toutes les mauvaises habitudes qui me font perdre tant de temps!... »

Le cœur de lady Georgiana dévoué si complètement aux siens fut atteint jusque dans les profondeurs les plus intimes par la mort prématurée de ses neveux, les fils de sa sœur Suzanne ; frappés d'un dépérissement progressif et mystérieux que les plus habiles médecins ne pouvaient conjurer, tous quatre moururent avant d'avoir accompli leur dix-huitième année. Elle eut aussi à pleurer son oncle, le duc de Devonshire, deux belles-sœurs tendrement chéries, puis sa mère, pour qui elle ressentait un véritable culte. Vers cette époque, elle écrivait dans son journal intime :

« ... Mon Dieu, ma volonté est fixée. J'ai été créée pour vous louer, vous adorer, vous aimer. Je veux le faire, je ne me laisserai arrêter par rien. Montrez-moi seulement comme à Saul ce que je dois faire. Ouvrez devant moi le chemin que je dois suivre... fût-ce à travers la pauvreté, la douleur et la honte, conduisez-moi jusqu'au point où vous voulez que j'arrive. Je ne veux pas m'arrêter ailleurs... »

Quelques années plus tard, une de ces catastrophes, qui sont aussi rares que terribles, lui ravit une nièce charmante : lady Alice Arbuthnoth fut tuée raide d'un coup de foudre, quinze jours après son mariage, pendant qu'elle faisait en Suisse son voyage de noce.

« La foudre, écrit à ce sujet lady Fullerton, qui, selon des calculs avérés, sur un million d'êtres humains qu'elle menace, en frappe à peine un seul !... La foudre est tombée sur cette tête charmante et chérie !... »

Avant la fin de cette même année, lady Suzanne Rivers, que tant de secousses avaient brisée, alla rejoindre ses enfants ; à cette heure suprême de la mort, Dieu, dans sa miséricorde, ne la sépara pas du compagnon de sa vie : les deux époux moururent à quelques heures de distance. Lady Fullerton, habituellement si forte, si maîtresse d'elle-même, fut bouleversée par ce double trépas, et il ne fallut rien moins que la voix autorisée du P. Galwey, son directeur, pour ramener la résignation et le calme dans son cœur.

L'année terrible qui vit nos désastres et nos malheurs lui fournit une occasion nouvelle de mettre au jour toutes les industries de son admirable charité. Nous avons peut-être trop oublié avec quel magnifique élan l'Angleterre tout entière vint en aide à nos blessés et aux infortunés que la crainte de l'invasion teutonne jetait sur ses côtes. Tous les ouvriers de Londres remirent une journée de leur salaire afin de grossir la souscription du lord-maire qui atteignit le chiffre d'un million. Lady Fullerton et un grand nombre de dames appartenant à la plus haute aristocratie s'occupèrent, avec un zèle infatigable, de centraliser les fonds pour les répartir ensuite suivant les besoins. Les dons en nature affluaient de toutes parts ; il fallait également les distribuer et envoyer au loin ce qui était destiné à nos pauvres soldats. Plus qu'une autre, lady Georgiana, qui aimait la France comme une seconde patrie, s'intéressait aux événements qui s'accomplissaient alors.

« Tout à l'heure, écrivait-elle à son frère, en me promenant sur les remparts, par cette admirable soirée, je regardais les côtes de France ; par ce temps parfaitement pur, on les aperçoit distinctement, et, dans cette lumière, elles me semblaient si proches ! Je ne pouvais me persuader que ce fût là qu'en ce moment tant d'horreurs et de malheurs s'accomplissent !... »

Faisons encore un emprunt au journal intime où se révèle si bien cette belle âme qui, d'année en année, s'élève vers Dieu davantage. « 22 septembre 1872 : Dans une demi-heure j'aurai accompli ma soixantième année. La vieillesse est venue. Je veux passer cette demi-heure à genoux, remerciant Dieu de tous ses bienfaits pendant cette longue vie et lui demandant que le peu d'années, de mois ou de jours qui me restent à vivre, s'écoulent en efforts incessants pour lui plaire et me préparer à mourir. »

Quelques mois plus tard, le 1ᵉʳ janvier, elle écrit la prière suivante, dont la piété délicate et exquise ne nous semble pas devoir être surpassée :

« Mon Dieu! tant que vous me laisserez un peu de vie, je désire vous offrir une petite aumône pour les âmes. Il est des âmes qui ont besoin de force : inspirez-moi des pensées qui fortifient. — Il est des âmes qui ont besoin de joie : inspirez-moi des pensées qui portent au sourire et à la paix. — Il est des âmes qui ont besoin de consolation : inspirez-moi des pensées qui consolent. »

En 1874, notre sympathique écrivain, Zénaïde Fleuriot, visitant l'Angleterre, eut une entrevue avec lady Fullerton ; ces deux femmes, différentes sous bien des rapports, mais ayant entre elles des affinités de cœur et d'intelligence, durent se comprendre et s'apprécier. Notre compatriote fut charmée de sa consœur anglaise ; on aimerait à savoir comment celle-ci l'avait jugée.

Au temps de sa jeunesse. Georgiana n'attachait aucune importance à sa parure ; en prenant de l'âge, son mépris pour la toilette ne pouvait que grandir ; elle le porta, ce mépris, aussi loin que possible.

« En langue humaine, dit excellemment son biographe, Mᵐᵉ Craven, nous disons qu'elle le porta *jusqu'à l'excès*, mais nous savons bien que ce sont là des excès qui font sourire les anges ! »

L'anecdote suivante, qui paraît authentique, montre jusqu'à quel point la mise de lady Fullerton était simple, pauvre même. Un dimanche matin qu'elle revenait à pied d'une première messe, elle fit la rencontre d'une balayeuse irlandaise qu'elle secourait quelquefois.

— Êtes-vous allée à la messe, demanda-t-elle?

— Non, Milady ; je ne puis quitter qu'à l'heure où toutes les messes sont dites.

— Eh bien ! allez vite, reprend notre héroïne qui était

prompte dans ses décisions, une messe va bientôt commencer ; je resterai ici jusqu'à votre retour et vous remettrai ce qu'on m'aura donné pour vous, allez.

La pauvre balayeuse stupéfaite dut obéir, et sa remplaçante demeura au poste qu'elle avait choisi, recevant humblement l'aumône que lui jetaient les passants.

En 1877, Georgiana perdit lady Lothian, l'amie très chère qu'elle se plaisait à nommer son modèle et qui avait été son émule et son auxiliaire dans toutes ses œuvres de zèle ou de charité. Avant d'être transportée en Écosse, lieu de la sépulture, la dépouille mortelle de lady Lothian séjourna vingt-quatre heures à Londres, dans la chapelle particulière de lady Herbert, et les amis nombreux de la défunte veillèrent tour à tour près de son cercueil. Lady Herbert avait fait préparer un repas pour ceux qui tenaient à ne pas s'éloigner ; au moment de se réunir, on s'aperçut que lady Fullerton n'était pas là ; une amie retourna la chercher à la chapelle. Elle l'aperçut, prosternée dans l'attitude d'une profonde désolation ; ses larmes coulaient avec abondance ; des prières ardentes, entrecoupées de sanglots, s'échappaient de ses lèvres ; l'amie se retira sans bruit, ne voulant point troubler la douleur dont elle avait surpris l'explosion.

Trois ans plus tard, la santé de lady Georgiana, déjà fortement ébranlée depuis longtemps, inspira de vives inquiétudes à son entourage. Vers la fin de 1881, elle fit une longue et douloureuse maladie, dont elle ne se remit jamais et qui lui laissa des malaises pénibles et presque continuels. Quand ses forces un peu revenues le permirent, elle s'embarqua pour la France, qu'elle n'avait pas habitée depuis sept ans et qu'elle ne devait plus revoir. Elle séjourna un peu en Touraine, et un jour qu'elle traversait la Loire pour se rendre à Marmoutiers, elle dit à Mme Craven qui l'accompagnait : *C'est étrange à quel point la seule pensée d'être en France me rend joyeuse.*

Ainsi que toutes les âmes vraiment à Dieu, la plainte lui était inconnue; jamais un retour sur elle-même, sur ses souffrances qui, sans être vives, lui laissaient peu de trêve. Elle parlait seulement de sa vue qui s'affaiblissait graduellement : sous ce rapport, elle trouva à Tours la récompense de sa foi et de sa confiance en Dieu. Elle visitait le sanctuaire de la Sainte-Face et y priait, quand elle eut l'idée de se faire faire, avec l'huile qui brûle devant l'image vénérée une onction sur le front et sur les yeux ; à partir de ce moment sa vue se fortifia de telle sorte que les craintes qu'elle avait pu concevoir furent bannies pour toujours.

Après quelques semaines passées à Paris, M. Fullerton et sa femme se dirigèrent, dans le courant de novembre, vers Boulogne, avec l'intention de s'embarquer aussitôt et de terminer l'année dans leur famille où ils étaient attendus. Leur départ, ajourné d'abord par le mauvais temps, fut retardé de semaine en semaine sans motif bien sérieux. Le commencement de l'année 1883 les trouva encore à Boulogne. La colonie anglaise est nombreuse dans ce port et les deux époux ne se sentaient pas isolés ; leur santé s'arrangeait parfaitement du climat; d'autre part, lady Georgiana, heureuse d'habiter dans une ville où toutes les œuvres catholiques sont admirablement comprises et développées, visitait les églises et s'occupait des pauvres.

Elle se rendit dès les premiers jours à la communauté des Sœurs de la Charité que, dix-huit ans auparavant, elle avait déjà visitée ; les enfants sortaient de classe : elle demanda à la sœur qui les surveillait l'autorisation d'offrir à ces enfants un dîner ou un goûter, énumérant avec complaisance les mets nombreux et choisis qu'elle désirait voir figurer à ce repas. « Je veux, ajouta-t-elle, que ce soit un vrai régal. » La Sœur la remerciait avec une certaine réticence, tout en examinant du coin de l'œil le costume plus que modeste de la visiteuse; avec quelques circonlocutions, elle finit par lui insinuer qu'un tel festin serait fort cher et dépasserait peut-être la somme qu'elle voulait employer. Lady Fullerton alors se mit à rire et déclina son nom pendant que la pauvre religieuse, toute rougissante et toute confuse, lui adressait ses excuses et se mettait entièrement à sa disposition.

Un an ou dix-huit mois après son retour en Angleterre, le mal dont elle était atteinte changea de forme et devint aigu ; elle eut plusieurs crises violentes qui mirent ses jours en danger et avertirent ceux qui l'aimaient qu'une catastrophe ne se ferait pas longtemps attendre. On demanda sa guérison dans tous les sanctuaires catholiques ; on y intéressa le vénérable dom Bosco lui-même ; à ce moment une légère amélioration étant survenue, sa famille et ses nombreux amis se remirent à espérer. Ce ne fut qu'une lueur bientôt dissipée ; les souffrances devinrent de plus en plus vives, et la malade, elle aussi, comprit qu'il lui restait peu de temps à vivre. Elle fit à Dieu le sacrifice de sa vie, et ce ne fut pas sans un profond déchirement ; à part quelques rares privilégiés, nous devons tous sentir l'aiguillon de la mort : qui sait d'ailleurs si, dans les desseins miséricordieux de la volonté divine, cette frayeur n'est pas déjà une expiation ?... Les fragments suivants, empruntés à une lettre datée du 13 juin 1884, nous initieront aux dispositions intimes de Georgiana.

« ... Chère amie, il faut me résigner à ce qui me semble être certain, lors même que ma vie se prolongerait, c'est à me voir tout au plus en état de quitter mon lit, et peut-être ma chambre, mais *plus jamais* le lieu où je me trouve. Il m'a fallu quelque temps pour me résigner à ne jamais plus revoir les lieux que j'aime et les personnes dont je ne puis plus espérer la visite... Tous ces regrets m'ont coûté, il y a trois semaines, bien des larmes... Les mots *plus jamais* ont toujours eu sur moi un étrange effet ; il m'est arrivé de fondre en larmes en quittant des lieux et des personnes qui ne m'étaient pas particulièrement chers, uniquement parce que je croyais ne plus *jamais* les revoir... J'ai donc souffert beaucoup lorsque j'ai eu la pleine connaissance de mon état, et la conviction de ne plus *jamais* guérir. Nous fîmes ici à **N.-D.-Auxiliatrice** une neuvaine qui finissait le jour de la fête, le

24 mai. Ce jour-là je fus saisie avec une irrésistible force de la pensée que cette maladie m'avait été envoyée comme un moyen de faire à Dieu, avec une prompte et joyeuse acceptation, les mêmes sacrifices que j'aurais eu à faire si j'avais été libre et appelée à la vie religieuse. En ce cas, comme maintenant, j'aurais eu à sacrifier la joie d'aller chez mes frères et de voir leurs enfants grandir autour de moi ; j'aurais cessé de voir des amis qui n'auraient pas pu venir me trouver ; j'aurais dû renoncer aux églises que je préfère, et même aux directeurs spirituels de mon choix ; me priver pour toujours de la vue des beautés variées et nombreuses de la terre et du ciel. Ces sacrifices qui m'eussent tous été imposés si j'étais devenue religieuse, il m'est permis aujourd'hui de les offrir joyeusement à Dieu : mon lit, c'est ma cellule ; mon petit salon, c'est mon parloir ; cette habitation, c'est la maison religieuse dont je ne dois plus sortir. Tout semble depuis lors prendre à mes yeux un nouvel aspect. Chaque fois qu'un de ces *plus jamais* vient me serrer le cœur, je sens presqu'à l'instant une grande joie remplacer la souffrance, et une profonde conviction que l'état de santé où je suis est *le meilleur qui puisse être pour mon âme*. Cette maladie entraîne une dépendance d'où il résulte des humiliations qui, si je sais bien en profiter, peuvent sans doute remplacer celles de la vie religieuse. Pourrez-vous comprendre à quel point, depuis ce jour, j'ai été plus heureuse ?... *Je ne puis plus maintenant prier pour ma guérison...* »

Celle à qui cette lettre est adressée, Mme Craven, qu'elle nomme « sa chère amie », reçut encore de la pauvre malade quelques lignes écrites peu de jours avant sa mort. Nous en détachons le passage suivant ;

« ... La difficulté de vaincre mon amour immodéré de la vie n'est pas encore surmontée. Il me reste des regrets, naturels dans la jeunesse ou dans l'âge mûr, mais inconcevables lorsque l'existence est dans tous les cas près de son terme. Voilà ce dont je désire être délivrée. Je demande la grâce de commencer à aimer

Dieu de cet amour qui absorbe tous les autres et fait ardemment désirer la mort de ceux qui le possèdent... »

Trente ans s'étaient écoulés depuis qu'elle avait perdu son unique enfant, un voile avait été placé sur le portrait de ce fils chéri, et jamais elle ne s'était senti le courage de l'écarter. Quand elle comprit que bientôt elle allait rejoindre ce fils bien aimé, elle put le faire et contempler une fois encore ce visage qu'il lui semblait impossible de revoir sans mourir.

Le 19 janvier 1885, les yeux fixés sur la crucifix, consolée par le P. Galwey qui, depuis vingt ans, était le guide de son âme, entourée de son mari, de ses frères, de ses serviteurs en larmes, lady Georgiana Fullerton expira doucement. Elle était dans sa soixante-treizième année. Suivant le désir qu'elle en avait souvent exprimé, elle alla dormir son dernier sommeil dans le couvent du Sacré-Cœur, à Rochampton, sous la garde des saintes religieuses qu'elle aimait.

La tendre amitié qui l'unissait à Mme Craven la suivit par-delà la mort; M. Fullerton fut chargé de faire accepter à l'auteur du *Récit d'une Sœur*, ruinée complètement, une pension suffisante pour assurer son indépendance.

« Puisque les événements, écrit Mme Craven à M. Fullerton, qu'elle avait si tendrement prévus sont accomplis, je suis disposée à accepter de sa main la paix qu'elle voulait assurer à mes dernières années. Je ne puis vous dire à quel point mon cœur déborde pour elle de reconnaissance et de tendresse, pendant que je vous écris. En tout, je sens tellement sa présence, sa pitié et son affection, que je me tourne vers elle sans plus d'hésitation, le cœur plein d'amour et de gratitude... »

TABLE DES MATIÈRES

Mademoiselle Sauvan	11
Pauline-Marie Jaricot	29
Eugénie de Guérin	55
Marie Jenna	79
Marie-Edmée Pau	105
Madame de Gérando	135
Élisabeth Seton	161
Madame de Chateaubriand	183
Madame de Barolo	205
La Mère de Dom Bosco	227
Madame de Lamartine	255
Lady Fullerton	285

TOURS

IMPRIMERIE DESLIS FRÈRES

6, Rue Gambetta, 6